《普通高中体育与健康课程标准（2017年版）》解读与实施

张振华　葛书林　编著

安徽师范大学出版社
·芜湖·

图书在版编目(CIP)数据

《普通高中体育与健康课程标准(2017年版)》解读与实施/张振华,葛书林编著.—芜湖:安徽师范大学出版社,2018.8

ISBN 978-7-5676-3681-1

Ⅰ.①普… Ⅱ.①张… ②葛… Ⅲ.①体育课-课程标准-高中-教学参考资料 ②健康教育-课程标准-高中-教学参考资料 Ⅳ.①G633.963

中国版本图书馆CIP数据核字(2018)第139042号

《普通高中体育与健康课程标准(2017年版)》解读与实施

张振华　葛书林◎编著

责任编辑:郭行洲

责任校对:李　玲

装帧设计:任　彤

出版发行:安徽师范大学出版社

芜湖市九华南路189号安徽师范大学花津校区

网　　址:http://www.ahnupress.com/

发 行 部:0553-3883578　5910327　5910310(传真)

印　　刷:虎彩印艺股份有限公司

版　　次:2018年8月第1版

印　　次:2018年8月第1次印刷

规　　格:700 mm × 1000 mm　1/16

印　　张:15.5

字　　数:240千字

书　　号:ISBN 978-7-5676-3681-1

定　　价:47.00元

前　言

“善之本在教，教之本在师。”为提升体育教师专业素质，提高学校体育教学质量，我国基于发展趋势，借鉴国内外经验，将体育教学大纲改革为体育与健康课程标准，希望通过课程标准建立中小学体育教育科学实施的法规和依据，为教师制订教学计划提供参考。

基于此，为避免错误、指引教学走向成功，围绕“优质教育”的理念，《普通高中体育与健康课程标准（2017年版）》[以下简称《体育与健康课程标准（2017年版）》]从体育教育意识、体育教学知识、体育教学任务、体育教学实践、体育教学质量等方面，列出具体实施的绩效标准和操作策略，濯去旧见，以来新意，以其现代性、针对性、具体性和实施性增强其对教学服务的支持。需要说明的是，由于《体育与健康课程标准（2017年版）》多是引领性、方向性、策略性的体例与纲目，其文字说明比较简明扼要，具有理论性强、概括性强的特点，反映的多是共性的目标和要求，难施以具体方法性的操作和诊断的解释和指导。为更好地理解《体育与健康课程标准（2017年版）》的思想，借助其价值加快推进课程标准在学校体育新课程中的实施，需要对其进行递进解读、分而解之，针对各条文予以具体的内容说明和操作要点的解析以利于使用。基于此，为帮助广大教师理解和实践《体育与健康课程标准（2017年版）》，发挥其作用，本书从理论与实践两个框架给出解读。

理论框架侧重从条目含义、内容要点、操作指向、具体要求等进行解析与举例说明。实践框架则侧重从每阶段课程的具体操作、课程内容的设计、教学要求与策略等进行课例呈现和实例示范，助力广大体育教师在教学设计时采用最有用的理论和最有效的形式,减少教学设计障碍,形成教育思想的新视阈,构筑起教育实践的新行为,为广大体育教师认识、把握及运用体育与健康课程标准奠定基础。

遵循上述指导目的,本书旨在达成以下四个方面的要求,为课程标准的有效实施导路引航,为广大体育教师开辟教学智慧,减少教学障碍,增加教学良机,为避免发生低效、无效甚至负效的教学行为提供指导和参考。

(1)以理念性为指向,给出关于教学知识、学习知识、课程知识等最明晰的释义。即厘清《体育与健康课程标准(2017年版)》的功能、性质、目标等认知的"上下位关系",扶正认知,避免误解与误判,指导广大体育教师较为系统地掌握课程标准的方法主张、基本要求和实施策略。

(2)以方法性为指向,创设学生易于理解学习内容的情境并避免误导。即扶正学生学习理解力方面的认知,给出最有价值的选用策略,努力展示有效运用这些策略的条件、范围和广度,为教师增长教学实践智慧开辟源泉,升华对新课程教学的认识。

(3)以策略性为指向,呈现不同学习内容的教与学的策略与手段。即增强认知,给出知识结构设计最有效的组成部分、最有用连接方式的选用策略,支援基于学习者自身意义发现而展开的教学,催生"教师是主导,学生是主体"话语下课堂教学的新风貌。

(4)以操作性为指向,给出关于学习内容在横向和纵向上组织和结构的编制。即扶正课程设计和教学规划等的认知,给出最有价值的选用策略,引发着眼于形成"为学习而设计""为理解而教""学习要有自由选择度"等知识传递的教学环境,在学和教的方式及行动上和体育与健康课程标准协调联姻。

编　者

2018年6月

目　录

第一章　体育与健康课程标准背景解读

体育与健康课程标准是国家教育意志的体现与规准，是导引与规范学校体育教学的重要指南，是度量课程和教学可效度的科学准绳，它为体育与健康新课程的正确实施提供着法度支撑。可以说对其的制定与完善是一件非常重大的事情，这个构建的过程及对其科学的表述凝聚了体育界方方面面的智慧，蕴藏着理念的转变、制度的建设、教育教学方式的改革等多种要求的集合。

它既是一次科学范式的转换，更是一场深刻的教育思想变革，需要广大体育教师认识清楚以提升其的指导作用。百年学校体育发展历程告诉我们，理论上的成熟是实践坚定的基础。因此，对体育与健康课程标准的理解与把握就成为学校体育健康发展的根本。正如学者季浏所言，只要广大体育教师发挥课程标准的精神，一个优质教育的远景就会展现在我们面前。

基于此，可把体育与健康课程标准理解为：它是解读一定阶段国家教育方针，为了发展学校体育、实现国家体育教育目标和任务而制定的纲领性表述，是关于学校体育与健康课程和教学的具体化规定，是实施学校体育与健康课程和开展教学的依据与准绳，鲜明地体现了学校体育教育的价值取向和人才培养的属性与规格。内容包括学校体育与健康课程和教学发展的方向、目的、地位、性质、途径、方法，以及培养什么、如何培养、为谁培养等各方面的任务与根本要求。

时代是思想之母，理论是实践之源。从体育与健康课程标准孕育与形成的背景来看，它是我国学校体育朝向现代化发展的一种运动，它的产生回答了在席卷全球的教育改革浪潮中,中国学校体育向哪走、怎么走、如何走好的问题。就路向的选择而言,既要体现对世界先进文化的理解,又要认识到中国学校体育的教育背景。质言之,既要借鉴与吸收世界学校体育的先进文化成果,又要植根于我国学校体育的国情。可见,课程标准之所以能成为标准,就在于它回答了时代的问题,完成了时代的任务。

换言之,体育与健康课程标准是我国学校体育依据"建设中国特色社会主义"这一目标的要求构建的。其目的有两个:一是从新的高度为全国体育教师解决当前学校体育在发展中遇到的问题找到可依靠的理论支点;二是期望这一标准能给学校体育的教育制度、教育内容、教学方式方法等带来一场革新,以实现学校体育现代化的愿望。诚如爱因斯坦所说,差不多科学上重大的进步都是由于旧理论遇到了危机,通过尽力寻找解决困难的方法而产生的。故而,其科学思想最大的成果,就是把世界学校体育现代化的理念中国化,努力体现中国学校体育面向现代、面向世界、面向未来的思想。基于此,体育与健康课程标准就成为学校体育必然坚守的论纲和共识依赖的精神母语。

由于受独特的学校体育现状、学校体育历史文化环境、学校体育价值取向和学校体育发展进程等的影响与制约,我国已形成有中国特色的学校体育教育现状。独特的学校体育现状是指,中国学校体育整体上处于前现代、现代、后现代三个历史向度的交汇处,存有城乡差异和区域差异。独特的学校体育历史文化环境是指,与西方发达国家相比,中国社会的改革转型具有特殊性:一是转型任务的叠加性,二是转型环境的复杂性,三是转型速率的加速性。这种特殊性导致学校体育领域不同的目标、功能、属性和可操作性等之间难以统一,形成相对稳定的实践认同。独特的学校体育价值取向是指,这种变化对学校体育"三个面向"现代化纲领目标的发展存有不同的进程,不可毕其功于一役强行齐步走,分层次、分阶段促行才是可取的路向。独特的学校体育发展进程是指,由于当今中国学校体育教育形态不同于中国传统学校体育教育发展的逻辑,也有别于西方理论视野勾画出来的现代教育形态,致使中国学校体育教育的改革和建设正经历着一场

“非古非西”的变革。这种特色构成一般性与特殊性、时代性与民族性相统一的关联。

从这一历史环境可辨析出，要历史地看待体育与健康课程标准的形成与完善，2003年版《普通高中体育与健康课程标准（实验）》[以下简称《体育与健康课程标准（实验）》]出现的问题是成长中的烦恼。恰如伽达默尔的隽语：“这种不可完成性不是由于缺乏反思，而是在于我们自身作为历史存在的本质。”正如邓小平同志在党的十二大开幕词中提出的，“我们的现代化建设，必须从中国的实际出发。无论是革命还是建设，都要注意学习和借鉴外国经验。但是，照抄照搬别国经验、别国模式，从来不能得到成功。这方面我们有过不少教训。把马克思主义的普遍真理同我国的具体实际结合起来，走自己的道路，建设有中国特色的社会主义，这就是我们总结长期历史经验得出的基本结论。”

伟人的箴言告诉我们如何理解这一变化，直面体育与健康课程标准贯彻与执行的问题。换言之，明白了体育与健康课程标准发展中的这些问题“归结”，方能操千曲而后晓声，观千剑而后识器，避免误判、误行，真正做好对体育与健康课程标准的理解与实施，否则只会落入邯郸学步的窠臼，失却故步。为什么？因为体育与健康课程标准是使你认识你自己，改变你自己的指南，可为广大体育教师开辟教学智慧，减少教学障碍，增加教学良机，为避免发生低效、无效甚至负效的教学行为提供指导和参考。例如，体育教学是以向学生传授知识与技能为主，还是以发展学生的能力为主？虽然这是教师对教学不同认识的反映，但两者之间的选择却是区分教师是持传统教学观还是持现代教学观的分水岭。不同的观点不但影响着对教学设计目标的选择，还影响着对教学内容和教学方法的选择。前者反映出教师仍然是传统“教”的本位思想，后者体现出教师是“学”的本位思想，与我国素质教育以“提高学习者能力”为目标的思想一致，即眼光不同，对事情的理解就不同。

沿着上述认识的逻辑，我们清醒地认识到，从2003年版《体育与健康课程标准（实验）》，到《体育与健康课程标准（2017年版）》，这一理论成果的形成来之不易,更告诫我们要历史地看待15年课改中的叩问与质疑、困惑与误解,因为这些问题都是成长中的烦恼。改革的经验告诉我们,新课改在实施中存在的问题,正是我们不断向前发展的推力和契机。

第一节　历史地看待体育与健康课程标准的形成与完善

自2004年《体育与健康课程标准(实验)》实验推广以来,分歧之声持续不断,异见日趋升高,并逐步走大溢出。这一现象不断在2006年无锡“第二届全国中小学体育教学观摩展示活动”、2008年大连“第三届全国中小学体育教学观摩展示活动”、2010年宁波“第四届全国中小学体育教学观摩展示活动”中相继出现。“马太效应”的不断走大,引起广大体育教师与学者的关注,燃生困惑和疑虑。谁对谁错,体育与健康课程标准还要不要继续实施?对此,2007年4月,教育部在北京召开了义务教育课程标准修订工作会议,拉开了体育新课程标准修订工作的帷幕。修订组广泛征求意见,对暴露出来的一些问题召开十余次座谈会,对来自各方面的意见和建议逐条讨论和分析,集思广益,反复对新课程标准修改完善,终于在2017年定稿颁布。基于此,我们对第八次体育与健康课程标准在教学改革中出现的问题和原因进行历史分析,以便促进今后的体育与健康课程教学更加理性和健康地发展。为此,本着审其真理之意,究其利弊之端,寻其发展之机,对历史有所交代的学术愿望,不揣浅陋,以《历史地看待〈体育与健康课程标准(实验)〉的形成与完善》为题作一论析、梳理和探索,力求能简单快速地把纠缠穿透,打开症结,为广大体育教师提供借鉴与参考,以更好地贯彻落实《体育与健康课程标准(2017年版)》。

一、历史地看待《体育与健康课程标准(实验)》的形成与完善

从历史的角度看,我国学校体育教育受独特的学校体育现状、学校体育历史文化环境、学校体育价值取向和学校体育发展进程等的交织影响,

这种特殊性难以给《体育与健康课程标准(实验)》这一实验稿带来统一稳定的实践认同,致使其的实施应对着"成长的陷阱",难以毕其功于一役一步走向成功,导致产生了这样或那样相互抵牾的现象,这可谓是社会阶段性发展的历史必然逻辑。即社会的进步是一步一步发展起来的,是一个不断认识、不断调整、不断完善与提升的过程,一步跳跃成功是不务实的。

问题一:《体育与健康课程标准(实验)》提倡体育教学多样性,丰富和充实了学习形式和内容,深化了体育教育实践,这是非常可喜的,但由于《体育与健康课程标准(实验)》划线不清,导致一些教师失去对传统优秀教学经验的继承,甚至一些教师在课堂教学设计上丢失主线,随意把课时内容命名为"一碗情深""射猎古韵""爱的合作"等。还出现一些教师由于对目标引领课程内容理解不够,把莴笋、土豆、白菜等实物直接搬进课堂,丢失了体育教学特有的运动因素,致使运动负荷很小,学生未能学到运动技能,也锻炼不了身体,极不符合《体育与健康课程标准(实验)》规定的有关原则。甚至第一、二届全国中小学体育教学观摩展示活动课报送的400多节录像课中,没有一堂有关田径、体操等的竞技文化课。

问题二:《体育与健康课程标准(实验)》提倡多种学习方法,开启了知识建构、教学创新的新视角,丰富了学科建构的理论宝库,破除了传统体育教育单一技能长期存在的缺失,但由于《体育与健康课程标准(实验)》对先进教育理念的实践运用解释不清,一些教师对其提倡的先进教育理念理解不当,以致出现过度膨胀、随意扩大的运用,发生了不根据体育课的教学内容和学生具体情况而机械搬用的现象,如每课必用探究教学法、合作教学法、自主教学法等。还有一些教师因为急于体现课程的现代性,选用一些虽流行但不适宜面向全体学生开展的项目占据课堂,以致遮蔽了"体育与健康课程是一门以身体练习为主要手段,以体育与健康知识技能和方法为主要学习内容,以增进高中学生健康为主要目的的必修课程"的特征。指导变成套用,造成理论教条,邯郸学步失却故步,阻碍了理论的科学发展,遗忘了学生精彩的观念是在技能练习之路上产生的,其最后的落脚点是练习的实践性。恰如学者顾明远等所说,长期不用或滥用的话,都会失去它们原来的作用。

问题三:《体育与健康课程标准(实验)》把教师的教推向学生的学,试图把学校变成一个快乐的学习场所,为体育学习发现更多的联合因素是非常可敬的,试图通过引入更多形式的课程资源满足学生的爱好来以此解决学习的发展是非常正确的,但由于它对"淡化运动技能教学"内涵背后的解放意义没有完整阐明,导致一些教师偏离或忽略了对竞技体育运动在体育与健康课程性质中的把握,造成一些教师忽视了对运动技能教学及体育文化传承。再者,《体育与健康课程标准(实验)》为彰显"激发运动兴趣"和"学生主体地位",引入了后现代教育"淡化教师教的权威"等一些理念是可理解的,但由于基层教师受理论理解力的制约难以对其形成正确认知,也导致一些教师把"教"和"学"彼此支撑、彼此拱卫的关系对立与割裂开来,影响了"教师为主导、学生为主体"的和谐发挥。

问题四:《体育与健康课程标准(实验)》表述的角度驻足于以一种清单式的解释描述课程标准条文题面意义,过分强调其目标、取向、价值、方法等的同一性、约束性和重要性,表述简单,滞足于指导现象的既定性和客观性的假设上,解释的视角是将体育与健康课程标准放在科学、无予研究、价值存在和普遍真理上,没有注意它的实施条件和局限,也没有注意展开实践性的问题解决过程,忽视了已然、实然和应然三种形态之间的连接与不同形态之间差异性的递进,导致现实中出现理论上教条式的囫囵吞枣和实践上机械式的邯郸学步。

问题五:实事求是地讲,受时代"摸着石头过河"的制约,《体育与健康课程标准(实验)》的文本存在表述不清、条例简单化、绝对化肯定的通病,缺失了"从实践中来到实践中去"。如在指导思想上存有教条化,把传统学校体育与现代学校体育机械分开,没有考虑国情,以致把现代化等同唯一化,出现一些盲目照搬照用国外学校体育标准统领学校体育工作的现象。在实践上简单化,引进课程标准时缺乏考虑本土立场的支持,以致课程标准的实施与学校教育环境未能很好衔接。在教学上,由于对竞技体育的价值缺乏设定和准确把握,预设性的片面和假设性的证伪尘封了其在学校体育中的主体作用，干扰了其功能在新课程中的正常发挥。这些“淮南为橘、淮北为枳”的遮蔽与偏离，无法有效共识《体育与健康课程标准（实验）》的聚集整合，导致我国学校体育在改革前和改革后成功的经验与曲折的教训并存。恰如列宁的著名论断：任何真理，如果说得过火，加以夸大，把它运用到实际所能应用的范围以外去，便可以弄到荒谬绝伦的地步……只要再多走一小步，仿佛是向同一方面迈的一小步，真理便会变成谬误。

需要注意的是，对体育与健康课程标准的学术分歧讨论，不是反对、损害、打击体育与健康课程标准，而是总结和提炼出有益的共性为我们今后借鉴，使我们清醒地认识错误的根源，避免“马太效应”的产生，避免今后认知错误，反思不足，帮助我们看清在实践中走过的弯路，为我们未来发展的道路和方向提供支撑，防止这些问题再次影响学校体育的健康发展。恰如马克思所说的，任何人只能在直接碰到的、既定的、从过去继承下来的条件下创造历史。

二、不可否定《体育与健康课程标准（实验）》对学校体育的历史贡献

一是，它启蒙了思想，唤醒了改革的意识。一方面，课程改革新颖的教育理论拭亮了广大教师再认知的眼睛，催发了广大教师新教育意识的生成与行为唤醒。另一方面，它构筑起教育实践的新行为，促进了教师专业化的发展。无疑，没有这些鲜活思想的涌入，并与头脑中沉滞定型观念的碰撞与鼎新领悟，我们将还在某些过时的思想中徘徊。

二是，它开启了知识建构、教学创新与新学习的视角，引发了着眼形成“知识传递”多样化的探究，开启了对学习者潜能的关注，支援基于学习者自身意义发现而展开的选项教学等教学新风貌，修正了传统教育“三中心”（教师、课堂和教材）的缺陷，消弭了学科百年来单一技能发展的不平衡性和由此产生的矛盾性。

三是，它完成了对学校体育的再认识，构建了新的体系。在理念上，提出与传统体育“三基”（基本知识、基本技术和基本技能）相区分的、适应素

质教育要求的新理念,摒弃了旧教学大纲"增强体质与提高运动技能"的单一性。在课程内容上,沟通了课内外学校、家庭和社区教育资源,构建了新型选项教学内容体系。在课程目标上,从显性和隐性的五个领域整体上重视了知识与能力、情感与态度、过程与方法的综合和应用。在教学方法上,关注个体差异,多方面、多层次地营造学习环境,倡导开放、自主、探究、合作、分层等教与学方式和手段的运用,促进和激发了学生有意义学习的发生。在学业评价上,关注学生的学习经验,学习过程的意识、兴趣、习惯、能力的培养,从多角度、多方式对学生学习进行评价,改变了传统单一的技能评价模式体系。

总之,约15年的体育与健康课程改革探索,5000多个日日夜夜,困难与挑战,成就了中国学校体育砥砺向前的茁壮身影,收获了弥足珍贵的经验,形成了一系列科学的规律性认识。不可否认,《体育与健康课程标准(实验)》的产生是中国学校体育改革上的一个重大突破,也是中国学校体育实践上的一个重大创新。它是我国学校体育告别传统、改革发展的一个重大成果,是根植于国际性、现代性的原则习得的一种收获。它对中国学校体育改革,对学校体育大实践、大发展具有不可估量的作用,实在不能不说是一个里程碑式的迈进,已被融化为学校体育的一种"法规"形式,已成为每一所学校及广大体育教师所依赖的教育支柱与稳固的教学基础。对此,有学者毛振明论道,体育与健康课程标准的提出,引领了教育思想,提升了教学品质,规范了教学行为,帮助广大教师学会用现代教育理念思考课程的组织与教学的安排。

不可否认,《体育与健康课程标准(实验)》存有"制度缺失"与前期"淡化技能"等简单表述的观点粗疏,给新课程前期实施带来一定的困扰,但它秉持了现代教育的核心价值理念,以传达和弘扬现代教育特征为旨归的期待却是值得尊敬的,其强调的许多新颖的知识观点已成为学习、教学、课程建设与发展的主要依据。正如宁波"第四届全国中小学体育教学观摩展示活动讨论会"上一些老师所说,"《体育与健康课程标准(实验)》是改革产生的动力之源,没有《体育与健康课程标准(实验)》,咱们哪有现在的那么多体育教学方法、教学方式的发展。”

不可否认，它所提倡的教育教学形式由于具有强烈的现代教育意识，使其在实践层面难以落地，难与国情相接，难以普适地实施。从文化自觉讲，这是由于我们学校体育的现代性还在“转型”，还存在“过去式”的跌宕。把中国学校体育半个世纪历程的问题压缩在短短2年的实验改革后就出台《体育与健康课程标准（实验）》，这一如此急速的变迁，不可避免地会留下许多问题需要人们去逐渐消化，需要经过一个否定之否定的辩证关系转换，才能实现对一个对象的认知。为什么？这是因为人类社会难以预先设计，不可能是按照某种规律排列、整齐划一的机械体，在这个过程中常常经验与教训一同发生，进步与偏离相伴而生。正如毛泽东同志所说，不从历史发展过程的分析下手，规律是说不清楚的。

古往今来，人类在教育思想上的理论分歧与争论从没有停止过，这种百花齐放、百家争鸣的局面推动了思想解放，促进了学术进步，进而更好地引导着实践的发展。历史的进程表明，是非在争论中明晰，学术在争鸣中发展，改革在争辩中推进。由于改革过程通常会产生新的问题和矛盾，所以改革常常伴随着批评、质疑和反对的声音，体育与健康课程改革当然也不例外。需要注意的是，不能因课程改革过程中出现的问题而否定其巨大成绩和贡献的存在，因为它给学校体育的建设和发展提供了崭新的尺度。

第二节 《体育与健康课程标准（2017年版）》要点释义与辨析

从理论上来看，体育与健康课程标准是指引教学走向成功的行动指南，是避免错误的基石，是形塑和改变课的结构与教学模式的准绳，它对优化体育课堂教学，引导教师科学发展，深入贯彻新时期我国教育的新方针和把握体育与健康课程发展的趋势具有十分重要的作用。历史证明，体育与健康课程标准不是一个“永恒的格式化”，它是一个国家的课程在历史进程中与时俱进的表征。对它的研修解读不仅本身具有深刻的历史意义，而且关涉着对学校体育发展的认识论与人才建设的思考。正如学者潘绍伟在《学校体育学》一书中断言,从时代意义上来看,体育与健康课程标准是保障学生实现“最大发展区”的主要方式,其理念和方案符合人的发展的目的,可以保证现代教育在体育教学这一设计中不落空。

从时代背景来看,随着我国学校体育教育的不断推进与国际教育理念对人培养要求的变迁,之前的《体育与健康课程标准(实验)》与时代发展日益难以契合,它需要随历史的发展推陈出新、与时俱进、修订完善。基于此,2017年,为回应广大教师对《体育与健康课程标准(实验)》的关切,着力解决其在成长中产生的理论问题与现实问题,推进体育与健康新课程的可持续发展,我国颁布了以著名学者季浏等专家为代表提出的新修订的《体育与健康课程标准(2017年版)》。正如爱因斯坦曾说,实际的知识需要是新知识产生的根本动力……差不多科学上重大的进步都是由于旧理论遇到了危机,通过尽力寻找解决困难的方法而产生的。

从研究思路来看,其目的是培育核心素养、保障人才发展,使每位学生在学校体育教育中都能获得高品质的学习结果,以满足新时代对人才发展的要求。其成果是回应我国学校体育从国际教育的发展趋势、国际学校体育发展的新动向、新时代国家对人才发展的培养要求,在总结我国十多年来学校体育与健康课程改革经验的基础上,以学校体育中国化的理论为指导,围绕立德树人、发展素质教育、培养担当民族复兴大任的时代新人等多元要求而建构的。

研修发现,《体育与健康课程标准(2017年版)》与时俱进,增加了“学科核心素养”的内容,将新的教育理念纳入其中,进一步丰富了“终身体育”的行动纲领,适应了现在与未来教育的发展趋势,并从基础性、实践性、选择性、综合性等上进一步精确课程品格会理教学行为,为建设适合学生发展的课程、实施以学生发展为本的教学、建立促进学生发展的评价体系奠定了基础。这一举措,既突显“为学习而设计”的指导体悟,又明清分类指导、范例策略量化,进一步彰显了《体育与健康课程标准(2017年版)》对教学服务的支持。这一成果为广大教师“登高望远”填平“标准”与新教学、新学习之间的鸿沟，消弭了正确与迷误、求新与偏见一起增长的困扰，增添了“新认知”，破除了旧认知，形成了体育与健康课程实践的新视阈，构筑起体育与健康课程实践的新行为，为引领教师的专业进步，提升教学水平，开足、上好体育课提供了保障。

基于此，为更好地理解《体育与健康课程标准（2017年版）》的思想，加快推进学校体育“学科核心素养”目标的实施，借助其真理价值，落实立德树人、发展素质教育的根本任务，培养担当国家发展、民族复兴大任的时代新人，以下对《体育与健康课程标准（2017年版）》的条文进行解读，以完备体育与健康课程标准的指导力。诚如有论者认为，一项正确的理论产生以后，关键工作还在于付诸实践，理论角色主体性的明确与否决定着其在实践中有效实施的成败。

一、《体育与健康课程标准（2017年版）》要点指南

历史的经验告诉我们，从课程改革理想到教学行动并非是一个简单实施或是执行的过程，需要经过一系列复杂的转换环节。其中“人”的因素是最为活跃、最为复杂和最充满变数的。课程改革因人的改变而得以推进，也因人的保守而难以前行。只有广大体育教师理解和参与体育与健康课程标准，才能保证课程改革顺利进行并取得预期效果。这是一个历史和理论已经证明了的具有真理性的认识。否则，无论课程改革的理念多么超前，上下层设计多么完美，没有一线教师和基层教育行政部门的普遍理解与参与，课程改革不可能取得成功。因而，以下对《体育与健康课程标准（2017年版）》的主要文意予以纲要式的勾勒，以为后续文本的理解树立正确的认知。

（一）把握时代背景——明任务

从时空来看，任何理念的兴起、语境的构建，都滥觞于时代的背景，对上关联着社会发展之路，对下涉及人才培养的质量。从这一特性来说，《体育与健康课程标准（2017年版）》也是针对现实中发展的问题而修订的，对

此“标准”用时代性、针对性、前瞻性和“三个面向”予以表述。一是时代性，正如《“健康中国2030”规划纲要》中明确指出，“健康是促进人的全面发展的必然要求，是经济社会发展的基础条件。”二是针对性，教育的核心是质量，正如2014年《教育部关于全面深化课程改革落实立德树人的根本任务的意见》中所要求的：“实现全科育人、全程育人、全员育人……统筹各学科，特别是德育、语文、历史、体育、艺术等学科……发挥综合育人功能，不断提高学生综合运用知识解决实际问题的能力……当前，高校和中小学课程改革从总体上看，整体规划、协同推进不够，与立德树人的要求还存在一定差距。”三是前瞻性，按照“全球胜任力”的目标，课程要培养面向世界的公民才算完成教育任务，即培养具有跨文化的国际理解力也是教育的重要任务。为此，课程标准的修订要符合党和国家对新时代人才培养的新要求，这与邓小平同志为北京石景山学校的题词“教育要面向现代化，面向世界，面向未来”殊途同归。正如联合国教科文组织于1994年发布的《萨拉曼卡宣言》中也指出，每个儿童都有其独特的特性、兴趣、能力和学习需要，教育制度的设计和教育计划的实施，应该考虑到这些特性和需要的广泛差异。

(二)把握“课程性质”——明定位

体育与健康课程标准的性质丝之头也，它不仅统摄着对体育与健康课程属性的理解，也定位着课程实践的指南。纵观国内外近百年来对课程所下的定义可以发现，其焦点虽然纠结在概念上，但究其现象的背后，却是“人”与课程之间交互作用的反映。即对人的发展有什么看法，对课程就有什么释义。认清这一理解可更好地明晰课程本质的指向，保证体育与健康新课程的实施。也就是说，如何把课程打造成为“课程超市”，满足学生个性化发展的需求，体现对学生学习能力的差异性的思考，为每一个学生提供形式多样的丰富课程，可供学生根据自己的爱好和能力进行自主选择，就成为课标不言而喻的路标。

系于此，《体育与健康课程标准(2017年版)》把“课程性质”明确界定为

"是一门以身体练习为主要手段，以体育与健康知识、技能和方法为主要学习内容，以培养高中学生的体育与健康学科核心素养和增进高中学生身心健康为主要目标的课程。"这一定位明确了不具有身体练习特征的课，不以体育与健康知识、技能和方法为主要学习内容的课，没有运动负荷的课，就不是体育课。这为摆脱不同课程理念的冲突和偏颇建立起高阔的视野，进一步突出了体育与健康课程的核心性质——身体练习。

（三）把握"课程理念"——明品格

体育与健康课程理念是统摄课程取向的指南，不仅体现着对学校体育教育思想的认识和理论高度的进展，也代表着学科未来发展的方向。因而，它是学校体育借以获取真理的动力，是检验和提高自身真理性的方法。

鉴于此，针对党和国家对新时代人才培养的目标，《体育与健康课程标准（2017 年版）》把《体育与健康课程标准（实验）》的四个"课程理念"（坚持"健康第一"的指导思想，培养学生健康的意识和体魄；改革课程内容与教学方式，努力体现课程的时代性；强调以学生发展为中心，帮助学生学会学习；注重学生运动爱好和专长的形成，奠定学生终身体育的基础），修订为"五个理念"（落实立德树人根本任务和健康第一指导思想，促进学生健康与全面发展；尊重学生的学习需求，培养学生对运动的喜爱；改革课程内容与教学方式，提高学生的综合能力和优良品格；注重学生运动专长的培养，奠定学生终身体育的基础；建立多元学习评价体系，激励学生更好地学习和发展）。显然，这一修改既彰显了对人才培养的要求，又突出了为什么学、如何学、怎样学的引领与学会学习的重要性，保证了体育与健康课程的正确实施。

（四）把握"课程目标"——明方向

从理论发生学角度分析，体育与健康课程目标既是课程价值路向的出发点，也是预期学习结果的终结点。因而，其不仅为"什么样的知识最有价值"提供判断，也为教学内容的设置、教学方法的选择、教学组织的设计明确提供了依据。

按照新时代党和国家对人才发展的要求,《体育与健康课程标准(2017年版)》把《体育与健康课程标准(实验)》的四个"课程目标"(提高体能和运动技能水平,加深对体育与健康知识和技能的理解;学会体育学习及其评价,增强体育实践能力和创新能力;形成运动爱好和专长,培养终身体育的意识和习惯;发展良好的心理品质,增强人际交往技能和团队意识;具有健康素养,塑造健康体魄,提高对个人健康和群体健康的社会责任感,逐步形成健康的生活方式和积极进取、充满活力的人生态度),进一步修订为以"学科核心素养"为总目标引领,以"运动能力""健康行为""体育品德"为分目标,细化了体育与健康课程内容的范围与教学的设计,明确了知识从外化走向内化的可操作性和可观察性。它以课程总目标、具体目标、学习领域目标、模块目标和课时目标予以上下对应承接具体化的实施,保证课程实践不偏离方向。这一明晰,既突出了目标制订的科学性、计划的切实性和效果,也把社会价值观和学科方法紧密地连接在一起,既落实了学科的任务,也实现了体育与文化价值观的承接。

(五)把握"课程结构"——明范围

从系统论来看,结构规定一门学科的框架,界定一门学科的知识、技能和经验,划清知识的边界与归属、分门与别类的关系。因此,课程结构是学校教育的核心,是知识赖以传递的载体,指导着把知识从外化转向内化的行动,对上关系到教育发展的导向,对下牵涉到人才的培养。

也就是说,依据总目标的归属与分目标的划分,课程结构规定着"运动能力""健康行为""体育品德"各个组成部分之间的相互关系,规定着每一部分的课程对每一个方面的学习要求的明确分配与归属,按照"知识贵在汇通"的真谛,以"学科核心素养"引领课程的目标、内容、方法和评价,把知识变成有组织顺序的系列、有认知层级的通透,使之系统化,易于好学好用。

换言之,没有课程结构的确立,就会自我打转转,将陷入"束书不观,游谈无根，此又何也”的窘境，就不能找到课程对象之间的类型与“学科核心素养”目标的相互关系，难以厘清目标与不同知识属性之间的内在有机联系，不能有效体现出知识的归属性与类聚性，因而，也就难以为学习者建构出意义学习的对象化活动。

（六）把握“课程内容”——明选编

课程内容是课程目标取向审视的结果，是衡量体育与健康课程教育性的基本标识。它既是一定教育理念在体育与健康课程中的表现形式与作用方式，又是确定与划分课程范围在实践层面上“应该怎么做”的理性认识。

以此谓之，《体育与健康课程标准（2017年版）》与《体育与健康课程标准（实验）》的内容基本相同，由系列1球类运动、系列2体操类运动、系列3田径类运动、系列4水上或冰雪类运动、系列5武术与民族民间传统体育类运动、系列6新兴体育类运动和系列7健康教育专题组成。即必修必学包括体能和健康教育2个模块，必修选学包括球类运动、田径类运动、体操类运动、水上或冰雪类运动、武术与民族民间传统体育类运动和新兴体育类运动6个运动技能系列模块。也就是说，发展学生学科核心素养的“运动能力”“健康行为”“体育品德”三个方面目标的实现，需要通过体能、运动技能、体育文化和健康教育等内容的融合和有效教学来实现。

为保证“课程内容”与“学科核心素养”的衔接与实施，避免随意性的发生，教师要按照“学科核心素养”的“运动能力”“健康行为”“体育品德”等三条主线划分课程范围、确定课程内容，并准确把握与科学选择，消弭过去单纯以运动形态定位学习内容的不足，即只有运动技能的课程内容设置，没有健康体能、体育文化等课程内容设置的缺陷。

（七）把握“学业质量”——明考核

研修发现，“学业质量”的添加修订了《体育与健康课程标准（实验）》对教育质量评价的模糊性，保证了学校体育教育质量具有可观察、可设置、可量化和可操作性。其按照“什么是学业质量”——学业的设置、“学业质量有哪些”——学业的组成、“如何评价学业质量”——学业完成的尺度，从法定的角度对必修必学和必修选学两个部分分别提出要求，确保学生“学科核心素养”目标的实现。正如顾明远学者论道，“质量是教育的核心”，是实现我国可持续发展目标的关键。

所谓学业质量水平，是对学生完成某学段体育与健康课程学习之后应该达到的学科核心素养发展的要求。学业质量水平划分为5级，即水平1至水平5，水平2是高中毕业生应该达到的合格要求。

学业质量水平评价的组成，分为必修必学和必修选学两部分。其中，必修必学部分的评价，由体能和健康教育两个模块组成，是对学生在分别学习18课时的体能或健康教育模块之后的学习结果按照“五级水平”予以评定。必修选学部分是由6个运动技能系列模块(系列1球类运动、系列2体操类运动、系列3田径类运动、系列4水上或冰雪类运动、系列5武术与民族民间传统体育类运动、系列6新兴体育类运动)组合而成的，各校可根据本校的条件予以科学选择。

学业质量水平评价的尺度，是高中3年要上满216课时，平均每学年修习4个模块，3年12个模块，即1个体能模块，1个健康教育模块，10个运动技能系列模块。每个学年的学习结果都要按照相应阶段的学业质量水平，即“五级水平”予以评定，最后再把3年10个模块的学习结果汇总予以总体评定。

(八)把握“实施建议”——明要求

“实施建议”由“教学建议与学习评价建议”“学业水平评价方案设计建议”“教材编写建议”以及“地方和学校实施本课程的建议”四部分组成。根据可操作性和可观察性的要求，增加了教学提示要求、教学内容要求、学业水平要求，确立了教、学、考的尺度，解决了《体育与健康课程标准(实验)》对体育教与学一直无标准的困惑问题。它体现了两个观点，一是教育质量的保障与评价必须以学生为本位，以促进学习为中心；二是应从外部构建起支持学习质量提升的系统，确保优质教育质量的实现。

“教学建议与学习评价建议”设立的目的，是对课程性质、目标实施、内容选择、方法与手段的设计等给予指导和约束，明确哪些是可做的、哪些是不可做的，从而避免了随意性的发生，以为广大教师发挥教学智慧，减少教学障碍，增加教学良机，避免发生低效、无效甚至负效的教学行为提供指导和参考。

例如，在教学结构和内容上，增加了选修模块和学分，在保健方面增加了具体的内容，提出了体育学科与信息技术的融合，利用信息技术与“互联网+”的平台寻求自身新的变革，破解了传统集体教学个性化学习不足的瓶颈。例如，原学习模块，学生可选择3～5个，现在规定不超过3个。这就意味着，如果学生喜欢足球，高中三年都可以只学这一个模块。这样的变化对学生来说，有利于学深入、学系统、学牢固，为形成稳定的技能提供保证，让三年体育学习影响学生的一生。

“学业水平评价方案设计建议”的设立，运用了量化和便于评价的语言表述，有效指导教师正确处理与诊断各有关部分发生的关系，有针对性地采用相应的方法和策略，精确制订切实可行的实施方案，避免重蹈不良教学的覆辙。它突出强化了今后教学相关质量建设与发展的指向，使课程在灵活性与约束性方面相应的具体要求和行为评价更加融合，更好地使课程实施的“度”紧密地联结了课程的总目标，避免了我们过去制订的课程目标可能陷于实践无法操作的局面。

从世界各国教育改革的经验来看，不进入教学实践层面，任何课程改革都难以取得实质性的成效。可见，该实施建议的提出有利于解决薄弱环节，完善《体育与健康课程标准（实验）》对教学实践指导力的不足，可为体育新课堂教学设计提供完备的理论支撑，为教师在教学方法的选择与运用、重组或再造上提供启示、开辟活水。诚如布鲁纳明确认为的，学习的最好刺激乃是对所学材料的和谐设计。也恰如巴班斯基的一个著名主张，教学即必须把教的最优化与学的最优化融合在一起。

(九)把握课标变化——明发展

研究发现,《体育与健康课程标准(2017年版)》与《体育与健康课程标准(实验)》相比,在10个方面发生了新的变化。

变化一:将《体育与健康课程标准(实验)》的4个部分(前言、课程目标、内容标准和实施建议)修订为6个部分(课程性质与基本理念、学科核心素养与课程目标、课程结构、课程内容、学业质量和实施建议)。

变化二:将《体育与健康课程标准(实验)》"坚持'健康第一'的指导思想,培养学生健康的意识和体魄",修订为"落实立德树人根本任务和健康第一指导思想,促进学生健康与全面发展"。

变化三:将《体育与健康课程标准(实验)》课程总目标的"培养终身体育的意识和习惯",修订为以"学科核心素养"作为《体育与健康课程标准(2017年版)》的课程总目标,由"运动能力""健康行为""体育品德"三个方面组成。

变化四:将《体育与健康课程标准(实验)》的"运动参与""运动技能""身体健康""心理健康""社会适应"5个具体目标,修订为"运动能力""健康行为""体育品德"3个具体目标。

变化五:将《体育与健康课程标准(实验)》的课程内容标准,变更为必修必学内容(体能和健康教育)和必修选学内容(球类运动、田径类运动、体操类运动、水上或冰雪类运动、武术与民间民族传统体育类运动和新兴体育类运动)。

变化六:新增"学业质量"保证学科核心素养的达成,围绕"学业质量内涵""学业质量水平"和"学业质量水平与考试评价的关系"等三个方面予以阐明,进一步推进学习质量与落实学科核心素养达成的联系,以保证学习的效果。

变化七:更新实施建议的部分内容,新增"学习评价建议"和"学业水平评价方案设计建议",为有效培养"学科核心素养"新课程的实施提供保障。

变化八:删除《体育与健康课程标准(实验)》"课程资源的利用与开发

建议”的部分内容，新增“地方和学校实施本课程的建议”。

变化九：将《体育与健康课程标准（实验）》的学习评价内容“体能”“知识与技能”“学习态度”“情意表现与合作精神”“健康行为”5个部分，整合为“运动能力”“健康行为”“体育品德”3个部分。

变化十：新增“学科核心素养”五级水平的划分、教学与评价案例。

综上所述，推进《体育与健康课程标准（2017年版）》实施的目的，是提高学校体育培养的人才质量，实现《基础教育课程改革纲要（试行）》赋予学校体育的任务，为学校体育未来的建设与发展提供以何道而嗣续、以何道而传播、以何道而发扬，及何以验之、何以效之的标杆，实现学校体育与健康课程促进每个学生身心健康发展，培养良好道德品质，达成终身体育学习的愿望。它着力完成《基础教育课程改革纲要（试行）》赋予学校体育的以下任务：

（1）确立（学校体育）体现素质教育精神的培养目标；

（2）形成（学校体育）体现整体性和可选择性的课程结构；

（3）建立（学校体育）以基础性和发展性为特征的课程体系；

（4）倡导（学校体育）贯穿选择性和人本性课程实施的教学过程；

（5）建立（学校体育）具有尊重个性和鼓励向上功能的课程评价体系；

（6）落实（学校体育）三级课程管理的政策；

（7）完善（学校体育）课程资源的开发与管理的制度；

（8）保障（学校体育）课程改革的支持系统具有不断发展更新的机制。

二、《体育与健康课程标准（2017年版）》前言的解读

众所周知，“前言”是引子，是弄懂意蕴的钥匙，刊于正文前，主要说明文章的基本内容、编著意图、成书的主旨或撰文目的，是浓缩所写东西的精华。研究发现，我国《体育与健康课程标准（2017年版）》的“前言”围绕历史性和具体性两个维度逻辑展开，第一部分以《体育与健康课程标准（2017年版）》的背景概述为“弦”，确立方向；第二部分以《体育与健康课程标准（2017年版）》的主要内容与介绍分析为“布局”，打造体系。诚如列宁指出，

马克思的历史唯物主义是科学思想中的最大成果,人们对于过去历史和政治所持的极其混乱和武断的见解,为一种极其完整严密的科学理论所代替。

第一部分,首先,围绕历史性从新时代背景的时代性、前瞻性和针对性,沿着从思维到抽象挖掘深度提升认知。从教育方针、教育法和学校体育的关系,执源一系列国家重要文件的精神,如《中共中央关于全面深化改革的若干重大问题的决定》(2013年)、《教育部关于全面深化课程改革落实立德树人根本任务的意见》(2014年)、《"健康中国2030"规划纲要》(2016年)等,多层面、多角度阐明党和国家对人才培养的新要求,鲜明地表达了优质教育与高质量的学习是《体育与健康课程标准(2017年版)》的价值取向与发展目标,科学地揭示了学校体育合规律性与合目的性的发展之路是什么、内在逻辑是什么,以何种方式呈现才是正确的、可为的。

其次,沿着从思维抽象上升到思维具体的科学认识,以客观省察、理性分析与概括,推进理论联系实际形成整体,梳理出新时代学校体育的精神内核及其生成的逻辑是什么,标定《体育与健康课程标准(2017年版)》在教育价值、民族健康以及人才培养的意义与作用,从体育与国家命运、民族发展关系的高度,厘清我国学校体育的发展路径和方向与"四有服务"的关系①,进而实现对其的精准把握。换言之,即从具体性上弄懂学校体育与国家的命运、社会的发展、现实人的关联的内涵,让广大教育工作者和体育教师更加明确和清醒地认识到建设一个什么样的学校体育。

也就是说,通过历史性和具体性的相辅相成,《体育与健康课程标准(2017年版)》的问世源于国家从教育大国向教育强国发展的需要。随着我国素质教育的不断推进与国际教育理念对人才培养要求的变迁,《体育与健康课程标准(实验)》与时代发展日益难以契合,它需要随着历史的发展推陈出新、与时俱进、修订完善。标准的制定是一个系统的过程,蕴含着国

① 习近平同志在全国高校思想政治工作会议上发表重要讲话:"我国高等教育发展方向要同我国发展的现实目标和未来方向紧密联系在一起,为人民服务,为中国共产党治国理政服务,为巩固和发展中国特色社会主义制度服务,为改革开放和社会主义现代化建设服务。"

家的发展、社会的变革、人才培养的坐标与格局，精准地确定着新时代学校体育人才培养的定位取向与使命任务，反映着国际教育发展的思潮，体现着国际课程变化的动向，推使教育工作者和体育教师自觉提高理论素养，投身“优质教育”的建设之中，牢记职责与使命，形成强烈的“捋起袖子加油干”的意识，进而对《体育与健康课程标准(2017年版)》正确理解、准确把握与精准实施，积极回应并解决好我国学校体育领域存在的“学生喜欢体育活动却不喜欢体育课”，“中国学生上了12年的体育课却一项运动也未掌握”，“我国学生体质健康水平30多年持续下降”的三大难题。正如2016年10月15日陈宝生部长在武汉地区高校工作会议上所说的，在信息时代做好老师，自己所知道的必须大大超过要教给学生的范围，不仅要有胜任教学的专业知识，还要有广博的通用知识和宽阔的胸怀视野。

第二部分，首先，指出《体育与健康课程标准(2017年版)》植根于时代的发展与国情和体育教育特色，并以“学科核心素养”为统领表述培养要求，提高学生的学习质量，激发学生的学习需求，培养学生对运动的喜爱从而确认目标与学生发展融合。从立德树人的根本性、促进学生健康发展的方向性、提高学生全面发展的可行性等方面，确立把教推向学，突显“为学习而设计”的指导、以学生全面发展为核心的体悟。从编写上看，其内容体系既着眼分类指导，又注重策略量化，进一步递进了体育与健康课程标准的针对性、具体性和实施性一体化的贯通与联动，增强了体育与健康课程标准为教学服务的支持。

其次，解析课程标准文本的构成与组织、内容范式与实施操作。围绕课程性质与基本理念、学科核心素养与课程目标、课程结构、课程内容、学业质量、实施建议等六个部分，指出相关范畴的要点与预期所向及其实施的基本思路。同时，点出优质教育与高质量学习是新一轮教育改革的关注点，不仅指向教师应该怎么教、学生应该怎样学，还要关注学生学习成果的获得在人才培养方面的表现，即“五有新人”，使学生成为一个有理想、有道德、有文化、有纪律、有强健体魄，立志为人民做贡献，为祖国做贡献，为人类做贡献的新人。显然，这一框架对后续正文的各部分落实起到提纲挈领和引导理解的作用。

研究发现,《体育与健康课程标准(2017年版)》的前言,通篇3000多字,比《体育与健康课程标准(实验)》的前言精练了许多,其最大的变动就是改变了《体育与健康课程标准(实验)》理论性强、实践操作性弱的不足。后者只提出行为产生的条件与标准,告诉了我们从哪里出发(起点),走向哪里(终点),应达到的水平(目标)。即只有规准的形式与要求的条文分析,没有如何达到这一目的、走向哪里的具体(方法或策略)指导,即没有怎样运用标准规划课程、规引教学,判别正确与错误、成功与失败的应用承接。

也就是说,从《体育与健康课程标准(实验)》设计的解读来看,其设计采用的是价值与意义的双边活动之说,从这个角度来考查对象和对象之间的关系,来选定对象与事物发生的关联,赋予它们内容和形式,解决主客观之间的需求。这就使得它只反映了对象属性中一面的真理——标准的重要性,而没有给出对象属性中另一面的方法性——教师怎样教好、学生怎样学好的策略指导。显然,这样就会发生“皮之不存,毛将焉附”的现象。恰如唯物辩证法指出,正确的科学理念应该有两条腿,一条腿是解释力,另一条腿是实践力。所谓解释力是认识世界的科学精神和认识任务,所谓实践力是改造世界的科学方法和实践任务,两者统一才能体现力量。

就于此,为改变《体育与健康课程标准(实验)》设计的不足,《体育与健康课程标准(2017年版)》的编写,既注意体育与健康课程和生命价值与生活意义的衔接,继续发挥其促进学生健康发展的作用,又自觉回应国家发展的要求,从人才培养的层面,考虑体育与健康课程和国家发展、社会建设、人才培养的关联。其以“学科核心素养”为目标抓住根本布局整体,把体育知识和技能与学会做事、学会合作、学会生活、学会生存融合在一起,补入课程标准。它引领了以学习为本的知识掌握,向以学习成果“能力素养”为本的转变;实现了学习体育不仅为自己达致人生的健康生活做准备,还要学有所用,为国家发展、社会建设做贡献;改变了长期以来,我国学校体育总是依循学科的逻辑体系设置课程内容和进行教学设计,没有从学生的需要、生活的需要、社会的需要、国家的需要去寻求入口的不足。

换言之,《体育与健康课程标准(2017年版)》的编写,从体育与健康课程的价值意义与历史使命的视角,更加明晰地阐释了健康是人们学习、工作、幸福生活的基础,是社会进步、民族强盛、经济发展的保障。维护与提高全体人民的健康,是社会主义建设的重要任务之一。新的生产和生活方式造成人们体力活动显著减少和心理压力增大,给国民的身心健康带来了前所未有的威胁,这一伤害在我国青少年中的表现尤为突出。近二十多年来,我国青少年学生体质健康水平持续下降。体育与健康课程不仅是提高青少年体质健康水平的途径,也是党和国家培养人才的重要之路,其教学内容,教学方式、方法与评价手段等的选择与运用,负有促进学生"德智体美"全面发展的任务和支撑国家建设的使命。正如据卡尔·西奥多·雅斯贝尔斯在《什么是教育》一书中所说,教育是人类灵魂的教育,而非理智知识和认识的堆积。

三、《体育与健康课程标准(2017年版)》的设计思路与理念

2018年1月16日上午,教育部召开新闻发布会,宣布历时4年的普通高中新课程方案和学科课程标准修改工作已全部完成,经国家教材委员会审查通过,于2017年底印发,并将于2018年秋季开始执行。这就意味着原有的一些认识和方式将被随之更新或重组,今后学校体育的课程与教学等都将迎来新的变化,那么,新的体育与健康课程方案和课程标准有哪些主要变化,作为体育教师的我们应如何应对,就成为必须的思考。

(一)《体育与健康课程标准(2017年版)》的主题意蕴

俗话说,只有最丰富的生动感悟,才能达成最真实的实践认识。梳理发现,我国学校体育学者以强烈的历史责任感和使命感,历时4年完成了《体育与健康课程标准(2017年版)》的构建,并遵循时代"物之力"到"能之力"再到"智之力"的历史演进规律,与时俱进地按照教育国际化发展的趋势,把"学科核心素养"纳入《体育与健康课程标准(2017年版)》的核心,使

其理念一新，有了方向，有了主题，有了动力，充分反映了学校体育面对新时代的新要求、新征程、新任务，在“创造性转化，创新性发展”上谱写了新的史章。

也就是说，“学科核心素养”的提出，是学校体育为了适应“我国从富起来走向强起来”新格局的变化，其目的是促进学校体育实现优质教育、优质教学、优质学习。显然，这个理念使学校体育面貌一新，有了方向，有了主题，有了动力，充分反映了学校体育面对新时代的新要求、新目标、新任务，又开始了“从有到强”新征途的建设。

换言之，这一新理念的提出，不仅为学校体育在新时代“从有到强”的践行指明了目标，也为学校体育与健康课程和教学的变革与发展奠定了特色。毋庸置疑，可从根本上改变学校体育长期存在的两个基本问题：一是“教不会”，14年体育课绝大多数学生甚至一项运动技能都没有学会；二是校园“无竞赛”，运动技能难以强化提高，难以产生高质量的学习成果，难以培养出高水平的体育人才。可见，《体育与健康课程标准(2017年版)》的问世既是学校体育理论繁荣与实践进步的又一个新标志，也为推进学校体育与健康课程与教学的实施提供了根本的遵循。正如学者张志勇论道，看新旧课程标准有没有区别，有没有特色，关键要看其主体性是否不同，有没有创新性的话语，有没有揭示出某一类主题的产生及其话语在发展性上的普遍意义。

“大雅不作，正声微茫。”显然，只有“真学、真懂、真信、真用”才可获得“法泽天下”的理解。即要使一个正确的理论成为广泛可接受的话语，发挥出其应有的解释力与执行力，关键工作还在于理论主体性的明确，否则就会出现理论与行动不完全一致的异化现象，即“失真”，容易产生“有读了全然无事者；有读了后，其中得一两句喜者；有读了后，知好之者；有读了后，直有不知手之舞之足之蹈之者”。显然，这一现象反映出，不知“体育学科素养”，亦将不识其起意之精善，当然也不会将其实践好。因此，解读“体育学科素养”这一准绳在整个学校体育架构中具有怎样的角色定位和指导位置，培育并践行好它的科学实施就成为必然。

（二）“体育学科素养”的解析

当今，人类社会已进入新知识经济时代，以互联网、大数据、智能化等新的知识形态正日益凸显，成为引领世界发展不可阻挡的潮流。显然，这一变化对人类的认知能力形成新的挑战。在这一背景下，解放人的潜力、扩展人的关系、挖掘人的创造力、进一步促进人走向更高的发展就成为教育的首要任务。这就意味着按照以前基于“学科结构”等教育理论的课程无法满足社会发展。为什么？因为这种教育特征解决的是，知识获取的表达的方式和利用的问题，它只能模拟知识，难以创新知识。这就要求人类必须思考面对互联网、大数据、人工智能等新变革对高端知识和技能要求越来越高的情况下，到底用什么新的理论引领我们的学习和教育。

按照这一变革，围绕新世纪人的培养问题，国际经济合作与发展组织、欧洲共同体等纷纷开展了广泛的调查与研究，并得出两点共同结论：一是真正影响人与社会发展的不是教育的年限，而是学习结果的质量；二是有质量的学习结果，不是知识掌握的多少，而是个人获取或应用知识与技能的能力。但在有限的教育时间里无法培养人的全部素养，于是通过对人的核心素养的遴选，按照基础性、必要性、关键性实现“以少胜多”的效果。在每个人有限的学习时间里，发展其最为核心的素养，从而使其具有持续学习、生活发展、参与社会生产所需的必备品格和关键能力。

故而，“素养”就成为衡量学习者掌握该门知识“精熟度”的指标，并由低到高划分为五级来表示学生在某个领域达到的水平。学科素养不是单纯的一种能力，而是多种能力相互作用的产物，而问题解决能力又是其最为重要的组成部分。素养不是知识，也不是技能，而是对某一门知识或技能的应用能力。即所谓的素养是指，所有学生在今后生活和工作中所必须运用到的一项核心知识或技能。正如国家卫生计生委负责人在2017年3月“两会”期间答记者问时所说的，中国未来100年都不会缺人口数量，更应该关注人口质量和人口结构。对此，2015年版《中华人民共和国职业分类大典》与1999年相比，新增职业347个，取消894个。

为此,世界主要国家和国际组织都围绕这一变化,先后启动了以“核心素养”为教育目标的变革。也正是基于对教育本质的新认识,2015年联合国教科文组织将优质教育纳入可持续的发展目标,指出提高教育质量是未来15年世界教育改革发展的核心,并发布了第3个教育报告《反思教育:向“全球共同利益”的理念转变?》,文中提出教育应负的责任和教育的变革,要重新定义知识、学习和教育。针对此,按照“质量是教育的核心”,我国在《教育部关于全面深化课程改革落实立德树人根本任务的意见》中指出,“研究制订学生发展核心素养体系和学业质量标准。要根据学生的成长规律和社会对人才的需求,把对学生德智体美全面发展总体要求和社会主义核心价值观的有关内容具体化、细化,深入回答‘培养什么人、怎样培养人’的问题。教育部将组织研究提出了各学段学生发展核心素养体系,明确学生应具备的适应终身发展和社会发展需要的必备品格和关键能力,突出强调个人修养、社会关爱、家国情怀,更加注重自主发展、合作参与、创新实践”,并于2016年正式公布了中国学生发展的核心素养体系。正如有学者指出,我们每写一条课程标准,不仅要考虑它的学科依据,还得明确它的目的指向——我们的公民是否需要这样的素质呢?同时还要关注儿童的接受可能、兴趣爱好、生活基础以及社会的发展趋势。

同样的道理,随着中华文明复兴的集结号吹响,我国从富起来走向强起来,“高质量”这个词语不约而同地成为各个学科、各个领域建设与发展的共同话语,也已成为我国学校体育理论研究的主要特征。显然,这一理念可从根本上改变学校体育长期以“知识传递为取向”的设计模式,促进教育由单纯传授知识向注重培养支撑终身发展的能力素养转变。可见,《体育与健康课程标准(2017年版)》有关“学科核心素养”目标的提出,也是自觉回应国家对新时代人才培养要求的结果。为了让体育的知识与技能和这一理念深度融合,解决好学生发展的问题,我国学校体育顺应时代的发展,围绕立德树人的根本任务,从生物进化和文化演进的高度,从人的身心发展与社会文化环境相互作用的关系,以全纳教育的态度,在《体育与健康课程标准(2017年版)》里理性地构建了“体育学科素养”的发展目标,为每个学生都能受到优质教育提供保障，为每个学生都能进行高品质的学习并达到学以致用提供保障。诚如马克思和恩格斯鲜明地指出，一切划时代的真正的内容，都是由于产生这些体系的、那个时期的需要而形成起来的。

“为学之道，必本于思。”从历史的发展来看，《体育与健康课程标准（2017年版）》“体育学科素养”的提出，是我国遵循国际教育这一发展形态，以培养担当民族复兴大任的时代新人为着眼点，挟“高质量”的观点推进新时代学校体育与健康课程与教学进一步发展的理论成果。其理念进一步拓展了终身体育实现的路径，启动了“课程面向学生生活”“课程面向时代发展”“课程面向科技进步”“课程面向社会服务”的深层次布局。

“万山磅礴，必有主峰；龙衮九章，但挈一领。”可见，“体育学科素养”的提出，拉开了我国学校体育由知识取向的教学理解（侧重于运动技能的掌握）、能力取向的教学理解（侧重于把技能变成终身体育习惯与能力）开始迈向更高学科素养取向的教学理解（让体育成为人生活的素养、健康工作的保障、服务社会的基础）。历史经验表明，学校体育每一次的重大变革都给发展注入了活力与动力。显然，“体育学科素养”的这一变化，既是为了培养社会主义事业的建设者和接班人而形成适应时代发展的关键能力，也是主动适应“我国社会主要矛盾已经转化为人民日益增长的美好生活需要和不平衡不充分的发展之间的矛盾”的历史转变，为提高全民族的文明素质、走向美好生活而制定的。正如学者董翠香在2016年华东师范大学全国体育课程论坛上的发言，体育与健康课程作为一个历史文化的范畴，它对教育的作用，要集中地体现出作为历史主体的人本身在时代中如何发展。

那么，何谓学科核心素养？学者杨志成在《核心素养的本质追问与实践探析》一文中指出，核心素养观提出的本质是教育性的回归，蕴含着个体生命力、工具性和社会性价值三者的统一。显然，这一认识勾勒出了人才培养的方向，即核心素养开启了教育的发展目标是“优”，破题的重点是“质”，解决了传统教育忽视“对于个人和社会发展具有重要意义的知识、技能、价值观和态度”的不足。对此，《体育与健康课程标准（2017年版）》指出：“学科核心素养是学科育人价值的集中体现，是学生通过学科学习而逐步形成正确价值观念、必备品格与关键能力。体育与健康学科核心素养主要包括运动能力、健康行为和体育品德。”它既是新时代学校体育与健康课程设置的指向,也是新时代学校体育教学实践的结果。

循着这一视角,以哲学的视野来审视体育“学科核心素养”这一教育观可以发现,它的核心是质量,目的是应用,目标是追求“整全”的知识观(学会做事、学会合作、学会做人、学会生存),推进“知识的习得与心智发展的结合、知识的习得与自我思变的结合、知识的习得与实践应用的结合、知识的习得与社会发展需要的结合”的任务落实。换言之,体育与健康课程标准是一种影响教育的准绳与指南,必须有明确的归属性、可宣扬的价值理性,方可指导我们的活动。俗语“心有高标,方可致远”,讲的就是这个道理。

简言之,提出体育“学科核心素养”,可以从两个层面理解。一是从党的十九大报告“建设教育强国是中华民族伟大复兴的基础工程”这一定位来看,面对变革,体育必须做出合乎这一定位的改变,全面准确地反映时代要求,阐明体育学科服务于这一定位的品格与良方。可见,体育“学科核心素养”深化了对新时代教育本质的认识,回应了教育必须与时俱进,真正发挥它“在历史上第一次为一个尚未存在的社会培养着新人”的使命,彰显了任何话语的问世都是对当代社会发展、人的生活理解的反映,它的构建烙印着特定时代社会的价值认识。二是从教育性上看,“人的独特性要求教育要具有卓尔不群的品格”,即人的唯一性是教育价值存在的理由和功能本然的依归。也就是说,新世纪体育与健康课程应由寻求普遍性的教育规律走向寻求适应个人情境化的教育意义,体育要注重每一个人的积极参与,关注每一个学生的发展,提供更多的个性选择,给予个性更大化的知识支配。课程发展将超越知识本位,超越学科结构主义,将知识学习和教育过程真正成为人的素养发展的过程和工具。即体育与健康课程不仅要给学生“硬实力”——运动技能和健康方法的落实,还要给学生“软实力”——健康行为、体育品德和社会责任感的养成。显然,如何为每个学生提供适合这种新要求的课程与教学,并把“学科核心素养”纳入并实施,就成为新时代学校体育与健康课程与教学必须做的思考。诚如马克思所说的,每个原理都有其出现的世纪……一种思想理论的核心观念往往是它的时代精神凝结。

(三)“体育学科素养”与课程目标的关系

价值哲学指出,目标是本体的根基,是事物存在与运行的逻辑元点。从这一命题释义出发,“目标”是将课程基本理念转化为课程实践活动的“桥梁”。它包含着“确定体育与健康课程设置、选择和组织体育教学、实施课程评价”等规准,决定了“体育与健康课程选择的基本假设、教学践行的方法和对象、评价问题的范式”等。

从发生学的视角来看,任何概念的出现必然承载着某种历史的目标与内容,蕴藏着一种发展的方式。显然,《体育与健康课程标准(2017年版)》的核心,是以“体育学科素养”为目标,引领课程的设置、教学内容的分配、教学方法的选择、教学评价的实施,力图通过促进学生“体育学科素养”的文化养成,使学生爱运动、会运动,自觉地促进自我身体健康、心理健康、社会适应等目标的全面实现,使其成为“担当民族复兴大任的时代新人”。

正如“好学近乎知,力行近乎仁”这一道理指出,如果一个人心中没有正确的对道(体育)的认知,那道(体育)就绝不会驻留在他心中;如果一个人的行为不符合道(体育)的规则(精神),那道(体育)就绝不会在他身上呈现。基于此,“体育学科素养”是在继承原有《体育与健康课程标准(实验)》的目标引领课程主旨的观点上,又围绕新时代“个人健康”到“他人健康”再到“社会健康”,“个人发展”到“他人发展”再到“社会发展”这种新起点而建立的。即希望通过“体育学科素养”课程价值目标的建立,确保每个个体的个性与社会化的养成能获得充分发展,把人所具有的自然属性、社会属性、国家属性和民族属性等丰富起来,促进新本质力量的形成、新社会关系的建立。也就是说,不同的价值导向必然产生不同的教育实践,显然,《体育与健康课程标准(实验)》的课程目标仅关注“个性运动能力、个性健康养成”的工具性价值,遗忘了个人与社会关系的主体性价值是不足的。恰如未来学家阿尔温·托夫勒认为,工业社会的特点是标准化,而知识社会的特点是个性化、多样化、创造性、自主性。

故而认为,“体育学科素养”对新时代体育与健康课程目标的特性与践行,假设了三种具有革故鼎新意义的目的:(1)保全生命和维护生命,解决人类生命存在和繁衍的问题,使人的生物进化和自然选择摆脱消极状态,实现人类对生命本质意义的理性追求;(2)解决人与人、人与社会之间怎样合理生存的矛盾,改变人性气质、风俗社会环境,使社会趋于良善,构建“我为人人、人人为我”的道德判断;(3)把“灵魂与肉体”结合起来,开拓人的身体潜能,激发大脑思维,提高自身运动的能力,帮助人类完成最伟大的本质飞跃。诚如孔子在《论语·雍也》中所言:“质胜文则野,文胜质则史。文质彬彬,然后君子。”

(四)“体育学科素养”与课程内容的关系

“欲知平直,则必准绳。”从横向关系上看,《体育与健康课程标准(实验)》的课程内容设计驻足于实现个体终身体育运动习惯与能力的养成,并从这个角度来考查课程和人之间的关系,描述人与课程发生的关联,赋予它内容和形式,解决主客观之间的需求。这样就使得课程内容只满足了个体属性——能力与习惯的教好。从纵向关系上看,显然这一思路仅发挥出个体利用知识改变自己,没有完成个体发展自己、服务社会,成为一个有情怀、有伟大理想、有高尚情操、有社会责任感的人,即没有反映出个人的发展与他人发展、社会发展、国家发展的联系。

换言之,这一选择在当时看来是可行的,但当时代由工业革命的“物之力”走向素质教育的“能之力”再走向“互联网+”的“智之力”,这一课程内容显然不能满足“大众创业、万众创新”、国家目标“从富起来到强起来”的实施,需要更新。按照这一逻辑要义,“体育学科素养”的提出,就是要发挥课程内容存在的个人发展与社会进步的文化弘扬、社会改革和个体治疗的功能,观照“关怀自身、服务社会、报效国家”内圣与外王的语境。诚如诗歌理论家袁枚所说,“学问之道,当识其大”。

以此谓之，如果体育与健康课程只有对个人关系改善的着力，而没有对他人关系、社会关系、国家关系改善的着力，就会导致其难以发挥出体育“既是运动又是教育，既能锻炼又能分享，既可参与又可欣赏，既可更高更快更强，又可顽强拼搏自立自强”的多元功能。显然，“体育学科素养”的提出，正是为了弥补原有体育与健康课程内容的这一不足。可见，假若“体育学科素养”对此没有具体的实施与操作，那么实现学校体育为新时代培养新人的说法到头来只能是一句空谈。

也就是说，“其作始也简，其将毕也巨。”一门学科试图去把握某种对象时，必须提供实现这一意图具体化的实践基础，理论与实践统一才能产生改变世界的力量，实现预期设想。对此，学者毛振明论道，原有的课程标准只是平移了西方课程既定的词语、概念和范式，缺少了适合民族课程的时代意蕴及实践路径的阐明，因而，针对个人发展、社会进步与国家服务的话语体系不强，指导力不足，没有反映出学校体育为培养时代新人的整体要求与具体形式。

（五）“体育学科素养”与教学方式的关系

文献检索发现，教学方式是一个关联与区分教学内容与方式“兼以易别”的“法度”论语和理念。根据这一思路，“体育学科素养”既是一种可衡量的价值观，也是选择教学形式与手段的表述与细化。它上位承接理念的归属与界定，下位对接实践应用的效力与实现。其不仅支配着教师怎样教，也对教师的教学行为具有引导作用。这一认识，正如大卫·杰弗里·史密斯所说：“所谓教学，我认为乃指一种关怀。其方式潜隐着解放的价值关切或人文关怀的意义。”

从《体育与健康课程标准（实验）》的教学设计解读来看，其驻足于形成学生“1～2项运动技能掌握”，并从这个角度来考查学习者和技能之间的关系，定位学习者与技能发生的关联，确定它的目标、内容和形式，确立事物主体的取向。这样就导致其对教学方式的确定来自对怎么教好“1～2项运动技能掌握”的理解，而对对象属性中的另一面——学生与他人、社会、国家的关系的发展,存在着对象化的不清。针对此,学者邱耕田指出,人的全面发展主要体现为:人的各种需要的良好满足和各种潜能的良好发挥,人与外部世界的关系的不断生成与改善,人的生理机能的进化与完善,以及人主观上对自身状况满意度和幸福度的不断提高或增强。无疑,这一理解可为做好"体育学科素养"的认知与实施提供方法论的运用与价值引领。

知识贵在汇通,没有汇通是不会直接转化为素养的。鉴于此,《体育与健康课程标准(2017年版)》着力突出了只有完备的知识养育才有可能促进学生"体育学科素养"的发展和培养的主旨,强调教学要注意学习者"知、情、意、行"的体验与感悟。要求:(1)要注重学生学练结构化的体育与健康知识与技能学与用的融合;(2)要重视创设复杂的体育与健康学习和活动情境。按照"不精诚不足以动人",简单的教学情境无助于培养学生的综合能力、体育精神和优良品格。体育教育的功能与作用只有被学习者接受、欣赏并参与才能得以实现。

那么,所谓的"知、情、意、行",一是在教学内容中要体现出体育学习的复合性,既要有实践感知、观察发现、合作解决、成果分享,也要有战胜困难的感悟、运动高峰体验的喜悦;二是在教学方式上要体现出知识的复合性,发挥出体育"既是运动又是教育,既能锻炼又能分享,既可参与又可欣赏,既可更高更快更强,又可顽强拼搏自立自强"的多元功能;三是在教学负荷上要有"密度和强度",即大家常说的看一堂体育课上得好不好,关键是看其有没有汗水和笑声。正如学者黄汉升在2016年南京师范大学全国体育教育论坛上的发言,我国体育教育的问题不是"量"的问题,而是"质"的差距;学习历程不同,学习品质就会不同;没有经过"知识、理解、应用、分析、评价、创造"丰富学习过程的实践体验,就难以产生理解,知识极易"剥落"。

就于此,根据"体育学科素养"引领教学方式的规准,我们认为新时期体育与健康课程的教学方式应围绕以下几个方面去着力设计:(1)怎样使受教育者各取其需、各得其所,共享体育学习的权利,即给予每个人他需要的"部分";(2)如何根据不同受教育者的运动资质,分配知识资源,助力展开(最大发展区)学习;(3)如何实现体育教育方式的平等,即如何给不同范围和能力的受教育者确定不同的教与学方式;(4)如何实现体育教育平等的评价形式,即如何给不同范围和能力的受教育者确定不同的评价考核标准;(5)如何给学习者建立规划体育与调控体育的能力;(6)如何通过体育学习帮助学习者建立公民的素养与社会责任的理解。

总之,《体育与健康课程标准(2017年版)》用“学科素养”的目标,替代《体育与健康课程标准(实验)》“终身体育运动与习惯”的目标,其目的是解决好以下四个方面的问题:一是解决学校体育长期以“知识传递为取向”的设计模式,以“知识理解”为策略的教学方法,难以产生“高品质”的“会用”学习结果的问题;二是保障学生都能接受“高品质”的学习,解决“人人上体育课,不等于人人都上好体育课”的问题;三是所谓“高品质”的学习,就是向教学要质量,意指教学内容的设计要丰富、教学组织的设计要丰富、教学负荷的设计要有强度和密度,从根本上改变体育课“无内容、无变化、无负荷”的“三无”问题;四是所谓“学科素养”,就是贯彻落实体育是提高全民族文明素质的重要组成部分,深入推进学生“会用”体育,并使其成为自己未来生活中不可或缺的、必备的一种样式。诚如学者杨谱春认为,任何科学都是一种历史的科学,旧理论的衰落、新理论的兴起是科学发展的内在规律和动力。

第二章 《体育与健康课程标准(2017年版)》文本解读

文件表明,针对高中《体育与健康课程标准(实验)》实施中出现的问题,教育部组织数十位专家,修订、颁布了《体育与健康课程标准(2017年版)》。本次标准的显著特点是走出了《体育与健康课程标准(实验)》把学校体育教育的改革定位于“课程的理解、教学的实施”,缺失了其与社会建设、国家发展对人才培养要求对接的局限。

俗话说,只有把“树木”放到“树林”里来看,才能形成全面的认识。从理论的逻辑性来看,学校体育内在承载着国家的政治意志,外在表现着国家的教育导向,确定着国家对人才培养的要求。从实践的逻辑性来看,党在十九大报告中提出的科技强国、质量强国、航天强国、网络强国、交通强国、数字中国、智慧社会等目标,每一个都与教育密切相关,每一个目标的实现都离不开人才培养的推动与参与。正如习近平同志致中国人民大学建校80周年的贺信中指出,“我们对高等教育的需要比以往任何时候都更加迫切,对科学知识和卓越人才的渴求比以往任何时候都更加强烈。”

这就意味着面临新的形势,学校体育今后的使命、任务都将发生重大的变化,即“目标更高了”“任务更硬了”“需求更迫切了”。换言之,《体育与健康课程标准(2017年版)》从《体育与健康课程标准(实验)》更多地强调学校体育对基础教育的支撑作用,即追求个体素质和个性发展完善的目标,走向教育强国、人才培养的新使命,想国家之所想,我们比任何时候都更接近民族复兴、国家强盛这一目标,比历史上任何时期都更有信心实现这个目标,做社会之所需,解决我国教育在人才培养和创新方面还存在的内生力不足,对国家发展战略的支撑和引领还不够的问题。

也就是说，学校体育要通过体育知识与技能的传播，实现立德树人——教体与育人的统一。从整体发展性上看，它把体育知识、技能与人的生理、心理、责任等方面密切联系在一起、相互作用在一起，得出体育知识与技能是推动国家进步、社会发展、人才培养的力量。即学生练习的是体育，收获的是健康，悟得的是为国家和人民服务的责任，实现育人必从教、从教必育人的和谐统一。这也是习近平同志所说的，“我们的教育是为人民服务、为中国特色社会主义服务、为改革开放和社会主义现代化建设服务的，党和人民需要培养的是社会主义事业的建设者和接班人。好老师的理想信念应该以这一要求为基准。”

正如价值哲学指出，任何文化理论的发展都必须有自己的贡献，都必须明晰它教化的对象，都必须指出它服务人的本质。基于此，为解决好学校体育“为谁培养人、培养什么样的人、怎样培养人”这个根本问题，《体育与健康课程标准(2017年版)》遵循国际教育发展的趋势、世界学校体育新的动向，结合我国高中十多年来体育与健康课程改革的经验，从“卓越课程、卓越教学、卓越人才”的优质教育角度出发，定位新时代学校体育的使命和职能，围绕新时代教育立德树人的根本任务，审视体育人才培养与社会建设、国家发展的关系，提出了以人才培养为目标的“学科核心素养”新理念，以此推动学校体育的发展更加全面、更加科学。也就是说，凡是有体育学习的地方，都要树立以生为本的服务思想，都要为每一个学生的学习营造良好的教学环境，都要确保每一个学生的教学质量，都要把为国家培养高质量的人才作为基本要求。基于此，以下围绕课程性质、课程理念、课程目标、课程结构、课程内容、学业质量、实施建议等部分对《体育与健康课程标准(2017年版)》的文本予以解读。

第一节　关于“课程性质”的解读

“课程性质”是学校教育的品格，是知识传递的准绳，把知识从外化转向内化，是判断体育与健康课程的目标、结构、内容、实施、评价等是否合理的依据，负有厘清体育与健康课程与科学、道德、知识三者之间关系的任务。教育实践表明，如果“课程性质”混沌不清，就会带来对发展的认识不清，则不能从更广阔的角度挖掘体育与健康课程既是锻炼又是娱乐，既是运动又是教育等的多元功能，会给体育教育带来不全面的后果，难以实现培养全面发展的人的目标。

一、“课程性质”——明定位

研修发现，《体育与健康课程标准(2017年版)》把课程性质界定为：“普通高中体育与健康课程是一门以身体练习为主要手段，以体育与健康知识、技能和方法为主要学习内容，以培养高中学生的体育与健康学科核心素养和增进高中学生身心健康为主要目标的课程。”这一界定直观地展现了体育与健康课程的作用、目的及其与学习者的关系，精确了体育与健康课程的性质、对象和范围，明确了体育与健康课程的学习方式、教学内容与培养目的，防止和避免了其外延与内涵晦涩难懂，发生偏离或误解以致难以操作。

同时，为进一步增强理解，防止“劫持、纠缠、挪用和颠倒”的错误发生，施以方法论严格的规定，以“基础性、实践性、选择性和综合性”为逻辑表述，定位体育与健康课程的价值、本质和使命，保证体育与健康课程科学化实施的形式，以防止和纠正体育与健康课程在选择、分配、组织、运用、评价等过程中易于出现的实践问题与理论问题，为体育与健康课程的笃行与丰实提供准绳，为其正确推进提供保障。有以下含义需要我们认真学习领会，以便理论理解与实践把握。

二、“课程性质”文本的解读

(一)体育与健康课程是一门什么样的课程

体育与健康课程按照目的与目标之间是一般与特殊、普遍要求与具体结果的关系，来表明课程行为在一定的框架内所要达到的程度，从课程本质逻辑关系的基础性、实践性、选择性、综合性四个方面，统一认识与路径，引导教学行为与方法的选择，鉴别体育与健康课程的作用及其与其他学校课程体系的不同。即身体练习、技能掌握是它的教学特征，培养学生的体育与健康的学科核心素养和增进学生身心健康是其目的。更近一步明确表示，无论中小学阶段还是大学阶段，体育与健康课程都不属于选修课程，而是一门不可或缺的必学课程。正如本质的界说：本质是关于该事物的质的规定性，是决定此事物区别于他事物的根本原因。

(1)基础性——从体育与健康课程本质关系之间的目的性解析，它以知识"应是什么""应如何"的形态与功用，回答体育与健康课程的知识属性与学科活动归向的问题。即在义务教育基础上进一步全面提高学生的学科核心素养，为学生终身体育锻炼和保持健康奠定坚实的基础。换言之，一是从"实然"生活的价值，标明"体育是增强体质的教育"；二是从"应然"的定位，明确终身体育的本质，"体育是学生未来学习、工作和生活的重要组成部分与样式"；三是从"亦然"的立场性规定，体育与健康课程是全日制普通高级中学课程体系的重要组成部分，是面向全体高中学生的基础教育，对实现立德树人根本任务和培养全面发展的人具有独特的功能和价值。

(2)实践性——从体育与健康课程本质关系之间的有效性解析，即身体健康与锻炼负荷之间的关系解析，它是一门活动性课程，不能占用有限的课时来进行很多如探索、探究等方面的活动安排。阐明"体育不是你思考的东西，而是你练习的东西"，必须通过身体的活动，通过一定的身体负荷方可完成，应当遵循"学生健身行为习惯的养成是在练习过程中逐渐习得的"运动规律。也就是说，学生健身精彩的品质观念的诞生，是在技能练习之路上产生的，学生运动技能的形成，其最后的落脚点是练习的实践性。换言之，只有以身体练习为主要手段，通过适宜的运动负荷和方法进行体能练习和运动技能学习，积极组织学生参加课内体育学习及课外体育锻炼、体育社团活动和体育竞赛等各种活动，才能达成体育学科核心素养目标的实现。正如学者毛振明所说,运动负荷是体育教学的基本表征,没有基本的运动负荷,那么技能的习得、身体的锻炼和意志的培养都将成为无源之水、无本之木。

(3)选择性——从体育与健康课程本质关系之间的条件性解析,保证学生"学科核心素养"的养成与终身体育运动能力的形成。一是强调学生根据自身的特点和需求,在学校开设的若干运动项目中进行自主选择,较为系统地学习1~3个运动项目,培养运动爱好和专长,养成体育锻炼习惯。按照《体育与健康课程标准(实验)》的学习模块要求,学生可选择3~5个,现在规定不超过3个。这就意味着,如果学生喜欢足球,高中三年都可以只学这一个模块。这样的变化对学生来说,有利于他们学深入、学系统、学牢固,保证学科核心素养的达成,让三年体育学习影响学生的一生。二是学校应根据实际条件和情况,合理安排、科学搭配以下教学组织:按年级选项的教学组织形式、按班级选项的教学组织形式、按年级与班级选项相结合的教学组织形式、按运动能力选项的教学组织形式、按健康状况选项的教学组织形式等,选择和创造出适合本校的选项教学组织形式,如设置低级班、中级班或高级班等开展与实施选项教学,尽最大的可能把集体教学与个性化学习有效地结合起来,满足学生个性化学习的需要。

(4)综合性——从体育与健康课程本质关系之间的通约性解析,明确课程的整体效果来源于各门课程的有机整合。以纵向贯通上下呼应与横向联动分段对接的形式,实现体育与健康课程全程、全方位育人的目的。以体育与健康课程在价值层面的目的"应是什么",在实践层面的过程"该怎么做",揭示体育与健康课程的学习是一个由被动接受到逐渐发现再到体验与建构转变的过程。即体育与健康课程的育体、育心和育人功能,是通过一系列综合活动的习得、各知识的有序渗透实现的,表明"学科核心素养"的养成是一个系统培养的过程,要做好规划和设计。在纵向设计上,各个学段的学习内容要实现有效对接,如根据必修、选修、必学、选学的要求,按照学习内容的轻重予以科学设计与选择。在横向设计上,一是按照"学科核心素养"目标,运动能力是主线——要具体化,以多种情境引入、多层次学练技能的练习为主,要保证其学习的时间;二是健康行为要融入——形象化,要以生活案例为主融合健康教育内容,培养学生的健康意识和行为,一般可通过课内学习与布置课外作业相结合来完成;三是体育品德的设计要陶冶——生动化,即学科德育的养成要同各项知识的学习紧密联系起来,注意把渗透和强化相结合,重在以各种运动或活动中的体验为载体,以不同情境学习中瞬间发生的精彩品德表现为抓手。换言之,为确保"学科核心素养"的养成,要以多种内容、多种情境、多种方法的整合为依托,复现知识"懂、会、乐"的多维性才是可为的。

显然,上述"四性"从策略上体现着四个准则:

一是有价值性。蕴含有规定性的教学判断,能反映出一定教育理念的倾向、主张、态度等系统观点的取向。

二是有实践性。能为消除教与学设计的矛盾性、预期教学设计方案的假设提供理论解释。

三是有逻辑性。具有组织要素的属性,能明确教师将做些什么、学生将做些什么,可为教学活动组织形式的建立提供预期决策。

四是有原理性。"体育学科素养"的形成受个体自我意识的组织与监控,包含认识、情感、意志三种成分与顺从、认同和内化的社会模式。要关注多种内容、多种情境、多种方法、多种方式的整合才是有效的。

提示:要按照目标层次需要的不同科学地选择学习方式、搭配学习时间,有序地、有轻重地做好教学内容的安排,把身体教育、竞技教育、健康教育、休闲娱乐教育、文化教育和审美教育等有机整合为一体,同频共振促进学生全面发展。尽量不要抢占运动技能课堂练习的时间,单纯地进行思想品德教育和身体健康教育。

(二)体育与健康课程是一门以身体练习为主要手段的课程

《体育与健康课程标准(2017年版)》驻足从行为目标的形式到策略技术的取向,强调体育与健康课程是一门以身体练习为主要手段的课程。这一明示既是为把体育与健康课程认识得更为透彻,也是规准教学内容、教学行为、教学方法选择的“法度”论语和理念。它明确说明了身体练习与体育教学之间属性的关系,阐明了两个特点:一是为体育教学的组织设计确定范围,规准教师怎样教、教什么的取向;二是为教师理解教学、设计教学和加工教学提供行为性导引与预期的决策。正如皮亚杰在同化理论中指出,主体对客体的认识程度完全取决于主体具有什么样的认知结构。

由上而见,体育与健康课程的设计与教学安排是一种有计划、有目的的理性认识,可为我们在教学前对教学结果(概念关系图)的假设建立提供解释情境和行为导引,不可随意忽视这一特征。显然,对这一范式的理解,不仅制约着教学活动的组织与教学行为的生发,也为教与学活动设计的决策提供着预设的指向,可为教师教学前确定教与学形式、选择教学媒介、组织课堂活动、形成教学形态、达成课程目标提供自我意识的组织与监控,对教师备课时的认知控制有着积极的效应,掌握这一特征可更有针对性地做好教学设计的蓝图。诚如学者张华所言,教学方法的选择本质上是教育价值的选择,明确着特定的教育价值观及相应的课程与教学目标。

(三)体育与健康课程以体育与健康知识、技能和方法为主要学习内容

教育实践告诉我们,教学内容的选择过程是一个理性的、科学的过程,是一个价值判断的过程。为此,体育与健康课程内容的选择一直是体育与健康课程设计的核心,是每一次教育改革最终的、必然的、始终要抓住的纲要。它不仅是区分现代教学理念与传统教学理念的分水岭,又是导引体育教学内容选择与分配、组织与构建的重要纽带。它不仅制约教师“教”的活动,也影响学生“学”的活动。正如泰勒指出,关于教育经验(课程)的组织,应当遵循的准则是连续性、顺序性和整合性。连续性是指直线式地重复主要的课程要素。顺序性是指把每一个后继经验建立在前面经验的基础之上,同时又对有关内容作更深入、更广泛的探讨。整合性是指课程经验的横向关系。

基于此,《体育与健康课程标准(2017年版)》明确提出,体育与健康课

程以体育与健康知识、技能和方法为主要学习内容。从纵向上看,要解决好“课程与内部诸要素之间的有效联系性”问题,即各门课程的有机整合。也就是说,在课程的转换性方面,要做到知识、技能和方法的前后衔接,形成后继经验与前面经验之间的积累叠加,方可实现“学科核心素养”的养成。质言之,在完成传授知识、技能之中,既要教会学习者学习的方法,也要渗透体育价值观的养育。正如有学者论道,只有知性存在,没有德性存在,那就不是教育。从横向上看,要解决好“怎样为教学有效组织学习经验”的问题。在课程的整合性方面,是指由于各学段的要求不同,课程结构的组合与形式也就不同,要使内容与功能实现“整体大于部分之和”的效果,就要按课程知识“轻重”的关系,整合处理好组合与形式中谁主谁副的问题,使各种类型的课程内容在动态运行的系统中产生合力,以有效实现课程目标。正如有学者论道,体育课不仅要让学生学会一些可以终身受益的运动技术,学会锻炼身体,还要复现知识“懂、会、乐”的达成,只有这样才能解决好“学生喜爱体育运动不喜爱体育课”的问题。

(四)体育与健康课程以增进学生身心健康、培养终身体育能力和学科核心素养为主要目标

教育研究表明,体育与健康课程具有进化、播化和涵化三个基本属性。换言之,为确保体育与健康课程增进学生身心健康、培养终身体育能力和学科核心素养等目标的达成,需要按照体育与健康课程教育传递的育体性、育心性和社会性,对选择的课程内容按类型加以有效组织,形成合力,以有效实现课程目标。也就是说,既要有以体育知识为宗旨的学科功能培养,也要有提高学生身体素质与运动发展能力的培养,既要有体育科学生活方式的行为培养,也要有体育文化传播的人文精神的养成。诚如著名教育家叶圣陶先生所说,教育的最后目标是使每个分立的课程所发生的影响纠结在一块儿,构成一个有机体似的境界,让学生的身心都沉浸其中。

换言之,在指向对象方面,《体育与健康课程标准(实验)》的教学观解决的是“终身体育”设计的逻辑问题,着力把学习内容的情趣美设计于教学

过程的组织体验下,促进学生形成运动体验的乐趣和成功进步的可循环感觉,而《体育与健康课程标准(2017年版)》的教学观在此基础上又进一步提出,知识与人、知识与生活、知识与社会、知识与国家等方面的融合和建构,着力于知识联系个人、知识联系社会、知识联系国家。换言之,既要把所学的知识服务于未来个人的工作与生活,又要服务于社会和国家,学会担当社会责任。

第二节　关于“课程理念”的解读

课程理念是学校体育教育的起始之基,是对所采用的课程知识理性与德性存在的目的释义。它既是课程的根本,也是教学的根柢,规定着课程走向教学活动的基本框架和核心的向度,没有它,人们就茫然失措,一切活动就无法开展。因而对课程理念理解的不同,必然影响到其对学校体育知识、技能、能力、态度、情感等方面一系列基本问题的认识与实施。因为课程不仅涉及“教什么”“为什么要这样教”的问题,还引导着“怎样教”“如何教”的教学设计。“学力深始见性情”告诉我们,每一种课程的理念不仅隐含着某种哲学假设和价值取向,也定义着不同社会意识形态对教育目的的回答,即形塑着什么样的人,规定着为什么要成为这样的人,贯穿着怎样推进人发展的问题。例如,是以知识积累为导向的传统教学,还是以能力为导向的素质教育,这两种不同的观念却是区分传统教学与现代教学的分水岭。因此,课程理念的构建涉及教育方向、社会发展的问题,与民族命运息息相关,对其的研究既是学科发展的基础,也是学科水平的体现。犹如乌申斯基所说,完善的教育可以使人类身体的、智力的和道德的力量得到广泛的发挥。也如学者季浏曾说的,体育与健康课程不仅包括以运动技术为基础的操作性知识,还包括精神世界的生长成果。

一、“课程理念”——明品格

研修发现,《体育与健康课程标准(2017年版)》在《体育与健康课程标准(实验)》四条课程基本理念的基础上又增加了一条,有以下变化:

其一,在基本继承了原有主旨的基础上,又在新世纪对人才发展的要求方面,新添加了对体育学习结果和对教学结果的要求,保证与落实了学校体育促进学生全面发展的使命与任务,凸显出促进个性的发展是体育教育的核心,只有解放个性的教育才是永恒的追求,点出“解放人潜在能力,挖掘人的创造力,实现人的最大发展区”应该是今天和未来学校体育的首要任务。正如俄国学者科瓦力廖夫所言,人的个性化是现代化文明发展的大趋势。

其二,按照时代发展的趋势和对人才培养的要求,在顺序和部分文字方面做了调整,使题意指向更加清晰明了。如把原第一条“坚持‘健康第一’的指导思想,培养学生健康的意识和体魄”,改为“落实立德树人根本任务和健康第一指导思想,促进学生健康与全面发展”;把原第二条“改革课程内容与教学方式,努力体现课程的时代性”,改为“尊重学生的学习需求,培养学生对运动的喜爱”;把原第三条“强调以学生发展为中心,帮助学生学会学习”,改为“改革课程内容与教学方式,提高学生的综合能力和优良品格”;把原第四条“注重学生运动爱好和专长的形成,奠定学生终身体育的基础”,改为“注重学生运动专长的培养,奠定学生终身体育的基础”。新增加第五条:“建立多元学习评价体系,激励学生更好地学习和发展”。

二、“课程理念”文本的解读

(一)落实立德树人根本任务和健康第一指导思想,促进学生健康与全面发展

对这一理念的理解,关系着未来体育教育教学的路向、使命、责任和判断,明确了真正的体育与健康课程应使学习者形成优良的品质,促进学生健康成长,阐释了“健康第一”是正确指导学生学习与教师教学的标志,以

及体育学习的结果就是学生形成健康的品质与习惯。让学生理解增强体质、提高健康水平、形成健康行为，是学生应有的责任和义务。让教师树立教学内容的选择、教学方式的设计、学习组织的安排，应关注“健康人”发展的理念，着力让学生通过运动技能的习得，达成“每天锻炼一小时，健康工作五十年，幸福生活一辈子”，激发其对“健康生命”的感悟和体验。要教育学生形成健康的精神，使其能够运用健康运动的方式幸福自己、快乐自己，明白健康运动的概念和标准，了解影响健康的因素，知道要维护自身和他人的健康就必须改变不利于健康的行为和生活方式，建立有利于健康的行为和生活方式。即以体育的运动方式满足人的身体对自然环境的健康需求、对社会实践的健康需求，实现学校体育把人从动物本质的生命转向社会实践生命的任务。恰如美国要素主义教育家巴格莱认为，教育的可能性取决于发挥个体利用知识以对付现在和未来环境变迁的能力。

（二）尊重学生的学习需求，培养学生对运动的喜爱

这一理念表明，学生体育锻炼的意识和习惯的养成建立在学生自我认识与感情的产生上。传统体育教学把这一目标的实现，变成呆板的技能传授与刻苦的反复训练，以此来培养学生的锻炼意识和习惯，结果把体育学习变成了“只认技能不认人”的灌输和规训，失去了体育学习“懂、会、乐”的因果性和目的性的统一，没能实现在体育活动中通过人与对象的关系展开自身的存在，使自身成为对象，对象成为自身，以致出现把体育课的一切感觉都简化为技能练习，没能通过体育学习的活动来感悟体育、领会体育。正如学者毛振明在《体育教学改革新视野》一书中指出，体育学习与培养仅仅满足于一般传授技艺与增进体能，体育文化“懂、会、乐”的意义和体育文化的崇高境界却被淡化和遗忘了，导致学校体育教学的指导和培养简化为练习、练习、再练习的公式，犹如商人们只关注钻石的交换价值，而看不到它的美。

现代教育表明，体育学习是一种鼓励，是一种愉悦，是一种包含“知、情、意、行”的过程，而不是责备与强制。针对有些教材内容的枯燥部分，本

来可以变化一下,让学生先玩后练,却让学生光练不玩;有些教学内容和组织形式本来可以让学生自由选择的,却要强制;有些场地、器材、规则、难度、强度本来可以改变一下、降低一下的,却要墨守成规;学生在学习中发生一些事情,本来可以先鼓励后批评的,却一味求全责备……这些都会影响学生对体育学习的接受度,最终降低学习质量和热爱度。正如苏霍姆斯基所说,教师的真正本领不在于他是否会讲述知识,而是在于他能否找到适合学生发展的好方法、好途径,是否能激发学生的学习动机,唤起学生的求知欲望,让他们兴趣盎然地参与到教学过程中来。

可见,错误的教学会导致诸多问题的发生,一是过于强调学校体育的社会工具性的一面,主张按照社会的需要来塑造个体的行为,把体育学习过程视为个体社会化的过程,掩蔽了对个性价值的尊重;二是其方法实施采用的是统一模式教学、统一课程内容教学、统一考试标准评价,使"学"对"教"保持着一种被动的状态,学习方式就是遵循"教"所设计、规定的道路行进,按照"教"所提供的"模子"塑形。学校体育教学活动服从于统一的制度规定和标准化设计,这样人变成了客体而不是主体。时代的进步告诉我们,人的发展不仅需要知识,还需要许多其他东西。如果仅仅围绕人的某一方面去发展并把它视为完整人生的标准加以过分强调,是偏颇的、不完整的。恰如马克思曾说,人的本质不是单个人所固有的抽象物,在其现实性上,它是一切社会关系的总和。

今天用哲学的眼光审视,我们能够充分体会到这一进程的弊端,尽管此时期的学校体育教学属性具有促进人体质增强和社会发展的双重功能,但由于社会工具性的阴影太大太重,摧毁了促进人个性化成长的全面发展。其以机械化、工业化的逻辑为标准看待知识传递、技能训练和道德培养,其结果抹杀了个性化潜能得以充分发展的可能。正如教学论专家斯卡特金指出,我们建立了很合理的、很有逻辑性的教学过程,但它给积极情感的食粮很少,因而引起很多学生苦恼、恐惧和别的消极感,阻止他们全力以赴地去学习。

(三)改革课程内容与教学方式,提高学生的综合能力和优良品格

如果说工业革命时期学校体育教育观是以"教师为中心、教学为中心、教材为中心",那么知识经济时代的学校体育则是第一次在理论上确立了个性化教学的崇高地位,使体育教学活动不再以集体学习为唯一方式,而使个性化学习也成为学校体育教学围绕的"太阳"。21世纪的体育教学范式就是为全体学生提供更加广泛、多样、灵活的学习体育的机会和平台,帮助学生学会学习,努力保障全体学生终身体育意识的养成。为此,体育教学应因人而异、因材施教,尊重个性差异,弘扬个性。即体育教学更多的时候需要实施的是区别对待,而不是一视同仁,从而确保每个个体在个性潜能上都能获得充分发展,而非像传统体育教学的那样,生产流水线式、千篇一律的一个标准。

为此,"以教师为主导、学生为主体"成为体育教学的核心价值观,"学生的需要是第一需要"成为体育教学内容选择的主导,"为学习而设计""为理解而教""学习要有自由度"就成为体育教学的思想,多样化课程的选择、多元教学的实施就成为衡量体育教学方法的根本标准,即"重视过程又重视结果"成为体育教学评价的追求。注重把"教"推向"学",支援学习者基于自身意义发现而展开的学习,尽力在教学中建立自由学习、自主学习,引发着眼于形成个性、知识传递的教学环境,展开关注学习者潜能的多样化、多类别、多层次的选项教学、分层教学等个人理解的自主建构。

它告诫我们体育学习不是标准化的统一,体育学习不存在差生,每个学生都有自己的学习领域,都有自己的学习类型和认知风格。只要根据学生的喜爱去教学,有意义的学习就能发生,学生终身体育的意识就能养成,从而实现知与行的统一,让学生获得愉悦的情感体验。如果说传统体育教育观更多的是从"如何教"的角度强调体育教育的话,那么新体育教育观则是从"如何学"角度进行体育教育的探讨。在指向对象方面,传统体育教育观解决的是教学组织设计的逻辑问题,而新体育教育观则从知识与人、知识与生活、知识与社会等方面促进体育教学集体性与个性化的融合和建

构,把学习内容的情趣美着力于教学过程的组织体验下,激发学生形成运动体验的乐趣和成功进步的可循环感觉。诚如学者李秉德等认为,它不仅是现代学校教育的一种努力目标,更是未来学习化社会所必需的一种理念,从而也成为现代教学论的精神之一。

(四)注重学生运动专长的培养,奠定学生终身体育的基础

体育“学科核心素养”这一理念的提出,不仅表明学校体育仍关注学生终身体育的任务,还进一步着重指出只有重视培养学生的运动爱好和专长,才能保证每一位学生运动能力的形成,给力我们反思——认清在学校体育教学历程中只注重教师的教,不注重学生的学的片面与缺失。显然,这一理念倡导着的个性化、差异性、多元性、开放性等解放性教学路向,可为我们体育与健康课程研究及体育教学实践的改革和转换带来了新思想、新观点,增添新活力,能够为我们提供一个从全新的角度来理解未来新时代学校体育教育教学的路向,进一步推动体育与健康新课程理论与实践的发展。这一点对我国正在实施的体育与健康新课程尤其具有重大的意义。

无疑,这一理念打破了当前学校体育教育这种流水线式的普遍发展模式对个性的“未完成性”,为个性化的教与学、“不缺一个孩子”架起一座希望的桥梁。指出现代学校体育教育对人的解放的“未完成性”,无疑是对当代体育教育改革有较大的启迪作用,值得高度重视。它对体育教学有如下启示:

一是,在课程内容的设计上,要想方设法挖掘教材“情趣美”的要素,不能仅仅单纯地盯着课程范式,仅仅满足于一般传授技艺与增进体能,并把其视为完整学习标准。其结果会把体育学习变成“只认技能不认人”的灌输和规训,把体育课的一切感觉都简化为肉体的收获和技能的占有,失去了体育学习“懂、会、乐”的因果性和目的性的统一,不能体现出体育学习既是锻炼又是教育,既要技能又要娱乐的多维知识面孔。

二是,在课程内容的设置上,要注重丰富性、多样性,以社会需要和学生的生活需要为起点,体现生活化、个性化、娱乐化、健康化、终身化的特

点。即不仅要有助于发挥学生的个性,更要能最大限度地让学生体验运动的成功和欢乐,使体育知识与技能的学习与运动能力的培养、健康行为的养成、思想品德的化育和谐统一、融为一体。

三是,在教学方式的设计上,要想方设法化解班级集体教学与自由学习的冲突,要开动脑筋解决教材的枯燥性与学习快乐性的矛盾。要给学生的学习方式尽可能地提供更多的个性选择,要为学生的学习样式给予更大的个性化自由支配。如可提供各种情境的变式练习、教材的游戏化处理、各式各样的分层教学、各种不同的内容选择进行有机衔接,增大教学设计的有效性。

四是,在教育教学的手段上,反对灌输与压制,反对一刀切的统一要求、统一进度、统一组织、统一负荷,要求教学不仅是秩序的理性控制,也应有学生"享有"解放的自由过程,要体现出教学过程不仅是一个完成知识学习的过程,还是一个蕴含着"知、情、意、行"的动态过程,促进学习与知识之间的和谐。

(五)建立多元学习评价体系,激励学生更好地学习和发展

评价是指对人或事进行判断、分析,是一种有目的、有意识的感性、对象性活动。鉴于此,新建的多元学习评价体系是体育与健康课程实现预定目的的一种重要方式,可使课程目标的达成和学科核心素养的培养向符合预定目标的既定结果转化。

这一评价体系,提示我们要建立有利于学习者进步与发展的多元学习评价方式。即在评价认识方面,应围绕学习者的"知、情、意、行"等四个方面去思考。在评价主体方面,要以学科核心素养的培养结果为考查对象。在评价方法方面,要把学生自我评价与相互评价、定量评价与定性评价、相对性评价与绝对性评价、形成性评价与终结性评价相结合。在评价要求方面,要真正体现评价的激励功能和发展功能,特别要关注那些运动基础相对较差但学习态度很好的学生,增强学生体育与健康学习的自信心和自尊心。

要改变传统评价体系注重结果性评价而忽视过程性评价的弊端，要改变传统评价体系过分强调甄别与选拔的功能，发挥评价促进学生发展、教师提高和改进教学实践的功能。从性质上说，新建的多元学习评价体系不仅注重保持了《体育与健康课程标准(实验)》量化评价与质性评价的优点，也强化了教师对学习结果与学生发展的担当。显然，“学业质量标准”这一新建的多元学习评价体系已成为我们体育教师必须的关注点，也是大家必须掌握与使用的“知识”。

第三节　关于“课程目标”的解读

从理论发生学角度分析，体育与健康课程目标既是课程价值路向的出发点，也是预期学习结果的终结点。因而，其不仅为“什么样的知识最有价值”提供判断依据，也为教学内容的设置、教学方法的选择、教学组织的设计明确提供了依据。因此，目标是将课程基本理念转化为课程实践活动的“桥梁”。正如学者季浏论道，课程标准所做的一切，就是使学校体育的课程内容和实际教学过程自觉成为发展人的一门科学。即学校体育的立足点是一切为了学生，出发点还是一切为了学生。为此，它在目标的价值性方面，凝结着教育目的的内容与行为，为教学实践提供了具体的方向和指引；在目标的知识性方面，界定着知识的价值是什么，什么知识最有价值；在目标的取向方面，具有整体性、连续性、层次性和积累性的特点；在目标的教学方面，体现着公平性与民主性的原则、共性和个性统一的原则、适切性与超越性结合的原则，呈现出生成性、可操作和测量性的动态行为；在目标的结果方面，发挥着导向功能、激励功能、评价功能、聚合功能等，为学生行为的生发和育成提供依据。故而，课程目标是整个教育课程的精神，紧密根据时代和社会对教育的要求而制定，为课程提供着“什么样的知识和教学最有价值”的判断依据与指导。

一、"课程目标"——明方向

从"什么样的知识最有价值"这一角度来看,《体育与健康课程标准(实验)》指向学生"终身体育能力的培养与习惯形成"。从某种意义上说,它只是一个潜在走向的提出,没有可观察、可测量、可评价的考订。也就是说,它只是图景的一种"形而上"的思辨,即"目标"的概念不是实体,对象性的活动才是实体。正如列宁所说,除了运动的物质以外,世界上什么也没有。而《体育与健康课程标准(2017年版)》目标"学科核心素养"的养成及学业质量评价的实施,为其的实现找到了依托,打通了实现终身体育的路径,为终身体育的实现提供了可测量、可操作、可评价的有效的资源配置。

显然,造成这一变化的原因是时代发展,即时代发展对人才培养的要求不同,那么培养人的教育目标就会随之不同。也就是说,学校体育发展累积的不断丰盈,推使学校体育目标由"终身体育能力的培养与习惯形成"的量变开始走向新时代优质教育、优质学习的质变,实现了原初践行的理想和现实路径的统一。即当前学校体育的主要矛盾已经转化为人民对优质教育、优质学习日益增长的需要和实现学生"最大发展区"不平衡、不充分发展之间的矛盾,着力化解这一矛盾就成为学校体育未来的任务。正如学者季浏指出,从唯物史观来看,本原是唯一的,本原的表现是多样的,因而,学校体育为学生发展的目标本质是不变的、恒久的,但目标的指向会随不同时代的发展而变化、是阶段性的。

换言之,"夫天下将兴,其积必有源。"从西方文艺复兴运动到中国改革开放的历史历程来看,其发展都是按照人的发展价值指向进行的。也就是说,时代对人的发展有什么样的理解,就会有什么样的相应目标提出。同样的道理,随着中华文明复兴的集结号吹响,我国从富起来走向强起来,人民整体生活水平的提高推使个体需要的层次得以不断提升。不约而同地,"高质量"这个词语就转化为现实的必然,成为各个学科、各个领域建设与发展的共同话语,这一图景似乎已成为我国当前理论研究的主要特征。可见,《体育与健康课程标准(2017年版)》"学科核心素养"目标的提出,也是自觉回应国家对新时代人才培养要求的结果。

沿着这一认识分析，可以发现《体育与健康课程标准(实验)》指向学生“终身体育能力的培养与习惯形成”，显然存在着一定的目的不清性。其一，没有把教育的知性存在与德性存在相互融合，实现终极解释和终极价值的统一；其二，最后的落脚点仅指向促进个体素质和个性的发展完善，没有呼应个体发展是为了什么、为谁发展这个问题。而《体育与健康课程标准(2017年版)》指向“学科核心素养”的养成，其最后的落脚点不仅着力个体素质和个性的发展完善，又进一步推动在为自我服务的基础上，把其推向为社会发展服务、为国家发展服务，体现了学以致用。同时，“学科核心素养”目标的提出，也使得《体育与健康课程标准(2017年版)》在人的发展方面的表述更加完整，实现了知性与德性的和谐统一。显然，从这个意义上可以看出两者之间存在着“小我”与“大我”、“小爱”与“大爱”的认识不同。诚如学者陈桂生认为的，学问不是为学问，乃是为人生的。

二、“课程目标”文本的解读

从历史的发展来看，随着改革开放国家对人才培养的要求不同，我国教育一直持续不断地完善课程设计，用世界课程设计理论的最新研究、最新发展、最新观点和最新方法指导课程内容体系的更新。目前正在进行的课程设计目标是“少课时、轻负担、高质量”，反映了素质教育发展的思想，体现了国际课程变化的潮流，并以“四个面向”来设计课程：“课程面向学生生活”，“课程面向社会服务”，“课程面向时代发展”，“课程面向科技进步”。它立足于达成国际21世纪教育委员会向联合国教科文组织提交的《教育的今天和明天》的报告认为的，以终身教育为指向的现代教育应该围绕四种基本学习加以安排。学会认知，即获取理解的手段；学会做事，以便能够对自己所处的环境产生影响；学会共同生活，以便与他人一道参加人的所有活动，并在这些活动中进行合作；最后是学会生存，这是前三种学习成果的主要表现形式。显然，这四个方面的构成统揽了现代课程的目标与任务。基于此，对其梳理与研究，可得出一个精确的理解帮助我们认识课程目标的本质,为认识与建设好体育与健康课程提供理论支撑,为课程的具体实施提供参考。正如学者毛振明在《实用学校体育学》一书中指出,把认知能力与实践能力相结合是学校体育发展的趋势。

研修发现,《体育与健康课程标准(2017年版)》课程设计的基本理念有以下变化:

其一,在继承了《体育与健康课程标准(实验)》培养学生终身体育能力和习惯的观点上,又进一步围绕新时代国家对人才培养的要求,以"学科核心素养"为总目标,以"运动能力""健康行为"和"体育品德"为分目标,以"五个学习领域"为主线,以"高质量学习"为要求,引领课程内容进一步着力实现学生的个性完善和潜能发展这一学校体育孜孜以求的价值目标与发展理念。

那么,何谓"核心素养"呢?它是一种学力概念,泛指人类的素质与能力,它的提出是对素质教育实施的进一步提升。从学校体育来讲,不仅要让学习者掌握学科所要求的能力与素质,还要形成社会生活与个人人生的丰富性表征。也就是说,这一学力观的提出,不仅包含学科认知能力高低的学力概念,而且还要涵盖涉及人际关系与生活之类的"人的整体能力"。显然,"学会学习、学会做事、学会生活、学会生存"就是对"核心素养"最好的注释。即能力和人品是人的重要支柱,如果不能为人的生活和社会发展服务,这就如同皮之不存,毛将焉附。

那么,为什么要培养"核心素养"呢?审视学校教育的现状可以发现,目前我国虽然实现了教育从精英化到大众化的阶段性转变,使人民群众有了更多的接受教育的机会,但这种以大基数、高速度、低成本为主要特征的教育还存在着教育质量不高、学习效果不好等一些问题。如学科水平偏低、人文教育过弱、课程内容偏旧、教学方法偏死、专业口径偏窄等这些问题,直到今天依旧没有彻底根除。也就是说,为面向教育现代化,需要推进素质教育再出发,推使学生个人素质进一步全面提升。这也是为什么改革开放以来,在党中央、国务院持续召开的四次全国教育工作会议上,素质教育就像一条红线贯穿其中,一次比一次讲得更重要、更全面、更深入。正如

2016年9月习近平同志在北京市八一学校考察时指出，素质教育是教育的核心。

简言之，希望通过《体育与健康课程标准(2017年版)》“学科核心素养”这一目标的建立，推使课程内容与教学方式的确立和应用达成“高质量的学习”，确保每个个体在个性潜能上都能获得充分发展，实现体育教育与人的全面发展的统一，而非像传统体育教学那样，生产流水线式、千篇一律的一个标准。

其二，需要着力阐明的是《体育与健康课程标准(2017年版)》的“学科核心素养”总目标和具体目标与《体育与健康课程标准(实验)》的“运动参与、运动技能、身体健康、心理健康和社会适应”五个学习领域是什么关系？如何理解它们之间的属性与定位，摆正各层次的功用和职能，使每一个主体的认识与实践方略都能在标准的框架内找到自己的位置，以解决目前《体育与健康课程标准(2017年版)》在这一实施过程中教师不知如何应用的问题，就成为必须的思考。

从哲学的角度来看，课程的总目标并不是单个目标所固有的抽象物，在其现实性上，它是一切课程关系的总和，其属性场域所呈现的对象不同，功用的定义就不同。从课程标准的要求来看，学习目标的设置要具有可操作性和可观察性，才能符合目标引领课程内容体系的原则。沿着这一认识，可认为“五个学习领域”是承接具体目标“运动能力”“健康行为”和“体育品德”不同功用的桥梁。也就是说，三者学术活动的品质与价值存在着“为什么做、如何做、怎样做的图景与途径”。

从属性上看，总目标是课程存在的价值表征，具体目标呈现总目标对世界把握的方式与态度，“五个学习领域”则是具体目标运行的基本途径。从定位上看，三者的关系如下：“学科核心素养”总目标是图景，践行着学校体育的价值旨归；具体目标“运动能力”“健康行为”和“体育品德”是反映总目标本质属性具体特征的方式，集中彰显了三个方面的内容与规定性；“五个学习领域”是途径，定位着具体目标从哪些方面做选择。也就是说，“五个学习领域”使具体目标的知识学习有了组织体系，因而它是指引教师在具体教学活动中完成“学科核心素养”培养的载体,也是评价学习质量与结果的规准。也就是说,三者之间负载着体育与健康课程为什么做(目的)、如何做(选择)、怎样做(实施)的使命与任务,隐含着一个外部知识如何被学习者获得、占有并转化为学习者个体内在能力的问题。

其三,按照国家对人才培养的新要求,《体育与健康课程标准(2017年版)》的课程目标在顺序和部分文字方面作了一些调整。如把《体育与健康课程标准(实验)》的第一条:根据课程目标确定课程内容标准,改为:根据学生的学科核心素养的协调和全面发展,确定课程结构;把原第二条:根据课程内容确定必修内容,改为:根据学生的运动能力的具体表现形式体能状况、运动认知与技战术运用、体育展示与比赛的特征划分学习水平;把原第三条:根据学生的需求和爱好加大运动技能学习的自主选择性,改为:根据健康行为的具体表现形式体育锻炼意识与习惯、健康知识掌握与运用、情绪调控、环境适应的要求选择课程内容;把原第四条:根据可操作性和可观察性要求设置具体的学习目标,改为:学生的体育品德的具体表现形式为体育精神、体育道德和体育品格;取消了原第五条:根据课程的发展性要求建立评价体系。

显然,《体育与健康课程标准(2017年版)》课程目标的变动实现了以下目的:通过科学的分类与编排、搭配与物化,促进课程在教学结构和内容上更具有系统性和有效性,使抽象的体育与健康课程内容更贴近人才培养的要求,精选出了最符合学校体育目标和学生终身体育发展需要的能力素养,打通了体育与健康课程由目标化到教材化再到“学习内容化”的联结,体现了现代教育的精神——“为学习而设计”,把“教”推向了“学”。正如系统论科学家萨多夫斯基认为,一般说来,任何所研究的系统都有三种不同水平的描述:(1)从它所具有的外在整体属性的角度;(2)从其内在结构和把其成分“包括到”形成系统的整体属性的角度;(3)从把这一系统理解为更大系统的子系统的角度。萨多夫斯基的这段话给予我们这样一个启示:在课程标准中也存在上位(理念系统)—中位(方法系统)—下位(实践系统)的概念内涵与结构。

第四节 关于“课程结构”的解读

哲学告诉我们，个别先于一般，从物质世界到精神世界，一切客体都具有特定的范畴和结构。按照这一命题，课程结构是什么，其知识设计与分配的框架是什么，其维度划分与各部分之间的相互关系是什么，就成为必须解决的问题。也就是说，课程结构决定着一门学科的知识、技能和经验，维度划分的边界与归属，以及知识的类别与关系，如果不尊重这一规律，就会陷入“束书不观，游谈无根，此又何也”不知它是谁的窘境。为防止理解偏离，以下对其进行解读。

一、“课程结构”——明范围

研修发现，只有遵循“课程结构”——明范围这一基本的认知，才能比较容易清楚学校体育必须学习的内容、必须完成的训练、必须承担的责任、必须遵循的守则是什么，才能把知识变成有组织顺序的系列、认知层级通透的课程，使之系统化，易于触类旁通，好学好用，才能比较容易理顺体育与健康课程的对象与性质、结构与布局、选择与组织、方式与应用的专业纷呈，获得课程“1+1>2”的认识、匹配与均衡，健全对体育教育的理解，得到“知识贵在汇通”的真谛，从而得以在整体上形成体育与健康课程的有效性、可行性和科学性。

针对此，《体育与健康课程标准(2017年版)》提出，本课程以学科核心素养为引领，以分目标为规准，以五个学习领域为范畴构建课程结构，通过各门课程的相互承接、相互融合与相互补充，各自发挥自我独特的功能，来实现培养学生学科核心素养和促进学生健康、全面发展的目的。根据普通高中的课程设置、课程内容确定的原则，本课程属于必修课程，包括必修必学和必修选学两个部分。必修必学包括体能和健康教育，是全体高中学生必须学习的内容。必修选学是高中学生根据自己的兴趣和爱好去选择所学习的运动技能与内容,以满足学生形成运动爱好和专长以及个性发展的需要。

二、"课程结构"文本的解读

(一)根据学生发展的需要确定课程结构

研修发现,从课程设计的解读来看,传统课程设计采用的是"教师为中心"而不是"学习者为中心",显然,这种满足于知识的习得与再现的学力观已被时代摒弃。也就是说,从这个角度来考查课程与对象之间的关系,赋予它内容和形式,就会导致对课程结构和课程内容的确定来自对教学的理解——怎么教好。这就使得它只反映了对象属性中的一面——教师教,而没有反映出对象属性中的另一面——学生学,这显然是不足的。那么,怎样使课程结构和课程内容体现出"为学习而设计",调动学生学习积极性最大地发挥,如何满足学生学习的这一主体需要,确定课程结构才是体育与健康课程存在的根本。反之,把"教"推向"学"的课程设计就不会有好的学习效果,"皮之不存,毛将焉附"讲的就是这个道理。

质言之,课程不是由教师的教学活动构成,而是由学习者需要的学习活动构成,否则即使是放之四海而皆准的真理,学习者不愿意学,这个真理也无存在的意义了。因此,新学力概念"核心素养"的提出,意味着课程结构要从"知识传递"向"知识建构"的转型。由此,课程结构首先应对的是所要造就的人才质量规格之设计,其次才是应对教育应该怎样教好的具体规定。也是大家常讲的,如果方向性、对象性错了,那么内容和方式也就跑题了。通过上述分析,我们可以得出只有依据学生全面发展的需要确定课程结构才是正确可为的。

(二)按分目标规定、划分学习范畴,确定课程结构

研修发现,《体育与健康课程标准(2017年版)》以分目标"运动能力""健康行为"和"体育品德"作为确定课程结构和内容体系的主要依据,按学

生的身心需要和学练结构划分学习水平,以此设置相应的学习结构和内容标准。即它将学业质量水平划分为5级,即水平1至水平5,水平2是合格要求,显然,这种划分解决了一部分学生吃不了,一部分学生吃不饱的现象。从科学性的角度来看,这有利于促进课程的民主化与适应性,实现共性目标与个性目标的融合,不仅有利于促进学生学习兴趣和爱好的养成,有效保证了体育与健康课程目标的全面实现,也确保了课程标准可观察、可操作,避免了"只有课程内容无结构分殊"过于抽象和操作性不强的偏离。

关于学分的设置,《体育与健康课程标准(2017年版)》要求学生三年课程学习需修满12个必修学分,共计216课时,平均每学年修习4个必修学分,1个学分一般为18课时。学生每修完一个模块,经考核和评价达到学业要求即可获得1个学分;修满12个学分并达到相应学业质量,准予毕业;因病或残疾不能修习或修满学分,在出具县级以上医院证明的情况下,可以免修或部分免修,并记入学生学业评价档案。

(三)根据课程设置原则确定课程结构

其一,从课程结构的设置来看,《体育与健康课程标准(2017年版)》与《体育与健康课程标准(实验)》相比,稍有变化。它在必修必学模块"健康教育"的基础上增加了"体能"要求,形成2个模块;必修选学由球类运动、体操类运动、田径类运动、水上或冰雪类运动、武术与民族民间传统体育类运动和新兴体育类运动6个运动技能系列模块组成。从课程模块来看,整个课程内容由体能模块、健康教育模块和运动技能系列模块组成,三者是相互联系、相互促进的平行关系。而运动技能系列模块之间呈递进关系,即下一个模块是上一个模块的延续和发展,它们之间是相互关联、衔接递进、螺旋上升或逐渐拓展的关系,如足球模块1、足球模块2、足球模块3。

其二,做好必修必学和必修选学两个部分的课程结构构建。在必修必学方面,要科学规划好、选择好全体高中学生必须学习的内容,体能和健康教育的这两个部分安排。在必修选学方面,如何按照课程结构主要由"身体练习、健康教育和体育文化”等组成的要求设计教学内容，如何根据学校的实际条件因地制宜并结合创造发展，实施好让学生根据自己的兴趣和爱好去选择所学习的运动技能与内容，以满足学生形成运动爱好和专长以及个性发展的需要，完成规定的教学目标和内容就成为必要的思考。

其三，没有科学的有效性就没有教育，有效性是学校体育科学的标识，是体育与健康课程和教学实施必须遵循的法则。换言之，任何一种科学理论都有一个框架体系，这是一门学科成熟的特性。也就是说，知识是在一定范式的结构上变成课程的，课程结构蕴藏着“学科核心素养”的全部对象。因而，如何按照“运动能力”“健康行为”和“体育品德”三个部分科学地选择内容，找到课程对象类型与比重之间的科学划分与搭配，并着力于易教、易学，体现出知识的深度和广度、序列与层级关系的整体性与有效性的设计，达成知识的归属性与类聚的和谐性，方能为学习者建构出意义学习的对象化活动。

第五节　关于“课程内容”的解读

课程内容是课程的粮食，是课程生长的土地和动力之源。它不仅决定着课程知识的选编和建构，涉及学与教方式的选择与实施，也承接着社会、学生和教师对课程的需求和价值取向的认识和理解。因而，为了实现教育培养的目标，首要任务就是必须解决好课程内容的选编与设计问题。从纵向上看，就是依据知识与活动的内在价值，处理好课程内容与学科、社会、学生三者需求之间的划分与主次的问题。从横向上看，它是保证体育与健康课程内容丰富多彩的重要来源，存在着通识教育和专业教育的比例设计，即“整体大于部分之和”的问题。《体育与健康课程标准(2017年版)》只有课程总量，没有具体课程内容规定的教学编排理念。基于此，以下对课程内容的选编进行解读，以期为正确开发与选用课程内容提供指导与帮助。

一、"课程内容"——明选编

研修发现,《体育与健康课程标准(2017年版)》进一步明确了课程内容的指向,对《体育与健康课程标准(实验)》的课程内容做了调整和改进。《体育与健康课程标准(实验)》的课程内容设计是按照"领域目标"—"水平"—"内容"的思路展开的,而《体育与健康课程标准(2017年版)》的课程内容设计则是按照"分目标的三个主线"—"五个学习领域"—"内容"的思路呈现的。显然,这一修改有利于使目标更好地衔接"五个学习领域",有利于基层一线体育教师选编好相对应的分类教材的内容,使该水平的学习更具针对性和有效性,较好地达成课程内容选编分类的要求。

二、"课程内容"文本的解读

(一)《体育与健康课程标准(2017年版)》课程内容选编的理念

从《体育与健康课程标准(2017年版)》设计的理性价值层面来看,其课程内容的时代意蕴与培育路径有以下方面的要求,需要教师理解与落实。

(1)确保所选编的体育与健康课程内容达成良好的教育效果,要将"优质教育"的新理念纳入其中,以保证学生能适应现在以及未来社会发展的趋势。

(2)确保体育与健康课程资源与时俱进增加新的内容,建设适合于学生发展的课程,满足全体学生充分平等地享有优质体育学习的需要,促进终身体育目标的达成。

(3)全面提高体育与健康课程的内容质量,确保每个学生学科核心素养的达成,使其在运动能力、健康行为、体育品德等方面的学习效果,能取得学业质量标准的承认与认可。

(4)确保体育与健康课程内容着眼于发展素质教育、提升道德品质、形成终身体育运动的能力,帮助学生至少学会两项运动技能、养成锻炼习惯、增进身心健康、形成运动能力素养。

(5)要按照“工匠精神”对原有的课程结构、课程内容、课程环节不断进行突破与革新,在体育与健康课程内容与教学之间构建协同合作的支持体系,推动由“上足”体育课走向“上好”体育课,精益求精追求卓越教学艺术的实现。

正如有学者所说,一个学校能给学生提供好的体育与健康课程是教育质量的体现,一个体育老师能拥有好的体育教学环境是教育机制的体现,一个学生能享受好的体育教育是国家教育政策的光荣。

也就是说,我国传统体育与健康课程设计的思路,主要参考行为主义与认知心理学支撑下的课程理论,强调教材学习的目标和任务要遵循“准备、练习、效果”三大定律,要引起学生学习的动机和兴趣,要以行为反馈和评定来强化学习。它立足课程内容由简到繁的累积的链接,将复杂的课程内容分解成细小的单元,按逻辑排列,小步子教学达成目标。如以运动项目为主编制学科教学内容,又如规定各个不同年级、各个科目的教学内容与时数的比例、考核与评价标准等,虽然便于教师操作,但给学生学习留有的自由空间太少,因而教师成为知识的搬运工,教学成为填鸭式。

基于此,新课程标准只给出目标,而不规定具体的课程内容,允许各校按照自己的教学条件去组织课程内容。它只强调从运动能力、健康行为和体育品德三个维度去构建课程,要求所选择的课程注重学生经验、学科知识和社会发展三方面内容的整合,要求遵循学生身心发展的规律,突出课程为学生发展服务的理念。它以分目标三个范畴进行分类统领教学内容,只给出具体学习的内容框架,对具体的教学内容和时数比例不做规定,给教师留下了课程的选择性余地和空间,从而有利于教师按照自己学校的环境和条件,从实际出发达成体育与健康课程标准的要求。

需要注意的是,虽然两者在学科性质上是一样的,在体育与健康课程实施方面都围绕教与学两个方面,探讨教学规范的转型,重建教、学、教材、教师与学生的概念,强调学习效率的建立,倡导信息技术在教学过程中的普遍应用,保障优质教学的实现,但在功能开发和目的的编制和取向方面却大相径庭。传统体育与健康课程设计是以教为主,以完成教学任务为目的,体育与健康新课程标准的设计则是以学为主,以知识的意义建构为目的,两者之间有传统教育理念与现代教育理念的区分。正如有学者所说,不怕你不会,就怕你跑错方向。

(二)根据分目标的规定科学选编课程内容

研修发现,《体育与健康课程标准(2017年版)》着力关注健康教育内容、体能、技能学习与锻炼、比赛等方面的有机结合,注重提高学生融会贯通的能力,以及在把体育与健康知识、技能和方法运用到体育学习、体育锻炼、体育竞赛和日常生活中的实践能力。这一举措明确了课程内容选编的范围,相应标识了课程内容具体设计的方向。显然,其目的着眼于从运动能力(由体能和技能组成)、健康行为(由身体心理素质和健康知识组成)、体育品德(由思想道德素质和文化科学素质组成)三个方面立德树人,促进学生个人素质全面提升,获得"学会做事、学会合作、学会生活、学会生存"的本领。正如《国家中长期教育改革和发展规划纲要(2010—2020年)》明确指出:"坚持以人为本、全面实施素质教育是教育改革发展的战略主题。"

其一,为解决"学生喜爱运动不喜爱体育课"的现象,《体育与健康课程标准(2017年版)》在技能学习方面增加了案例,列举推介了多种教学内容供一线教师参考选用,以打造丰富的教学情境和学练结构为要求,以内容标准和教学提示为手段,为教学目标的实现、教学任务的完成以及教学过程的顺利进行提供参考和保障。

其二,为解决学生体质持续下降的困扰,提高学生体质健康水平,《体育与健康课程标准(2017年版)》继承和吸收了传统体育教学的宝贵经验,在课程内容的设计上强调了"体能一课课练"的重要作用。在学习领域增加了体能模块,并在体能模块的选编、构建与实施各个方面提供了多种举措,有利于引发一线教师总结经验,不断创新方法。

其三,为帮助学生建立正确的健康行为和生活方式,改变影响健康的不良行为,提高健康水平,《体育与健康课程标准(2017年版)》在学习领域健康教育模块列举了有关卫生保健和健康教育的知识和内容,并在健康教育模块的选编、构建与实施等方面提供了多种手段与方法,为广大教师科学选编健康教育课程内容和有效教学的实施提供了保障。

(三)《体育与健康课程标准(2017年版)》课程内容选编的原则与要求

体育与健康课程具有进化、播化和涵化三个基本属性。为确保体育与健康课程教育传递的完整性、和谐性和全面性,需要对选择的课程内容按类型加以有效组织,形成结构,以有效地实现课程目标,既要有以体育知识为宗旨的学科功能培养,也要有提高学生身体素质与运动能力的培养,既要有体育科学生活方式的实践培养,也要有体育文化传播的人文精神的养成。世界教育实践表明,如果课程性质混沌,就会带来发展的认识不清。若不能从更广阔的角度挖掘体育与健康课程既是锻炼又是娱乐,既是运动又是教育等的多元功能,则只能培养出学科的"勇士",难以实现培养全面发展的人的目标。诚如叶圣陶先生所说,教育的最后目标是使每个分立的课程所发生的影响纠结在一块儿,构成一个有机体似的境界,让学生的身心都沉浸其中。

基于此,为了更有效地选编好课程内容,需要注意以下几点:

一是教育性。即在选择体育与健康课程内容时,应注重选择公民必须具备的体育基本知识、运动技能和体育能力的相关教育内容。也就是说,要做好通识教育与专业教育融合的构建,不仅要使学生掌握体育与健康基本知识与技能,并能有效地增进健康,还要使学生形成良好的个性,提高体育文化素养,为终身体育奠定基础。

二是实用性。体育与健康课程的产生归根结底是由社会需要形成的。因此,体育与健康课程内容必须反映社会发展的要求,适应社会发展的趋势。故在选编体育与健康课程内容时一定要注意既要打好基础,又要选择大众喜欢的、社会上比较普及的并有很好的健身娱乐效果的项目和练习。

三是趣味性。学生的体育兴趣决定着学生对体育活动的注意力,并在很大程度上决定着学生体育学习行为的方向,成为决定体育学习的主导力量。体育与健康课程内容要为学生所接受,就应充分考虑学生的兴趣、需求和能力的实际,使学生能够体验到成功的乐趣,这样才能改变学生“喜爱体育活动不喜爱体育课”的现象。

四是科学性。体育与健康课程内容的选编不仅要符合不同学段学生的身心发展特点,有效地促进学生的身心健康,还要充分考虑学生的个体差异,体现学习的自由度,尽量为每一个学生提供适合的体育运动的方式,让每个学生的运动潜能都能得到充分发展,享受体育运动的乐趣。

五是可行性。要考虑所选编的课程内容能否满足体育知识与技能的全部要求,所选编的课程内容能否满足健康生活与休闲娱乐的全部要求,所选编的课程内容能否与教学环境、教学时间等相统一,所选编的课程内容能否与不同学习者的学力相统一。

(四)《体育与健康课程标准(2017年版)》课程内容选编的方法

对课程内容选编方法的理解不仅能反映出课程设计的理论水平,是影响与制约教育、课程和教学质量的一个重要因素,同时也决定着校本课程的建设是否成功。为提升对《体育与健康课程标准(2017年版)》课程内容选编方法的理解,助力广大教师运用这一理论指导校本课程的设计并在实践中应用,下面借助“十字象限”的理论方法予以解读(见图1)。

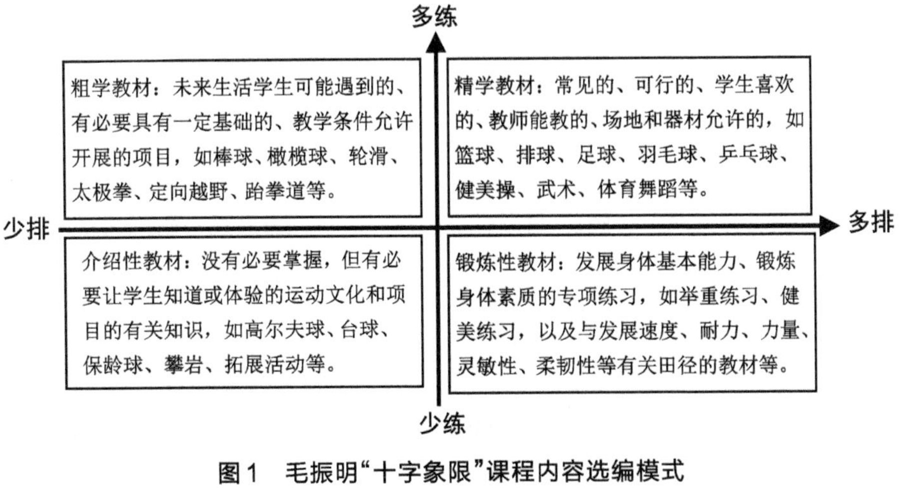

图1 毛振明“十字象限”课程内容选编模式

这一理论方法是我国学者毛振明根据数学“十字象限”的方法,分析和归纳了体育与健康课程教材内容的特点而构建的。他按照喜欢学和不喜欢学、多排和少排的观点,提出了“多吃多餐型”“少吃多餐型”“一次吃饱型”“一次品尝型”四种不同形态、不同排列方式的课程编制模式。这一课程编制模式针对不同课程的功能特点,依据科学性、人文性和工具性在运动的价值予以分门别类地排列组合,以其对促进学习者发展的贡献为标准,针砭取舍、补偏救弊、顺其所易、矫其所难,较好地满足了课程编制的辩证需要,增强了学生学习的积极性,使课程的教学设计更有效,体现了课程既形象又简明扼要、协同均衡、整体统一、兼收并蓄的特点。可以说,它既是对西方课程设计的一种大胆超越,又体现出中国特色的新视野。正如墨子所说,“子深其深,浅其浅;益其益,尊其尊。”它告诫我们,课程要根据学习者的天赋、兴趣、爱好和接受能力科学设置才是可为的。实践证明,这一理论很契合我国国情,现简介如下。

(1)充实螺旋式(多吃多餐型):是在很多年级出现,用大单元进行教学的那一类教材。这类教材不能很多,是所谓重中之重、精中之精的教材。

(2)单薄螺旋式(少吃多餐型):是在很多年级都出现,用小单元或穿插在其他教学内容的单元中作为副教材或辅助内容出现的那一类教材。这类教材可以有一定的比例,是那些或锻炼身体效果好,或娱乐性强,或需要复习的教材。

(3)充实直线式(一次吃饱型):是只在某个年级出现,用大单元进行教学的那一类教材。这类教材可以占一定的比例,是那些值得好好教但用不着一直教的教材。

(4)单薄直线式(一次品尝型):是只在某个年级出现,用小单元进行教学的那一类教材。这类教材可能不太多,是那些介绍性、体验性教材和知识性教材。

综上所述,学者毛振明的这种课程设计与编制方法,着力于从学习者的可行性、学科的知识性和社会的需求性等相关要素,为我们设计好一个课程方案提供了理论依据和支持,使我们对课程的本质规律有了一个清醒的认识,可帮助我们确认该课程设计在现实中是否可行。它表明我们的课程不只是一个实施计划,也不只是一个选择与组织的课程内容,它不仅蕴含着社会、学科和学生的教育认识,也存在着科学反思的行动过程。这些精辟的思想保证了课程设计与编制走入、走近、走向成功的可能,值得我们尊重和掌握,是我们应知与应会的。诚如德国哲学家伽达默尔所说,经验的真理始终包含着一种朝向新经验的倾向。经验的运动不是在固定的境域中进行的,它是一个流动的过程,是一个不断获得新经验的过程。

(五)《体育与健康课程标准(2017年版)》课程编制的解读

以上从课程设计的理性价值层面进行了阐释,下面从课程编制的技术层面(见图2)进行分析,助力广大教师建立对课程编制的理解。所谓体育与健康课程编制,是指对课程设计后所确定的课程进行具体的设置与划分、选取与分配,并合理确定它们之间的关系,以使各课程之间达到平衡(学生、学科和社会),通常涉及课程的设置、位置、比例和安排(见图2、图3)。课程设计实践证明,任何一种课程设计,如果各要素之间的关系是一致的、相互协调的,课程动态就会产生一种合力;反之,各要素之间处理不当,关系没有明确的规定,则可能产生混乱,对学习的影响就会相应降低(见表1)。

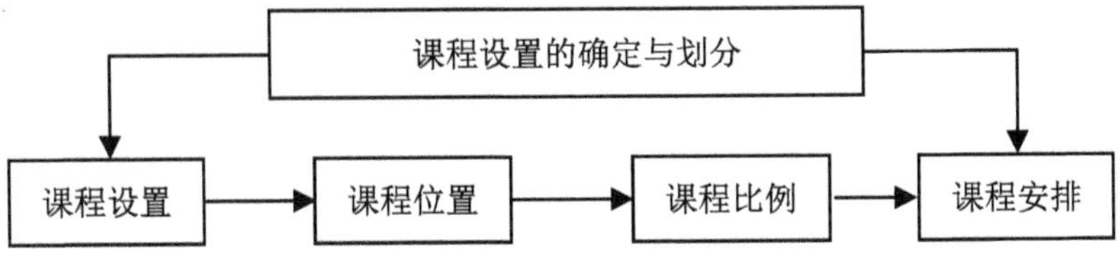

图2 课程编制示意

不同目标(如认知、技能、情感等)之间的确定与划分

↓

不同课程设置之间的确定与划分

↓

不同课程内容之间的比例确定与划分

↓

不同学年段与课程内容层次的确定与划分

↓

不同学年段与课程认知水平的确定与划分

↓

不同学年段与课程教学方式的确定与划分

↓

评价课程设计的方式

↓

体育与健康课程设计的文件编写

图3　体育与健康课程编制的具体流程

表1　体育与健康课程教材的选择标准

项目	目标性	科学性	可行性	趣味性	社会性	选择结果
拳击	×					不选
前空翻	√	×				不选
保龄球	√	√	×			不选
铅球	√	√	√	×		不选
滑冰	√		√	√	×	不选
武术	√	√	√	√	√	选择
篮球	√	√	√	√	√	选择

(摘自毛振明《体育教学论》)

——课程设置,一般以学生、学科和社会三个因素作为对其选择与分配的依据,确定课程设置的范畴(知识性的、价值性的、工具性的)。即解决各种内容、各种类型、各种形态的课程相互结合如何达成目标的效应化问题,整合知识的产生、选编、分配和组合,如对体育科学性课程、文化性课程、运动性课程、健康性课程等的选择、组合、递进与平衡。这是课程设计

者必须平衡的选择,应当引起我们的认识与把握。

——课程位置,是指对选中的学科内容在课程安排上作选择,即标明哪些是主干课程,哪些是副干课程,哪些主学,哪些副学等,以便划分不同课程在学习层次和水平领域的不同分配量。这也是课程设计者必须平衡的选择,应当引起我们的认识与把握。

——课程比例,是指对选中的学科内容在教学比例上进行分配。它既是一个独立考查的因素,也与上述两个要素密切相关。课程是一个逐级递进、具体化的有机组成系统,在课程比例的安排上,关涉着如何科学处理不同课程在学习层次和水平领域的不同分配量。这些不但影响与制约着课程的效果和质量,也反映着社会的态度。这也是课程设计者必须平衡的选择,应当引起我们的认识与把握。

——课程安排,是指把课程具体化到某个学年、某个学期的什么时间安排上课。其不仅关涉着课程相互之间能否达成课程有效化目标,也关涉着学生的学习效果。因而,必须考虑其纵向教学和横向学习之间的联系与平衡方能取得良好效果。这也是课程设计者必须平衡的选择,应当引起我们的认识与把握。

由上可知,上述四个方面既涉及课程设计的取向,也关联课程设计的分类,对于课程设计十分重要。首先,课程的设置如果不能确定,教师很难对课程内容作出系统的规划,就不能给出学习者形成有组织的知识体系和能力。其次,课程的位置如果没有规定,课程的范围和顺序就会支离破碎,就可能使学习变得肤浅,影响学习内容的统一性。再次,课程的比例如果不能科学分配,就会使课程缺乏有序的组织,影响课程设计初衷的达成。最后,课程的安排如果不能科学合理,学生学习的内容就会难以保证,会为学习者掌握知识带来困难。

第六节 关于“学业质量标准”的解读

理论告诉我们，评价是一种价值判断主体的活动，是认识实践的中介。为此，从对象性来看，“学业质量标准”是基于核心素养目标教育任务的实现，学习效果高质量的达成而提出来的一种评价方式，并施以等级化标准与质量化的要求予以保证。研修发现，它从知识的逻辑性、条件的可行性、操作的标准性等三个方面，对课程的教育性质、目标、设计、内容、方法乃至教育质量和学习效果等施以强烈的制约作用，是保障体育与健康课程实施的重要手段和基本途径，既含有诊断、修正、比较、预计、确定教育需求和预期目标是否达成的功能，也具有高精度的制定与测评实施的内容与层级标准要求。作为一种手段，可以判断学习质量和课程教育的效用和结果。作为一种工具，可以为课程教育的目的选择提供决策指导，判断课程开发或设计的科学性与合理性。为此，我国学者钟启泉将课程评价归纳为三个方面的功能：诊断功能——对现有课程方案作出判断；修正功能——为课程形成于发展提供指导；决策功能——为政府教育部门或专业人员提供决策依据。

一、“学业质量标准”——明考核

《体育与健康课程标准(2017年版)》表明，“学业质量标准”是评定学生高中学业质量结果的标准、学分认定的重要依据，既是对学生完成某一学段体育与健康课程学习之后，应该形成的学习结果表现的描述，也是对学生高中三年学习结果“核心素养”表现的总体描述。

“学业质量标准”包括必修必学部分体能和健康教育两个模块学业质量的评定与学分认定，及必修选学部分运动技能系列模块学业质量的评定与学分认定。“学业质量标准”分成五级水平，即水平1至水平5。“学业质量标准”水平2是高中毕业生在本学科应该达到的合格要求。

"学业质量标准"评价的要求,一是评价内容要聚焦于学生的学科核心素养,二是评价的方法强调多样性。

二、"学业质量标准"文本的解读

具体地说,"学业质量标准"倡导的目的,是从被授予的知识量的堆积,转向会有效运用种种知识与技能解决问题的能力,即从学力目标的"知识量"走向"实践运用力"的刷新与转型。它的提出是对传统学力观的一种颠覆,即当今人类社会发展要的不是传统的学力概念框架——接受式的学习观,即传承了多少知识,"使我能够知道什么样",而是运用所学的知识与技能在特定的环境中应对复杂问题的种种能力,即"使我能做到什么样"。

也就是说,只有能够解决问题的学习,才能称得上是真正的学习,灌输式、填鸭式的知识教学只能摧垮学生自身的学习。从这个意义上说,"学业质量标准"的旨趣是让学习实现认识世界与改变世界的"联姻"。可见,"学业质量标准"主张,学习知识与技能不是为了考试,而是为了实现知识的交换价值,以及发现这种知识与技能的运用价值。正如学者钟启泉在《问题学习:新世纪的学习方式》一文中所说,我国基础教育界不能再沾沾自喜于应试教育的"双基论"了,这种只见分数不见人格的"双基论",同"核心素养"的教育格局是有天壤之别的。

显然,"学业质量标准"不仅继续打开了知识传承性的本质,复现了知识循环往复意义,还扶正了知识的作用和价值。也就是说,只有从学习与社会现实的关系出发,以社会现实的需要为标准来衡量自身才是体育学习发展的方向。显然,"学业质量标准"的提出,可以使我们跨越传统学习就是"积累"的鸿沟,走向学习就是运用的学力观。可见,学习不仅是为了评定、测量和测验,还蕴藏着发展,指导我们学习评价可以从学习者的"知、情、意、行"等四个方面去认识和考查;提示我们要建立有利于学习者进步与发展的多元学习评价体系,终结注重结果性评价、忽视过程性评价的弊端;强化评价的激励、发展功能,淡化甄别、选拔功能;要求评价的构建要从学习者的体能、知识与技能、态度与参与、情意与合作等方面综合进行;提倡在教师评价的基础上,展开学生自我评价与生生评价相结合、形成性评价与结果性评价相结合等完备评价体系;改变传统课程评价过分强调甄别与选拔的功能,发挥评价促进学生发展、教师提高和改进教学实践的功能。换言之,"学业质量标准"的提出,不仅可以给体育与健康课程的设计与各科知识的编制提供指导,而且给体育知识的增长和更新提供了具有普遍意义的分析工具,为体育与健康课程教育和教学的进步与改善提供参考。

三、"学业质量标准"的实施策略

从时代的发展来看,保证"高质量的学习"已成为当前学校教育各学科共同的话语。由于"学业质量标准"只给出学习质量水平等级定性的描述,没有定量的分数值认定,因此,结合实际情况科学制订好体育与健康课程教与学的标准,确定体育学习质量水平等级评价的尺度与宽度、内容与分数,使用好每个学习质量水平段描述所包含的内容与要求,科学构建出标准与范围分数值的量化,正确做好对学习质量每一水平等级主体分属的分类与归纳,按照学习质量水平等级施以权重并给出评定的具体分数值就成为必须做的工作。正如2016年在上海举行的"课程教材改革与21世纪人才培养"国际研讨会总结指出,建立合理的指标体系是评价的关键,因此,评价指标要注意两点:一是要具有可测性;二是要全面完整,不宜太多太繁琐,否则会影响权重的分配。

基于此,有论者提出确定评价指标体系的四个原则:

(一)科学性原则

评价指标体系应该科学、客观地反映教育的规律,经得起实践的检验,评价范畴应明确划分,评价信息分项应准确表达并且充足。

(二)适宜性原则

评价指标体系的各个检测项目的标准之间应该没有冲突和矛盾,各个项目的标准应当是目前条件下能达到的,指标体系应合理地分配在其内容的各个项目之中。

(三)实用性原则

评价指标体系的各项内容应该是可观察记录下来的现象与行为表现,应尽力将评价指标仔细地划分为可以用等级或是达到等判断性语句描述的小项目。

(四)完备性原则

评价指标体系应该全面地、完备地反映教育各个方面的影响,应代表学习的各个方面、各个层次,指标开发过程各个阶段的评估应各有所侧重,但整个评价指标体系是完备的。

第七节 关于"实施建议"的解读

研修发现,"实施建议"是根据普通高中课程方案的要求和我国高中体育与健康课程改革发展的需要,为提高教学效果和学习质量而采取的有效措施和保障条件。它从"教学建议与学习评价建议""学业水平评价方案设计建议""教材编写建议""地方和学校实施本课程的建议"等方面,建构出有效教学的理论、方法和手段,为教师走向高质量的教学提供帮助,促进学生核心素养的形成与发展。

其实施的目的,一是通过"教学建议与学习评价建议"的逻辑关系勾连,建构出有效教学的理论、方法和手段,为教师走向高质量的教学提供帮助,促进学生核心素养的形成与发展。二是课程标准的建设与实施从本质上回应了优质教育的内涵与需求,受条件的制约无法一步达成,因而需要教育系统内形成共识给予支持。为此,强化地方和学校各级部门职责作用于行动保证体育与健康课程标准的建设与实施相关工作得到有效落实并持续运行。正如加涅在《学习的条件和教学论》一书中所说的,“我们认为,所谓的教学策略,就是帮助学习者以自己的努力达到某一作业(目标)的计划。”这一理念与《国家中长期教育改革和发展规划纲要(2010—2020年)》所强调的“建立政事分开、权责明确的教育管理体制的导向”的要求是相接的。因而,实施建议对于管理者来说,是一个政策性的问题;对于教师来说,是一个切实的落实问题。

一、“实施建议”——明要求

研修发现,《体育与健康课程标准(2017年版)》的“实施建议”主要包括教学建议和学习评价建议、学业水平评价方案设计建议、教材编写建议、地方和学校实施本课程的建议等,围绕科学设置学习目标、合理选择教学内容、改革和创新教学组织形式、灵活运用教学方法和教学手段等多个方面,提出种种举措以帮助教师提高教学质量。其目的是扩大教学方式的新视阈、启蒙学习的新行为,以把体育学习认识得更为透彻,把体育教学理解得更加彻底,促进教师以种种方式支援学生学习、引领学生学习,激发学生学习的积极性,由学习的传道者走向学习活动的合作者。诚如我国古代大教育家孔子在《学记》所说,“善喻、及时施教、循序渐进、长善救失、藏息相辅。”

二、“实施建议”文本的解读

显然,“实施建议”从价值层面厘清知识的发展不只是理性的问答和抽象的推理过程,知识的建构,是以社会和文化的方式为中介的;学习者是在合作教学、探究教学、讨论教学、问题教学等人际互动与交流分享中,通过社会性的对话——协商而内在建构的。即学习者心智的成熟、人格的成长,是在师生互动、生生互动的交流中获取与更新的。新知识的重建仅仅局限于理解是不够的,还要通过学习活动中的各种学习经历(困惑、犹豫、苦恼、错误、成功、更新)的体验与感悟才能真正获得。也就是说,只有着力推进课堂教学三个过程(认知过程、社会过程、内省过程)的融合,才能获得核心素养——“在实践行动中运用知识与技能的能力”,“更新自身创造出同世界对话的能力”。

(一)教学评价建议

1. 教学建议的表述

《体育与健康课程标准(2017年版)》从三个方面提出选项教学组织建议、教学计划制订建议、课堂教学建议,着力明确体育与健康课程的教学质量和效果主要从运动技能的习得、体能的增强、健康知识的掌握和体育品德的养成等四个方面施以体现。只有遵循“为学习而设计”“为理解而教”“学习要有自由选择度”的取向,选择与之相匹配的教学方式和方法,推进教学形态的逻辑展开,才能充分发挥教学的功能,实现学生学科核心素养的养成。

2. 解析

一是,在教学组织的设置上,要求关注教学方式、学生的学习过程和学习方式的转变,引导教学设计的展开把知识传递、价值引导、情绪感染、意志磨炼、身体锻炼结合起来。即学生的学习不能简单地归结为教化和训练,课堂是交流的社会、是思想分享的社会、是集约生活经验的社会。诚如教育家杜威所说,知识不仅包括“知什么”,而且包括“知如何”,即不仅包括客观事物属性与联系所反映的认识结果,而且还包括知道怎样去操作和行动。

二是,强调教师备课时的教学设计思路要有积极的效应,要对教学内容的范围和组织的预期决策施以科学实施。即教学前要为教学结果(目的)的假设建立提供解释情境和行为导引,能假设和预测课堂教学现象及其发展。教学方式、方法的构建,如何按照从具体到抽象,从个别到一般。即把宽泛的目的一步一步分解为具体的教学行为,使教材呈现的顺序如何与学生的认知发展相互适应,实现知识生生互动的生成。如何选择相应的教学方法,落实教育理念的倡导,达成实现建构主义发现了学生的“分享交流”,多元智力发现了学生的“多种聪明”,人本主义发现了学生的“主动精神”之力。正如布鲁纳曾说的,教学设计是处方性的,它可明确指示,提供方略,揭示出有关掌握知识和技能的最优方略的法则。

三是,提示要搞好教学活动,就要按教学活动规律办事,理解并掌握所实施的教学是一种什么样的活动,应遵循哪些基本要求,在知识教学、教学流程、组织形式上应采用哪些教学方法和手段,在学习过程中与学习者沟通有哪些技巧与方式等。正如我国古代大教育家王夫之所言,知行并进、学思相资、因材施教、积渐不息。

基于上,体育教学的评价可从以下几方面着力把握:

(1)情绪状态:看学生是否具有浓厚的学习兴趣,对学习是否具有好奇心与求知欲,是否能长时间保持练习活动,学习过程是否愉悦,学习愿望是否不断得以增强。

(2)注意状态:看学生是否始终关注学习内容,并能积极投入思考;是否始终注意教师的指导要求,随时了解学习策略并融入学习中,做出有效的学习应答。

(3)参与状态:看学生是否全身心参与学习活动;是否积极主动地投入练习中,并兴致勃勃地与同伴互动相互观摩,自觉地进行合作练习。

(4)交往状态:看整个课堂气氛是否民主、和谐、活跃;学生在学习过程中是否能相互帮助与互相合作,是否能虚心听取他人的意见,尊重他人的指导,遇到困难时学生能否主动交流、合作,共同解决问题。

(5)认知状态:看学生是否能围绕学习的内容积极思考、不断改进提高;能否用自己的语言阐述学习领悟的观点,修正学习上的错误,并展开争论。

(6)生成状态:看学生是否能从不同角度思考所学习的内容,学生的学习能力、应用能力和创新能力是否得到增强,是否有满足、成功和愉悦等积极的体育体验,是否对未来的学习充满了信心。

3. 实施建议

一是,在制订目标时,要利用教材特点,尽力渗透不同学习领域任务的实施。

二是,教学内容的选择与设计要植根于学习者的经验和特征,理论课的教学要保证健康教育目的的达成。

三是,教学方法的选择与设计要体现“为学习而设计”“为理解而教”“学习要有自由选择度”。

四是,教学方式的构建要体现学习内容的多样性、教学方式的多层性和教学要求的多元性。

(二)学习评价建议

体育与健康学习评价是通过系统收集学生的体育学习态度与表现、课外体育锻炼情况与成效、健康行为等信息,依据一定的标准和方法对所达到的学科核心素养水平进行判断和评估的活动,是不断完善课程建设的重要环节和途径。体育与健康学习评价的主要目的是对学生的体育与健康行为进行观察、诊断、反馈、引导和激励,衡量课程目标的达成程度。

1. 学习评价建议的表述

《体育与健康课程标准(2017年版)》从设置学习评价目标、选择学习评价内容和方法、收集学习评价所需要的信息、依据课程标准进行学习评价、学习评价结果的反馈与解释等五个方面提出建议,着力明确“学科核心素养”的形成来源于学生自我学习能力的形成、多元评价内容的选择、多种评价方法的结合和多元评价主体的参与,要从“知、情、意、行”多个方面收集学习评价所需要的信息,关注学生的努力程度和进步幅度,确保评价信息的客观性、准确性和全面性,充分发挥评价的反馈、导向、激励和改进作用,确保“学科核心素养”的达成。

2. 解析

一是,学习评价标准的制订立足于学生全面发展的实现,建立学习与知识之间、学习与人的发展之间的和谐,燃发学生形成运动体验的乐趣和成功进步的可循环感觉。

二是,学习评价内容的选择与设计,既有知识认知成分的评价,又有学习情感成分和思想品德成分的评价。即学习评价不仅鉴别学生的学习行为和方法是否正确,也考查学生价值观和人生观的形成情况。

三是,学习评价内容既关注课程内容教学方案评价,也关注教学评价与学习者成长对话实施的情境,激发学习者优点"嗜好"的生发、认同和内化的伴随与强化,形成牢固的行为模式。

3. 实施建议

一是,既要有达成学生学业目标设置的评价要求,也要有达成学生思想品德素质设置的评价要求。

二是,既要有评价学生知识力的内容,也要有评价学生思想品德素质的内容。

三是,既要有对促进学生知识、技能和体能等发展的定量评价、情感态度与价值观等的综合评价、形成性过程的表现评价、终结性结果的成长评价,也要有体现学生学习进步的相对性评价与衡量学习者能力的绝对性评价。

(三)教材编写建议

《体育与健康课程标准(2017年版)》在教材编写方面围绕教材编写的基本要求、教材的内容选择、教材的呈现方式等三个方面,着力明确编写要求,使教材编写的尺度与意向更加明了可行,具有针对性,避免了误解与误写。

1. 教材的内容选择的表述

教材选择的内容主要包括体能知识、体育文化、运动原理和健康教育四个方面。

(1)体能知识方面选择的内容主要包括体能发展的基本原理与方法、体能锻炼计划的制订、体能水平的测量与评价、有效控制体重和改善体形的基本原理和方法等。

(2)体育文化方面选择的内容主要包括体育运动的演变与发展、中国优秀传统体育文化、奥林匹克文化、运动健身文化和文明观赛等。

(3)运动原理方面选择的内容主要包括体育锻炼的基本原则、运动技能形成的基本规律和方法、运动与心理调控、运动安全、运动保健和运动处方等。

(4)健康教育方面选择的内容主要包括科学的健康观、健康管理、营养与食品安全、常见疾病预防、环境与健康、安全与避险、心理健康和社会适应能力等。

2. 解析

一是,教育性——教材编写要贯彻和落实党的教育方针和立德树人根本任务,体现国家素质教育、健康第一的指导思想。

二是,科学性——教材编写要符合学生认知与运动特点,遵循体育与健康教育的教学规律和逻辑性。

三是,实用性——教材编写要精选与学生身心健康紧密相关的体育与健康知识、技能和方法以及科学锻炼的方法。

四是,可读性——教材编写的设计、版式、内容、图文样式要具有可读性,符合学生心理与认知特点。

五是,发展性——教材编写不仅要符合社会发展的需要,还要促进学生最大发展区的达成。

六是,差异性——教材编写要符合国情、区情、校情等差异特点、经济特点、地理特点等。

3. 实施建议

一是,教材的确定与划分、选择与设计、权重与比例、范围与标准,要围绕相关目标任务"学科核心素养"的三个主线进行分析与构建。

二是,在课程的范畴方面,既要考虑学科的系统性,又要考虑学科的层次性,使两者协同达成一体化的融合。

三是,在课程的形态方面,要通过学科类课程与活动类课程相结合,加大知识的深度,促进学生间接经验和直接经验的逻辑发展;通过分科类课程与综合类课程相结合,取长补短,相互兼顾,扩展知识的宽度,使学生的知识结构更完整。

四是,在课程的类型方面,要通过必修课程与选修课程相结合,满足不同学生不同层次的学习需求,实现课程的动态平衡,弥补课程的不足。

五是,在课程的内容方面,要通过理论课程、体能与技能课程相结合,促进学生既动脑又动手,使知识习得与思维训练和谐发展。

六是,在课程的功能方面,要做到知识、能力与品德兼顾,既要传授知识,也要发展能力和培养品德。

七是,要高度重视学习活动设计,创设贴近学生实际的学习情境,保证学习的高质量;要根据学习者的特征体现学习的逻辑性,按序安排课程内容与教学进度,确保每个学习者都能掌握。

八是,规划学习理解与学习实施的教学计划与方法,选择支持教学活动的资源,做好评价工具的开发用以评估课程目标和内容标准是否得以实现。

(四)地方和学校实施本课程的建议

《体育与健康课程标准(2017年版)》为保证体育与健康课程目标的实现、教学任务的完成,着力从地方和学校两个层面提出实施建议,要求各级部门要强化职责,依据课程标准的精神,结合本地实际,制订切实有效的实施办法,创设课程实施的环境与条件,强化对课程实施的组织、管理与督导,保证体育与健康课程的顺利实施,避免“旧瓶装新酒”干扰“标准”的实施。

1. 地方实施建议的表述

(1)建立地方实施课程标准的组织机构。

(2)制订地方实施课程标准的政策与措施。

(3)制订地方体育与健康课程实施方案。

(4)为实施课程标准提供必需的条件保障。

2. 学校实施建议的表述

学校是组织实施体育与健康课程的基层单位,是贯彻实施课程标准的重要环节,在体育与健康课程实施过程中具有极其重要的作用,要做好以下几方面工作:

(1)加强对体育与健康课程实施的指导。

(2)制订学校体育与健康课程实施计划。

(3)提供体育与健康课程实施的人力、时间和物质条件保障。

第三章 总目标、分目标与“五个学习领域”目标的关系及其实施与策略

按照行为主义学习理论，“特定的行为与特定的刺激相关联”来看，《体育与健康课程标准(2017年版)》指出，“学科核心素养”是总目标，“运动能力”“健康行为”和“体育品德”是分目标，那么“五个学习领域”目标与两者之间是一种什么关系呢？还有“学科核心素养(2017)”目标与“终身体育运动能力与习惯(2003)”目标两者之间是一种什么关系呢？其中蕴含着怎样的必然逻辑，这些都是亟须明晰、深入研究解决的，不注意这一点就会产生理解的混乱。正如有学者指出，科学的结论引导人们朝着正确的方向迈进，而错误的结论会把人们引向歧途，为此，需要明确。

针对此，遵循国内外研究的普遍认同，课程目标与课程实施之间存在着课程理想与课程现实、预期的结果与实现结果的过程之间的一系列关系。即目标之间存有主次性与结构性、广泛性与层次性、身份性与联合性的一系列关系，是按照价值要素逻辑、主客关系逻辑和行动程序逻辑互为动力归属于一定的系统机制来实现的。诚如老子在《道德经》中所说，“天下有始，以为天下母。既得其母，以知其子；既知其子，复守其母，殁身不殆。”

也就是说，总目标是一个维度与层次的复合体，其由内在的品质与外在的表现特征而构成，需要借由下一级目标各司其职的对象活动才能实现自身的价值与功能。就于此，“学科核心素养”总目标的达成，需要借由分目标、“五个学习领域”目标等各部分的承接联动协同合作，并按照一定方式发挥各自的功能，借助其每一个取向对应的一定对象内在的联系过程，以及一定的意向与实施策略促使的诸多内化来实现。可见，三者之间是一

般与个别、统一与多样的关系，是一种相互补充而非彼此取代的关系，具有统一中的差异、差异中的统一，综合与分化、分类与分属的辩证关系，以及自内向外互动、相互贯通升华的联系，恰如鸟之双翼、车之两轮，同等重要、缺一不可。显然，只有对三者之间这一关系予以理解，才能实现目标与效果的统一。研修发现，《体育与健康课程标准（2017年版）》尚没有对其的明确表述，这将影响我们对其的整体认知，为防止误解、误判的发生，对其进行解读是必要的，也是重要的。正如有学者论道，从新的角度看旧的问题是促进学科发展的标志与动力，因为这不仅需要有创造性的想象力，还要有对真理艰苦卓绝追求的信念。

第一节 总目标、分目标与“五个学习领域”目标的关系

从因果关系的逻辑来看，目标既是目的，也是手段。即一切知识的存在都是从目标的需要开始，又终于目标的实现，它的开始和终结存在着一个过程与阶段、目标与结构的相互关系与联系。因而，“五个学习领域”目标与总目标、分目标之间的关系是相辅相成的，存在着上下贯通、左右联动、分类设置、分层归属、分流发展、层层递进、互为动力的联系。前者是后者的基础，后者是前者的保证；前者注重对关系的划分，后者则长于取向的规约。它们之间存在着内生因素与外生条件的互动、综合与分化的并进、分类和分属的运行、绝对与相对的演进、融合与分歧的转化。显然，这一相互释证、彼此融合的组织结构特点，为课程标准“学科核心素养”总目标的达成提供了保证。

也就是说，“五个学习领域”目标的设立，是为了使分目标“运动能力”“健康行为”和“体育品德”三个导向的每一方面目标都得到可设置、可观察、可测量、可操作的明确化，有利于使三个方面的内容得到具体的落实。实践证明，缺少任何一个领域，都会给体育“学科核心素养”的理解带来不平衡的危害。因而，“五个学习领域”目标与总目标、分目标之间是一个相互联系、

互相促进、共同发展、不可分割的统一整体。目标广受价值左右,因而,它的达成是各个环节集体行动的共振结果,是不同认识主体相互沟通、交流进而达成的共识。就其特点而言,任一环节的不清晰都会使目标涣散。换言之,任何一种目标都有一个框架体系,知识正是在一定范畴基础和结构上变成课程的,也就是说目标蕴藏着体育与健康课程所研究的全部对象。

从唯物辩证法来看,本质是决定物质体系发展的主要特征和趋向的一些深刻联系、关系和内在规律的总和。价值哲学认为,价值是关系范畴和属性范畴的综合体,它是客体功能属性对主体需要的满足关系。这一命题表明,体育与健康课程的目标本质,即学科核心素养虽然是唯一的,但其表现是多样的。它本身包含着一系列内在的必然关联,表明了一定语境的价值、类型、功能与应用,是不同形态的聚合,它们在目标结构中都拥有不可或缺的地位,存有对"课程选择的基本假设、回答问题的方法和对象、实践操作的范式"等一整套框架的规准,涉及"上位、中位和下位"三个方面组成的纵向与横向的发展关系,分别回答着课程在客观层面"是什么",在价值层面"应是什么",在实践层面"应该怎么做"的问题。诚如著名教育家叶圣陶先生所说,"教育的最后目标是使每个分立的课程所发生的影响纠结在一块儿,构成一个有机体似的境界,让学生的身心都沉浸其中。"

从理论性来看,为了满足社会发展对人才需要的要求、国家对人才培养的要求,学校体育拉开了向知识要质量、向学习要质量的帷幕。为此,课程标准提出了"以学科核心素养目标统领课程的目标、内容、方法和评价"的理念,并将"学科核心素养"总目标通过分目标(运动能力、健康行为和体育品德)划清了自身在知识三个方面的范围,又以"五个学习领域"目标的具体承接,一步一步阐明了"学科核心素养"目标本质的"所为"与价值的"所做",将内隐识记性的知识转化为外显行为表现式的评价,表明了体育与健康课程活动的目的,规定了体育教学可以从哪些方面做什么,即从方法和路径上进一步完善、发展和深化对终身体育这一时代目标的认识。可见,目标是一个结构化、系统化的学习策略,其中任一要素的孤立都会影响目标的运行与实施。换言之,即通过对五条主线"运动参与、运动技能、身体健康、心理健康和社会适应”学习领域目标的评价，实现体育与健康课程在“运动认知、生活认知、情意认知、社会认知”领域的现象描述，赋予体育与健康课程目标本质相对科学与合理的判断。这也是大家常说的，体育与健康课程是一个“知、情、意、行”的统一过程，缺少了哪一个方面都是偏颇的。正如有学者指出，目标是一个系统，它除了包括构成的部分（即因素）之外，还包括联系部分与部分之间的种种关系。

从解构学的角度来看，三者的这一关系表明了体育与健康课程体系，存在着本体论层次、认识论层次、方法论层次的时相与价值性、科学性、工具性的关系。体育与健康课程目标不是单因素、单方面的，而是存有多时相、多关系的标识与组成，共同协助体育与健康课程不断展开自身走向科学。显然，通过目标的这些不同价值表现的阐明，可实现以下目的：通过分目标（运动能力、健康行为和体育品德）分解了“学科核心素养”总目标是什么——划清了知识的边界；又通过“五个学习领域”目标定位了分目标结构的取向——使知识呈现归属；再通过课堂教学的三维目标分解“五个学习领域”目标——使学习内容层次化，由此便构成了一个完整、系统的体育与健康课程科学体系。也就是说，解析这些关系的建构既厘清了各个目标的服务对象与责任是什么，也摆正了各个目标的位置与秩序，借以说明“学科核心素养”目标在价值层面“应是什么”，在实践层面“应该怎么做”，从而精选出最符合体育教学目标和学生终身体育发展需要的课程内容。

显然，通过科学的分类与编排、搭配与物化，促进课程在教学结构和内容上更具有系统性和有效性，使抽象的体育与健康课程内容更贴近教学情境。也就是说，它不仅说明了体育与健康课程目标为什么客观存在，也揭示了其对学生、学科、社会主体发展产生了什么作用，集中体现了人们对体育与健康课程目标的多元教育价值的理解。这也是价值哲学的观点认为的，本质是唯一的（如形成终身体育的运动能力和“学科核心素养”是学校体育的最终目标），而本质的价值表现却是多元的（如既是运动又是教育，既是锻炼又是娱乐，既能参与又能欣赏，既能合作又能分享）。

可见，解读三者的关系，是因为我们感到在《体育与健康课程标准

(2017年版)》的这个框架里,没有"五个学习领域"目标的表述,不足以解释"学科核心素养"对人的发展的作用,难以承接三维目标。也就是说,没有不同目标范畴的划分与承接,就没有课程整体有效性图景的描绘,就不能指出课程归属、划分出知识的边界。质言之,没有"学科核心素养"(运动能力、健康行为和体育品德)结构化的确立,就不能找到课程之间对象的类型与相互关系或因果关系;没有"五个学习领域"目标的承接,就难以厘清各种不同知识属性之间的内在有机联系,难以实施课程之间比重的科学划分,不能有效体现出知识的归属性与类聚的和谐性,因而,也就难以为学习者建构出意义学习的对象化活动。

也就是说,目标存在着差异,每个目标都为其应对的对象性活动提供着诠释,相互对接之间可存在着应用的重合,但不存在着彼此的割裂,将它们区分开来各司其职是必要的。即只有明晰三者这一基本的认知,才能比较容易清楚学校体育教育的目的、必须学习的内容、必须完成的技巧训练、必须承担的责任、必须遵循的守则是什么,才能把知识变成有组织顺序的系列、有认知层级的课程,使之系统化,易于触类旁通,好学好用,才能比较容易理顺体育与健康课程服务于人的对象与性质、结构与布局、选择与组织、方式与应用的专业纷呈,获得课程"1+1>2"的认识、匹配与均衡的异彩,健全对体育教育的理解,得到"知识贵在汇通"的真谛,从而得以在整体上形成体育与健康课程的有效性、可行性和科学性。正如学者杨谱春认为,理论不能同事实经验相矛盾,单个经验同理论结构的相互关系必须是对应的,一种理论概念的正确与否,唯一地取决于它对所经验到的事实的明晰而无歧义的关系。

对其阐明的目的是为了充分促进学生在体育学习中得到更好、更全面的成长,弥补只有技能而无其他教学因素配合共同促进的弱点。换言之,"学科核心素养"主要是通过"五个学习领域"一系列学习的经历去理解、体验、领悟形成的,它的建构与实现归根结底要依赖"五个学习领域"的学习,学生精彩观念的诞生是在"五个学习领域"之路上产生的,如果不了解这一点,知识取向就会谬误不清。正如恩格斯曾说的,每一门科学都是分析某一个别的运动形式或一系列互相关联和互相转化的运动形式的，因此，科学分类就是这些运动形式本身依据其内部所固有的次序的分类和排列，而它的重要性也正在这里。

第二节　“五个学习领域”目标的实施与策略

一、运动参与

(一)运动参与的表述

研修发现，“运动参与”学习领域的精神和要旨，是培养学生“自觉参与体育学习”“自觉参与体育锻炼”的意识，使其体验应用科学的方法参加体育锻炼或运动的乐趣。

(二)运动参与的解读

(1)兴趣是最好的老师，设置“运动参与”学习领域的目的，是为了激发学生学习的兴趣，充分促进学生参与体育锻炼，形成体育意识和习惯，改变教师只注重教，不注重学的不足。

(2)在表述方面进一步明确提出，促使学生参与体育锻炼的方法与手段，要建立在体验运动乐趣与成功的平台上。即只有让学生在体育学习过程中体验到乐趣和成功，学生才会积极参与体育锻炼。只有激发了学生参与体育活动的兴趣和积极性，终身体育的目标才能真正得以落实，“学科核心素养”的养成才有可能实现。

(三)实施与策略

实施策略可以分为三个阶段：一是，理论与实践相结合，运用多样化方法的练习阶段，使枯燥的练习变得津津有味；二是，通过教材优化，挖掘教学内容的情趣美阶段,着力于在教学过程中生发学习快乐,促使沉闷的学习变得生机盎然;三是,复现"知、情、意、行"多维知识面孔,让学生享有"懂、会、乐"的自悟快乐的学习与体验阶段。

第一阶段,体育是一种习得性技能,重练习、重形态、重经验,初始的学习易于枯燥。围绕这一特点,该阶段体育教学要为学生提供多样化的练习,从多角度、多方式改变单一的学习模式,多方面、多层次地营造学习环境,激发学生的运动兴趣,促进学生学习能力的形成,让不同练习的刺激性与新颖性使学生遗忘学习过程的枯燥性,为促进体育认知和情感的培养等奠定基础。我们如果在体育学习中只强调让学生完成体育学习的任务,而很少追问学生的情感反应,是不会获得成功的。有如人类学家弗尔德·吉尔宁指出:"文化的传输不像倒水,从一个容器倒进另一个容器。"

第二阶段,如《论语·学而》说:"学而时习之,不亦说乎?"不仅指出了学习过程中知与行的统一,更强调了由此获得的愉悦的情感体验。为此,该阶段体育教学的组织形式应重视挖掘学习内容的情趣美和教学组织过程的快乐享受,努力利用教学资源燃发学生对学习快乐的理解,促进和激发学生体验运动的乐趣和成功进步的感觉。创设在教学中实现个性化学习的教育思想,建立自由学习、自主学习,引发着眼于形成知识传递的教学环境,强调关注学习者潜能的存在,支援基于学习者自身意义发现而展开的选项教学、分层教学等。

第三阶段,体育学习需要重视情感整体协同机制的支持、运用、关注和培育,尽量创造有助于大脑支持体育习惯形成的条件,以帮助学生终身体育意识和积极人生态度的养成,如帮助学生理解"健康工作五十年,幸福生活一辈子"的含义,提供"学习意义"的体验,复现知识的多维面孔,让学生享有"懂、会、乐"的全过程,促进学生天生运动本能欲望的生长,学生爱学,教学才有意义。为此,该阶段体育教学的模式应是"授人以渔",采取扩充和补救等教学措施,使教学适应学生学习的个别差异,帮助学生学会学习,使学生有能力在课外享受运动,体验运动快乐。实践证明,没有快乐性运动的生发,人就不会产生对体育的热爱。

二、运动技能

（一）运动技能的表述

研修发现，《体育与健康课程标准（2017年版）》用“运动能力”来诠释“运动技能”学习领域的精神和要旨，在强调学生掌握运动技能和方法重要作用的同时，进一步强调体能是应用运动知识与技能的基础，是形成终身体育意识和“学科核心素养”的重要组成部分，两者不可分割。

（二）运动技能的解读

（1）《体育与健康课程标准（2017年版）》用“运动能力”进一步着力强调运动技能和方法是生成学生运动能力与体能的手段，是形成学生运动专长的基础，明确表示学生运动技能掌握的好坏、体能水平的高低，是衡量体育与健康课程教与学质量具体化的表现形式，是评价体育与健康课程教学结果的参照。

（2）在表述方面增加了体能的要求，明确指出，每堂课的技能学习方式的设计要和体能练习相结合，切实增强学生的身体素质，要保证体能练习的时间、密度与强度，即学生总体运动时间占课堂总时间的比例应不低于75%，并进一步要求，通过不同运动项目技术的应用、不同活动的各种比赛形式，增强学生身体素质，推动学生运动能力的提升。

（3）明确要求重视培养学生的运动爱好和专长，着力打造各种活动情境和学练运用结构，用各种方法和手段激发学生学习和锻炼的兴趣，促进学生积极参与日常体育活动、体育社团活动和形式多样的体育竞赛活动，形成锻炼习惯和学科核心素养。

（三）实施与策略

（1）科学把握运动技能结构的构建，针对运动技能学习的重点、难点和关键点采取不同的教学策略和方法。

如运用奥苏伯尔的认知同化理论,从有意义学习与机械学习分类入手,对学生知识学习的过程、结果和有效学习的条件等方面建构有意义学习的教学设计与策略。

如使学习材料变得有意义,符合学生知识条件与要求,创设各种情境引发学习者的学习动机,为其提供支持建立有意义学习的条件。

如实行选项教学或设计有趣的教学环境改变教材的枯燥性,满足学生的需求,让学生喜爱教学内容。

如学习者认知结构中没有同化新知识的意义条件学习基础,教师可采用"先行者组织策略"插进这个条件,帮助学习者建立有意义学习的条件。

(2)在指向对象方面,传统体育教育方式解决的是教学组织设计的逻辑问题,而新体育教育方式则从知识与人、知识与生活、知识与社会方面,促进教学集体性与个性化的融合和建构。换言之,传统体育教育方式更多的是从"如何教"的角度强调教学活动,新体育教育方式则是从"如何学"角度进行教学的探讨。因此,它把学习内容的情趣美着力于教学过程的组织体验下,激发学生形成运动体验的乐趣和成功进步的可循环感觉。把学练结构与分层教学、多样学习内容、多元教学情境结合起来,使学习跟知识之间和谐,促进学习方式、学习能力、学习品质的融合与改善,尤为重要,只有做好这一点,教师最优化的传授才能转化为学生最优化的接受。

总之,长期以来,造成我国体育教育实效差的原因虽然是多方面的,但不能正确把握学习与培养的整体情景协同机制,从而不能引发学生学习的动机是最重要的原因。因此,认识和理解造成这一冲突的缘由,充分利用整体情景协同机制对体育学习和培养的作用,应该是体育学习取得良好实效的重要途径。

三、身体健康

(一)身体健康的表述

研修发现,《体育与健康课程标准(2017年版)》用"健康行为"来进一步明确“身体健康”学习领域的精神和要旨，着力养成学生自觉参与体育学习、自觉参与体育锻炼、自觉参与体育活动的健康行为，关注学生全面发展体能、增强体质，塑造良好体型和身体形态，提高适应自然环境的能力，理解营养、环境和生活方式对身体健康的影响，提高预防疾病的意识和能力，并能在应用的过程中获得乐趣和成功的体验。

（二）身体健康的解读

（1）《体育与健康课程标准（2017年版）》用“健康行为”诠释“身体健康”是体育与健康课程的实施结果与主旨，表明体育与健康课程应着力增强学生的自我保健意识，引导其形成体育锻炼的良好行为。塑造良好体型和身体形态、提高适应自然环境的能力、掌握基本保健知识和方法、全面发展体能与健身能力，是高中阶段需要完成的主要任务。

（2）在表述方面明确指出“健康行为”是核心素养的重要组成部分。要关注体能的重要作用，体能水平的高低不仅受先天遗传、后天营养、生活习惯的影响与制约，而且与后天的体育锻炼密切相关。

（3）为保证身体健康教育目标的实现、教学任务的完成以及教学过程的顺利进行，切实提高学生体质健康水平，改变学生体质持续下降的困扰，《体育与健康课程标准（2017年版）》在学习领域“健康教育”模块，列举了有关卫生保健和健康教育的知识和内容，并在“健康教育”模块的选编、构建与实施等方面提供了多种手段与方法，为广大教师科学选编健康教育的课程内容和有效教学的实施提供了保障。

（三）实施与策略

（1）在健康行为的实践领域，要针对该阶段学生的生长发育、体能锻炼特点及其面临的社会环境、生活方式等方面，采用有效的教学行为，为学生提供健康行为养成等方面的策略指导，提高教学效果。

（2）为有效实施健康教育，建议多采用案例教学法。要精选适合学生的、契合社会生活环境的理论知识和方法，采用各种有效的教学行为，为学生提供健康、卫生、保健、安全、环境等与身体健康有关的指导,提高教学效果,着力避免健康教育课就是说教课。

(3)要及时根据该阶段学生生长发育的需要,适时安排各种体能锻炼课,让学生在学习中掌握,在学习中领会,在学习中应用,形成能力、养成行为。需要指出的是,在教学方法和手段上,要采用有效的教学行为提高教学效果,处理好锻炼性与实效性、锻炼性与趣味性的关系,着力避免体能锻炼课就是痛苦课。

四、心理健康与社会适应

心理健康与社会适应二者之间存有相互联系、相互渗透、相互促进、相辅相成的因果关系,它们你中有我我中有你,难以分割,心理健康的内化和社会适应的外显相互融合,更易形成能力。心理健康目标的发展要结合好社会适应目标的发展,两者只有有机结合、相互渗透、协调发展、统筹安排才是有效的。

(一)心理健康与社会适应的表述

研修发现,《体育与健康课程标准(2017年版)》用"健康行为"来诠释"心理健康与社会适应"学习领域的精神和要旨,着力培养学生优良的意志品质,帮助学生学会调控情绪的方法,掌握预防心理障碍和保持心理健康的知识,具有和谐的人际关系和与人合作的品质,具有积极的社会责任感和体育道德。

(二)心理健康与社会适应的解读

(1)《体育与健康课程标准(2017年版)》用"健康行为"来诠释"心理健康和社会适应"学习领域的精神和要旨,在健康教育教学中,要处理好运动技能教学和"心理健康与社会适应"学习领域相互协调发展的关系,帮助学生建立起有利于运动、健康的行为和生活方式,为学生排除不良干扰提供服务和指导。

（2）在表述方面进一步明确指出，该阶段不仅要培养学生自尊、自爱、自信、学会交往、不怕困难和挫折的能力，还要注意指导学生学会调控情绪的方法和手段，培养果敢、顽强的意志品质，社会责任感和团队合作的精神和能力。

（3）明确“心理健康与社会适应”是个体促进社会发展的素质与品质，是学科核心素养的重要组成部分。它既是体育与健康课程必须学习的内容，也是体育与健康课程功能和价值的具体化表现。它的设置是为了保证学生真正形成心理健康和社会适应以提高生活质量。

（三）实施与策略

（1）课程标准提出了“目标引领教材”的原则，因此，如何处理好“心理健康与社会适应”学习领域在理论层面、实践层面上的可测量性、可观察性、可设置性等问题，就成为必须思考的课题。由于各地各校的具体环境和条件不同，如何因地、因校展开实施，需要广大体育教师从教师的教学、学生的学习中去观察、生发、总结、分享以便共同提高。

（2）教学实践方面，创设各种“心理健康与社会适应”的教学情境与人际合作的活动，给学生的发展提供情境实践，使更多的学生有机会在各种活动中体验、交流、分享和养成。

（3）在教材知识方面，一般可从以下方面着手：与形成体育品德和健康行为有关的知识和解说，与形成人际和谐关系、合作精神和行为有关的知识和解说，与学会调控情绪、形成意志和毅力有关的知识和解说。

第四章 《体育与健康课程标准(2017年版)》的教学实施与策略

按照《体育与健康课程标准(2017 年版)》的精神,“不精诚不足以动人”,简单的教学情境无助于引发学习者“知、情、意、行”的体验与感悟,体育教育的功能与作用只有学习者接受、欣赏、参与才能得以实现。它要求教学设计一要注重学生学练结构化的体育与健康知识和技能在学与用的融合,二要重视创设复杂的体育与健康学习和活动的情境。

显然,这一设计思路蕴藏有两个意思需要指出:一是《体育与健康课程标准(2017 年版)》“学科核心素养”目标的建立,不是让学生学得更少、学得更简单,而是以有效学习代替无效学习,让学生学得更多、学得更丰富。这就要求教师从以往的“知识搬运工”,转变为学习情境的创设者、学习资源的提供者、学习过程的引导者,向课堂要质量。二是体育教学要契合学习者的经验、生活和心境,所提供的课程要能引起学习者兴趣的共鸣,使学习者产生对活动场景的体验与体悟。

为把握好这一教学实施的策略与方法,以下围绕这两个方面的要求,梳理教学方式的本质与内涵,解析其的构成与组织,概括总结其的实施与策略,提出理论范式。诚如学者钟启泉所言,传统的课堂教学是“教师中心”而不是“学习者中心”,这种教学满足于知识的习得与再现,但这种学力观已经落后于时代。新的学力概念——“核心素养”意味着课堂的根本转型,从“知识传递”到“知识建构”的转型。

第一节 课程标准“学练结构、教学情境”实施的原则

近年来,随着新课程的逐渐推进,通过对课程标准实施的调研总结来看,教育研究者们深深体会到只有把教推向学才能取得真正的效果,认为当前应将重点放在“为学习而设计”“为理解而教”“学习要有个性化选择的自由度”的实施上。正如,联合国教科文组织21世纪教育委员会指出,“教育应该较少地致力于传递和储存知识,而应该更努力地寻找获得知识的方法。”它深刻地揭示出传统教学法与现代教学法之间的区别在于:传统教学法只关注“学会”——接受知识,获取现时的知识,注重智力的提高,而现代教学法立足于“会用”——不仅要求学生掌握知识,更着眼于会用的能力形成。基于这一视角,以下从方法论的角度提出新体育教学运用的原则供借鉴。

原则一:为学习而设计。激发学习者的潜能,重视学习者的意愿,创设符合学习者需要的教学形式,关注学习者体验的心理需求,给予学习者个性学习自由度的组织安排。

原则二:为理解而教。根据学习者的认知能力存在的差异设计环境,而不仅仅为学习者提供统一的知识环境。根据“同化—平衡—顺应”的学习原理、信息加工学习原理等认知规律,从已有的教学条件出发,科学选择适应学习者理解能力的教与学策略,消除学习者认知能力存在的目标障碍。

原则三:学习自由度。从学习者认知能力的角度出发,让学习者根据自己的认知能力与知识储备自由选择学习内容、教学组织形式、教学负荷,改变传统体育教学统一进度、统一要求、统一负荷、统一安排的弊端,使学习者寓学于乐,让学习不再是一件痛苦的事,促进学习者个性更好地发展。

一、“为学习而设计”的原则

该原则是指教师在教学方法的设计中要把教推向学,努力把更多乐学

的因素带到学习活动中去。教学方法的运用中不是设计教师如何教,而是着眼于如何为学习者学会本课的教学内容生发更多的联合因素,着眼于在集体学习的基础上,尽量为每一个学生提供适合自己学习的体育运动方法。衡量的标准不是看教师的教学内容有没有完成,而是看学生有没有学会,有没有实现"汗水+笑声"的"懂、会、乐",有没有鼓励个性学习,让每个孩子的运动潜能都能得到充分发展,从而帮助他们养成终身体育的观念、能力与享受体育运动的乐趣,有没有改变传统体育教学设计统一进度、统一要求、统一负荷、统一安排的不足。如可运用分层教学法、合作教学法等完成这一设计,点燃学生主动学习的积极性,提高学习的效率,使教师为掌握而教,学生为掌握而学,真正享受和体验到体育运动的乐趣和体育学习的意义。恰如巴班斯基曾经指出的,"教学方法的本质主要取决于学生的学习认识活动(学)和教师相应的活动(教)的逻辑程序以及心理方面。教学方法决定了学的方式和教的方式行动上协调一致的效果。"

二、"为理解而教"的原则

该原则意指有效教学发生在为理解而教的时刻,规定教师在教学方法的设计中,要减少学习障碍和增加学习理解的机会。具体从两个方面着手:一是教学方法要衔接教学环境,能与学生的原有认知经验引起学习应答生发;二是教学方法设计的策略能与学生认知的层级变量适配。如根据学习者的认知能力"同化—平衡—顺应"等认知规律,从已有的教学条件出发,科学选择适应学习者理解能力需要的教与学方法,消除学习者认知能力存在的障碍。如学习者原有的知识与经验不能"同化"新知识,为接受新知识与表象创造有利条件,教学的知识意义建构就会发生困难,则会引起"顺应"过程的发生,即对原有认知结构进行改造与重组,这样一来学习的时间就会延长,教学效果就会降低。这告诫我们,必须运用教学方法把教学结构改造成学习者该阶段能普遍接受和理解的形式,使其范围、深度、速度能同教学对象的实际水平相适应,这样良好的学习行为才会发生。例如,下次课学习"网球",学生头脑中如果没有这一图式,不能建立"同化"效应,就会产生“顺应”干扰(认知负载量大,难以记忆,学习慢,错误多,不灵活,呆板),引发认知的改造与重组而延误教学进度。所以教学前就需要教师进行“先行者组织策略”的教学方法安排,给学生头脑中插入这部分知识,让他们提前形成图式感知①,这样在教学时就会出现“学习的意义建构”。把教师主导的教学方式变成师生互动的领会学习方式,消弭了因新授知识所需要的认知时间,提高了教学效果。

三、“学习自由度”的原则

该原则是指教师在教学方法的设计中,要着眼于形成个性“知识传递”的教学环境,创设符合学习者需要的教学形式;给予学习者适合自己个性学习自由度的组织安排,展开多样化、多类别、多层次的选项教学、分层教学等个人理解的教学方法建构,让学习者根据自己的认知能力与知识储备自由选择学习内容、教学组织形式、教学负荷,改变传统体育教学统一进度、统一要求、统一负荷、统一安排的弊端,避免“有的学生吃不了、有的学生吃不饱”。如学习“跳高”时可采用“风车转转”的教学方法进行设计,围绕跳高杆布置三块垫子,设置高、中、低三种不同的高度,让学生根据自己的水平自由选择练习的高度。用这种方法可激发各层次学生的学习积极性,他们在第一个高度练习后能瞄准下一个高度,在完成第二个高度的练习后会接着向下一个高度冲击,给学生创造体验成功的机会。诚如教育家亨特断言,教师适应学生是教学过程的核心。

显然,上述三大教学设计的原则,可为教师提供在不同教学阶段教学方法选择与运用的参考,有助于控制和排除影响有效教学的不良刺激因素。这三个原则说明体育教学不是标准化的统一,体育学习不存在差生,每个学生都有自己的学习领域、学习类型和认知风格。只要根据学生的喜好去教学,有意义的学习就能发生,体育教学的目标才有可能有效达成。

① 先行者组织策略是认知学习理论的经典方法。即学习新知识前,提供一个材料帮助学生的学习认知与原有图式发生联结。这个材料是以学生既有的知识为基础,并能与新知识发生联结,能够突出新知识的具体框架,为学习新知识做准备。

这提示我们,在教学方法的设计与选择上,要以围绕练习密度、增大练习的趣味性为指导。复习课教学方法的选择,要以围绕合作学习方式,实施多层次的选择、多项组织的变化为指导。课外活动课教学方法的选择,要以围绕“理解与应用”多项选择为指导,以“改进与提高”多种变式练习为组织方式,帮助学习者达到预期的学习目标。诚如人本主义教学观提出的,教学是人自身的学习,本质上是解放人的一种活动,真正的学习经验能使学习者发现他自己独特的品质,发现他自己作为一个人的特征。

第二节　课程标准“学练结构、教学情境”实施的策略

从理论来看,新订《体育与健康课程标准(2017年版)》承载着人才发展的质量,指导着人全面发展的对象化活动,其教与学体现了教育理念、教学策略的构建,促进着学生的进步与发展。显然要想真正做好体育教学,就必须给出具体的设定,指出体育教学的目的、具体和整体的关系,厘清体育教学策略。只有这样,才能让广大体育教师真正理解体育教学,才能做好体育教学,为此需要做好以下方面。

从体育教育的理念上看,不难发现,传统的体育学习着重“教”而忽视“学”,把体育学习定位为老师在前面做动作,学生在后面跟着模仿的这种狭义理解,在教学的过程中缺少“习”的环节,割裂了知与行的学习关系,把学生学习描述得过于简单、机械,以为只需要把课程内容分解成小单元,然后按逻辑思维的认识去排列,通过指定的学习步骤,便能使学生达到课程目标。它忽视了人的学习是一个“知、情、意、行”的过程,显然是不足的。这种把人的学习当作单纯的知识积累的学习导向,必然导致对个体学习兴趣和学习能力的摧残与扼杀。正如有学者指出的,体育学习与培养仅仅满足于一般传授技艺与增进体能,体育文化“懂、会、乐”的意义和体育人文的崇高境界却被淡化和遗忘了,这可能是目前我国从中学到大学普遍存在厌学情绪的一个重要根源。

为此,新教育理念指出,传统学习观驻足于“你不会学习,我来教你学习;你不愿意学习,我来强制你学习”,以“三个中心”“四个统一”为教学设计。而现代学习观着力于“你不会学习,我来教你学习;你不愿意学习,我来吸引你学习”,要求以“三多一转变”为教学设计。

(1)向多水平性方向发展,根据不同学生的水平发展,分别制定出不同的学习标准,缩短教学内容与学习者需求的距离。

(2)向多层次性方向发展,拓宽教学空间,实施分层教学,满足不同学生对知识内容和结构的要求。

(3)向多样性转变,根据学生的需求和爱好加大运动技能学习选择的多样性,多元拓展教学内容运动外延,服务于学生发展性的要求和情感的体验。

(4)向个性化学习转变,尽可能创设条件组织学生富有个性地学习,在课堂组织上允许用自己的方式学习,允许学生在一定范围内选择学习内容、学习组织和学习方法。

从体育教育主体形式上看,现代体育教育要摆脱以往以人的自然属性为发展目标的不足,要由一元主体向多元主体转变,为学习者提供一个卓越的学习环境,形成有利于以学习为中心的有效教学方式,形成有利于学生学习的知识框架和有利于因材施教的个性化学习方式,提倡在多样化、多元化的活动之中实现体育教育的寓教于乐,增进学习成效,激发学生学习体育、接受体育教育,发展自身,健全学习者全面拥有体育发展人的能力。

从体育与健康课程传播的内容上看,要不断创设种类繁多、丰富多彩的形式,拓展与丰富体育教育资源,满足学习者对体育文化多样性需求的渴望。如既有高速对抗变化的竞技体育,也有健康养生保健的体育、休闲表演娱乐的体育、享受生活快乐的体育等,呈现出体育教育的形式不断走向细化、深化和精致化的过程。

从体育教学的手段上看,信息化时代的到来为体育教学广泛便捷的传播创造了有利条件。如何充分利用现代信息技术来推进体育教育;如何利用信息技术与“互联网+”的平台寻求自身新的变革,破除传统集体教学个性化学习不足的瓶颈,促进学习“精细化”,增大为学习者服务;如何借助多媒体、因特网、校园网等传媒技术的丰富嵌入,利用好其信息量大,速度快,方式新,传播力强,具有参与、分享、交流与对话的联通特点,激发学习动机,为学习者个体、社群提供积极学习嵌入的、便捷方便的媒介环境,建立相关学习的平台满足学习者学习的需要,让学习者真正成为学习的主体,弥补传统体育教育教学的不足,提升体育教育发展水平和教学质量,就成为必要的研究。

从体育教学设计上看,体育教育承载着人才发展的质量,要为每一个学生提供形式多样的丰富的教学方式,在多样化、多元化的教学活动中增进学习成效。即今后的体育教学要由“送菜”与“点菜”相结合,形成有利于“为学习而设计”“为理解而教”“学习要有自由选择度”的多元化学习方式才是可为的。

从体育教学实践上看,人的需要是一切活动的动力源泉,它是体育教育存在的本质原因。换言之,体育教学的第一个前提无疑是让人喜爱上体育,产生运动兴趣。因此,精彩的运动过程是体育教育的最终体现,这也是体育教育努力奋斗的方向。也就是说,在教与学的方式上,要把“懂、会、乐”融合在一起,既要提倡学生认真学习技术,也要提倡学生“卖弄技巧”,表达动作之美。这样学习者既可接受大家的欢呼与认可,建立心里愉悦体验,也可产生共鸣,继而努力做得比他人更好。只有营造两者的统一,才能促进学生广泛参与,产生体育学习可持续的力量。对此,有学者称,技巧是一切艺术发展的根源,没有技巧就没有艺术,其内足以摅己,而外足以感人,艺术的意境有它的深度、高度与阔度。

总之,正如人类学家弗尔德·吉尔宁指出:“文化的传输不像倒水,从一个容器倒进另一个容器。”现有的体育学习中,学生更多地获得的是“技能”和“体力”,而明显缺少的是对知、美、乐情感的获得。也是说,在“懂、会、乐”这三个体育学习环节中,“懂”和“乐”是薄弱环节。这也是造成学生喜爱体育不喜爱体育课的主要原因。因此,我们要使体育学习更具有“和谐性”,就必须在“懂”和“乐”设计上下功夫,让学生享受到愉悦的情感体验。

第三节 课程标准“学练结构、教学情境”实施的方法

体育教学方法和手段是有效教学的基础,是衡量体育教师专业化能力的重要尺度,直接关系到教育质量的承应对接与归属效力的实现。忽视这一话语就会失去指导力、混淆应用力。基于此,以下根据运动技能形成的泛化、分化、自动化的各个不同阶段的特征,提出有针对性的教学实施方法,从价值规定性、原理性和逻辑性等出发构建教学判断,为教师把课程标准这一策略科学地运用到具体的教与学活动中提供假设与理论解释,帮助教师明确将做些什么、怎样做。正如赞科夫所言,教学法一旦能触及学生的情绪和意志领域,触及学生的精神需要,这种教学法就能发挥高度有效的作用。

第一,泛化阶段教学方法的运用——着眼于理解的练习。体育是一种习得性技能,重练习、重形态、重经验,初始的学习易于枯燥。围绕这一特点,该阶段练习要立足于为学习者提供“为学习而设计”“为理解而教”的教学策略,诱使学生在做的过程中领悟“收获”,通过建立起一种感性的经验收获加深对知识的理解。正如行为主义学习理论指出,要为学生的学习提供积极的刺激(环境),以使学生能够在这一环境中作出正确的、教师期望的反应(行为)。为此,教师对刺激(环境)的调控,就成为教学的一个重要内容,即要避免或剔除消极泛化环境并建立积极的学习环境(包括物理环境、社会环境和心理环境)。

该阶段的主要特征是生搬硬套、机械模仿的直观顿悟与试错发生,行为主义学习理论的桑代克三大学习定律(准备律、效果律和练习律)、认知主义学习理论的奥苏伯尔认知同化理论等是其指导的理论基础。该阶段教学的形式,是教师配合示范动作,先讲粗略的动作要领,然后在学习者建立感性认识后,再讲精细的动作要领。通过加大练习密度与次数牢固动作

技能,每次练习后,教师应及时分析、评价和强化(如赞赏),让学生了解其练习的结果,使其减少错误,尽快形成正确知识与技能的循环。

第二,分化阶段教学方法的运用——归纳性练习。该练习主要是让学生由单一模仿练习归纳到组合或综合练习的类化。即通过一系列由简入繁的动作技能类化,把低级感性认识上升为一种高级理性的图式(结构)形成学习策略。即着眼于使学生思维从表象的感受抽象为类化的图式,使其能将所学知识广泛地应用于复杂学习情境的可循环之中。

该阶段是技能的动作分化期,教学形式的主要特征是由感悟、体验上升为形成能力。行为主义学习理论的"一个已形成的联结不予使用(缺少练习或应用),这种联结的力量便会减弱"、认知主义学习理论的奥苏伯尔认知同化理论、建构主义学习理论的"情境""协作""会话"和"意义建构"等范式是其理论依据。为此,要求教师应由集体共性学习辅导转向个性化学习辅导,促进学习者"有意义学习发生",为学习发现更多的联合因素,并特别要考虑如何维持学生学习动机的循环,注意运用多种变式练习,对接学习者的知识迁移和运用,使枯燥的练习变得津津有味。

第三,自动化阶段教学方法的运用——变式练习。这种练习就是升级各种类化性练习的迁移,使学生领会知识,有意识地运用知识,形成策略图式。记忆规律研究表明,学习程度越高,遗忘越少,过度学习达150%,保持效果最佳。只有动作熟练掌握了才能运用自如。这就要求教师善于把握启发与多练的运用。最需要突出的是一个"悟"字,很多理解要让学生在"习"中自然地领会,不需要刻意地多解释、阐述。如运用领会式与启发式教学模式帮助学习者意义建构(或称认知图式)的不断改组和完善。

该阶段是技能的动作组合期。教学形式的主要特征,一是,教学过程由单层次模仿逐步向多层次领会发展;二是,由固定性练习逐渐向合作性练习、自由化练习、自主性练习展开;三是,该阶段要注意练习的次数和时间的有效安排,过少会达不到巩固提高的目的,过多又会引起浪费时间,拖延学习进度。练习的趣味性仍是教学设计的核心,让不同练习的刺激性与新颖性使学生遗忘学习过程的枯燥性,为促进体育认知和情感的培养等奠定基础。行为主义学习理论、建构主义学习理论、人本主义学习理论、多元智能理论等是其理论基础。

总之,要运用多种教学规律设计教学,达成体育课堂教学不同练习情境的适配。如有趣形象的材料比无意义的材料记忆保持的时间长,遗忘得慢;多种类型、多种感官的协同记忆比单一类型、单一感官的识记效果好,有助于提高教学效果,为学习减负增效。

如奥苏伯尔认为,新知识与头脑中的原有知识可以构成三种同化模式:上位学习、下位学习、并列学习。即教师在知识讲解策略上必须注重知识与知识之间建构的联系,帮助学生把新旧知识联系起来,学生才会真正将所学知识融会贯通,学习才不会产生副作用,成为负担。

(1)如果学生原有知识高于新知识,则属于下位学习。教师可根据下位学习同化模式安排学习内外条件。如属于派生类学习的,可通过迁移原理派生教学推衍出新知识。当两种技能具有相同因素时,一种技能的变化可增进另一种技能的变化。属于相关类学习的,可通过类化条件,用多种方式表征教学内容,用扩展、充实和深化等教学手段综合贯通相关知识。即通过一定数量具体典型的、扩大宽度的练习,使其能够将所学到的知识迁移到变化了的同类问题知识情境中。

(2)如果新知识高于头脑中的原有知识,则属于上位学习。教师可根据上位学习同化模式安排学习内外条件。教师可通过逐级归纳总结原有知识的属性、特征、区别等帮助学生获得新知识理解,完成意义建构的学习。即运用旧知识解释说明新知识,建立旧知识与新知识之间的联系,发现新旧知识之间意义建构的关系。

(3)如果新知识与原有知识既无上位学习关系也无下位学习关系,则可考虑它是否存在与原有知识某种并列的、相互吻合的关系。如篮球与足球运动属于同场对抗、乒乓球与羽毛球运动属于隔网对抗,概括它们之间的共性与特征进行教学,可帮助学生尽快获得对新知识的理解,完成意义建构的学习,进入"顺应"图式,避免新知识成为"无源之水、无本之木"的空中楼阁。

如迁移性练习的运用安排。运动技术学习是一个存有迁移与相互迁移的干扰交替的过程。如果能注意这一现象,根据不同学习类型创设与之匹配的最适当的内部和外部条件,进行有效学习之间的相互协作和支持,选用符合学生认知心理的外部刺激去促进他们对新知识的同化与顺应,就会增大知识与知识之间建构的联系,帮助学生把新旧知识联系起来,将所学知识融会贯通,学习才不会产生副作用,成为负担。恰如美国心理学家奥苏伯尔在他的有意义学习理论中指出,一切有意义的学习都必然涉及迁移。因此,在有意义的学习中认知结构总是一个起决定作用的变量。

如科学运用各种教学方法:领会教学法、合作教学法、游戏法、竞赛法、个人或小组成果展示法、伙伴交流法等。即通过各种迥然不同的应用情境的变式练习,使练习不仅要达到熟练化程度,而且做到"条件化",即知道在什么条件下可以用这个策略,改变传统演绎式的教学只有单一(模仿—练习)的刺激—强化的不足。一般而言,传统教学法较关注学生对动作要领的理解,只注重学生学习的结果,不能令学生体察到学习后应用的连接,享受到知识获得的反馈体验。

第四节　课程标准"学练结构、教学情境"实施的手段

按照新版课程标准"更新教学观,推动教学变革,提高教学质量"的理念,以下从准备、基本、结束三个阶段,把课堂教学置于导入、实施、结束的情境考查,并从各个环节因素对"学练结构、教学情境"的运用给予解释与阐述,力求为广大教师展示当前教学设计的前沿性成果,提供新教学设计的借鉴与参考,帮助他们明确教学努力的方向,甄别自我教学设计与现代教学设计之间的差距,为学习理论、应用理论、贡献理论积聚新教学实践智慧的良机开辟源泉。

依据加涅学习信息加工的观点来阐述课堂教学结构:(1)将教学分成三大部分,即教学准备阶段、教学基本阶段和教学结束阶段;(2)紧密围绕

如何联系内部条件(学习)与外部支持(教学),创建情境,为教师的课堂教学设计提供参考与借鉴。

一、教学准备阶段

从学习信息加工的观点看,教学准备阶段的任务就是帮助学生积极参与到准备接收信息和处理信息的活动之中。这一阶段至少有三个处理过程:注意;预期;提取工作记忆。与这三个内部学习过程相匹配的教学事件(活动)分别是:引起学习者注意;交代学习目标,激发学习动机;帮助回忆相关旧知。

(一)引起学习注意:打开认知门户

研究表明,注意有两类,第一类是具有警觉功能的注意,第二类是选择性知觉。在教学的这一阶段引起的注意是具有警觉功能的,使学习者的大脑保持一定的兴奋水平以接受刺激。注意是学习的门户。假如学习者未能注意到信息,那么,不管教师采取什么样的教学媒体或教学活动,新信息都不可能进入学习者的感觉登记器和工作记忆之中,相应的,与长时记忆中的旧知识相融合达到基本的理解就无从谈起。加涅认为有6个策略可在课堂上应用。

一是,运用多变的学习情境条件,引起注意、引发动机,激活感受器。如运用视觉媒体,通过图像的动静、图表、模型、多媒体等的变化来引起注意;运用听觉媒体,通过停顿、口音、语音高低、语速快慢等变化来引起注意。

二是,运用幽默支持注意。研究认为,在教学中适时运用幽默可以对注意力和兴趣产生积极的影响。如语言幽默、动作幽默。但无论何种形式,都必须尽可能做到结合教学实际。如,教师夸张地模仿错误的动作,幽默地模仿与表扬学生刚才投球像乔丹一样有魅力等,都会收到意想不到的效果。

三是,借助亲身体验支持注意。提供具体感受、亲身体验感受信息,使学习活动更有意义。如,比一比谁跑得最快,投得最准,谁能回答得最准确等,都会引发学习个人意义的产生。

四是,运用认知冲突支持注意。认知冲突又称认知失调,学习者在遭遇两种观点或两个事件之间互相矛盾时,会出现智力上暂时不平衡的状态。人的天性具有追求解决认知冲突的倾向。当认知冲突时,注意力将大大集中。例如,遇到直道跑和弯道跑有什么区别,怎样才能跑得快等问题时,人的注意力都会被集中起来。

五是,运用探究方式支持注意。运用探究方式支持注意的一个附加好处,就是它能帮助学习者重构或打破原有的认知图式,通过提出假设、搜寻信息、检验假设和得出结论,使学习者积极投入到与自己的兴趣密切相关的探究活动中去,注意力也就自然高涨。如,物理学告诉我们直线最短,为什么背越式跳高弧线助跑比俯卧式直线助跑效果好?

六是,运用积极参与支持注意。被动的学习容易导致学习者注意力不集中。如通过积极参与做游戏、演角色、展示模拟或互动等都是调动人的注意力的好方法。

(二)交代学习目标,激发学习动机

按照加涅学习信息的观点,交代学习目标是为了支持预期的认知层面,使学习者明确自己在活动中要做什么;而激发学习动机则偏重于增强预期的情感层面,使学习者明白为什么要这样做。有3个策略可在课堂上应用。

一是,突出针对性。其目的在于帮助学习者理解新学习任务与个人之间的关系。针对性越强的学习任务,学习者的学习动机就越高。建议采用以下5种措施:

(1)了解基础。让学习者知道新学习任务同自己原有知识与技能基础或过去的经验之间有什么联系。

(2)明确价值。使学习者了解新知识有什么用途,会为未来学习与生活带来什么好处。

(3)情境适配。安排好各项教学活动以满足学习者的学习需求。

(4)榜样示范。运用各种榜样人物(包括教师自身)展示要学习的本领和学习的热忱。

(5)多样选择。给予学生一定的选择权,鼓励他们自主选择。

二是,提高自信心。研究表明,学生付出努力之后获得成功,参与活动的动机就会高。自我效能同高动机、高学习成就是密切相关的。可采用以下3种措施:

(1)明确要求。让学习者了解学习目标和评估标准,循序渐进,从易到难地学习。

(2)归因引导。鼓励学生将学习的努力与成功挂钩。

(3)树立自信。不断提供机会让学生完成有实际用途的、富有挑战的任务以增强自主学习的能力。

三是,增强满意感。增强学习者学习活动的满意感,深化学习动机。不同的学习者需要不同的激励措施,可采用以下4种措施:

(1)提供支持。提供机会让学生自然而然地运用学习结果。

(2)给予奖励。采取一些外部的强化激励措施。

(3)积极鼓励。对学生的努力和成绩给予肯定。要竭力避免对学习者产生不良影响的言行,如嘲笑贬低、体罚训斥等。

(4)自由空间。从扶到放,要妥善安排一些学生自由学习活动的空间,教师不要事事都管。

(三)帮助回忆相关旧知:提取到工作记忆,让学习者知道做什么

研究证明,最佳的意义学习依赖于学习者是否能从长时记忆库中"回忆相关旧知"。为了做好这一点,其思路主要有两个:一是假如学习者并不具备相关的旧知(没有学过,或者学过了但没学懂、学过了但遗忘了等),那就要先安排相应的教学活动予以补缺或补救。二是假如学习者已经具备了相关的旧知,那就可以采用以下几种激活旧知的方法:

一是,言语提示。说明哪些相关的知识必须被提取到工作记忆中。例如,讲解短跑和跳远有什么关系时,教师可以激发学生回忆短跑的若干特征。

二是,问题引导。如再展开问短跑和跳远的关系和特征,鼓励学习者采取类比的方式,比较新旧知识之间的内在联系。

三是,提供复习。教师上新课前应向学习者提供学习纲要、图表等,助力学习者做好课前预习。

四是,自主复习。鼓励学习者在上新课前展开自主复习,可采用小组讨论、合作交流等方法。

五是,善作比较。教会学习者如何学习,如采用类比、归纳等方式,把握新旧知识之间的差异和内在联系。

六是,先导组织。课前提供各种指导帮助学习者理解新知识。一般而言,"先行组织者"学习方式有助于学习者有效学习。

二、教学基本阶段

教学基本阶段旨在帮助学习者积极介入认知加工过程,对陈述性知识、程序性知识和情感性知识进行意义表征。从信息加工的观点看,有几个关键的内部过程需要得到外部教学事件的支持,这就是:选择性知觉;编码;反应;强化。所以,为了提供教学支持,需要分别配以:呈现教学内容;提供学习指导;引发行为表现;给予信息反馈。

(一)支持选择性知觉:聚焦新旧知识的意义,减轻加工负荷

由于学习者有不同的认知、情感和动作特点,每一个学习者也会选择教学环境中不同的刺激进行加工,这就是"选择性知觉"。这是因为工作记忆的认知负荷难以容纳所有通过感觉渠道已经接收的信息。支持选择性知觉,聚焦新旧知识的意义,可以采取以下措施:

一是,言语交流。用口头或书面方式告诉学生应该特别关注什么。

二是,要点提示。通过采用图片、标记色彩、大小等手段对关键点、要

点等予以提示。例如，我们要学习跳高，但是只给出动作要领未免太抽象了，如果我们通过图片提示动作要领就可以让学习者很容易理解跳高的全部过程。从这个实例可见，学习者学习的教学目标内容并没有改变，改变的只是其表征方式，这种表征方式适应了学习者的理解水平，学习内容的潜在意义增强了。

三是，把握节奏。对每一教学知识点一次呈现的信息数量予以控制，以减少学习者工作记忆的负担。如纠正错误时，先示范错误动作后讲解错误原因。

四是，形成组块。将相对零散的信息形成有意义的组块或范式，可以减少学习者工作记忆的负担。如运球上篮，可分解为“一大二小三高跳”，学习者就比较容易记忆。

五是，适当重复。要求学习者对那些至关重要的特征，适当重复感知或几种感知方式结合起来运用。如镜面示范、侧面示范、背面示范相互结合效果较好。

六是，简化表征。尽量借助图表等方式突出关键特征，从而省略一些无关特征，突出特点。如利用层级学习图式提纲挈领、一目了然，易于理解掌握。

七是，给予信号。让学习者预先知道应该有选择地关注什么样的内容。如一个眼神、一个手势、声音的变化或者特定标记的出现，都可以发出相应的信号，提示学习者关注有关的信息内容。

(二)提供学习指导编码：促进信息加工

新旧知识在工作记忆中凑在一起并不能保证产生学习，学习者必须在新旧知识之间主动地生成意义，这一关键的学习过程就是“编码”。编码之关键在于促使学习者用有意义的方式对新信息进行加工。因而，教会学习者运用学习策略，往往效果较好，有助于学习者更加主动积极地进行信息加工。有以下方法可供选用：

一是，可通过精细加工和组织整理来促进编码。精细加工策略有言语精加工、类比、绘示意图、记忆技巧、小结、自我设问和笔记等。组织整理的策略有列提纲、分类、概念图、语义图示等。还可以采用体现社会互动性质的学习策略,如同伴讨论提问、彼此示范和双向反馈等。

二是,提供一个有系列的组织练习,形成连锁条件,把一系列局部动作有机地连接成一个完整的动作系统。

三是,对比分析法,明晰正误,突破难点。

四是,辨析分析法,区别联系,廓清重点。

(三)引发行为表现反应:构建工作记忆

对学习者编码质量的真正检验在于提取过程。"提取"是将长时记忆中的信息返回到工作记忆,用以生成一定的外显行为或反应的过程。一般来说,我们将这类教学活动称为"练习"。不同的学习内容需要有不同的练习。为有效提取提供支持的练习策略有:

一是,重在外显。练习可采用多种形式,这取决于学习内容、学生特点、可用的学习资源等情况。不管是哪一种练习方式,都要求做到尽量使得内部的认知过程外显化和具有可观察性,确定将已经编码的知识与技能提取到工作记忆中。例如,在学习了一组新的动作后,教师就应该立刻为学习者提供练习的情境,予以应用巩固。

二是,从扶到放。新认知的练习学习者很难做到得心应手、运用自如,尤其是内容较为复杂时更是如此。研究表明,有效的教学在学习者开展练习时,应由易到难、循序渐进、精心指导、合理监控、从扶到放,走向熟练。这样做的理由在于减少学习者无谓的出错,因为正确的东西和错误的东西夹杂在一起,一旦定型纠正起来就很困难。同时,无效易错的练习会导致学习者体验到受挫、紧张、担忧等消极情绪,削弱学生继续练习的愿望。

三是,变式操练。变式操练要求为学习者提供的练习情境尽可能地多样化,让学习者在多变的情境中解决有意义的真实问题,帮助学生在长时记忆中将各种不同的动作图示联系起来,提升他们将已经学到的东西进行多样化展示的热忱。

(四)给予信息反馈强化:改进学习效果

按照加涅学习信息的观点,在课堂上,给予信息反馈强化可以帮助学习者了解自己的学业行为表现如何,帮助改进学习效果。让学生知道他们所表现的行为是否正确、程度如何,这非常重要。不同学习内容,选用不同反馈,有以下方式供选用:

一是,内反馈。通过内部神经反射(如动觉、触觉)获取内部肌肉信息,改进学习。

二是,外反馈。通过外部媒介(如节拍、口令)达到对学习的改进。

三是,自我反馈与外部反馈相结合,即内部反馈和外部条件反馈相结合。

四是,即时反馈和延后反馈相结合,即当时反馈和课后反馈相结合。

需要强调的是,反馈要支持学习者独立思考,不宜只告知对错。对学习具有显著促进作用的反馈往往不仅说明理由,同时还提供建议与对策。

三、教学结束阶段

课堂教学的结束是指教师在一堂课完成一定的教学内容之后,完成课堂教学的收尾环节。虽然它所占用的时间不多,却非常重要,因为它承担着复习知识、总结要点、归纳结构、反馈信息、传授方法、拓展应用等作用,其中促进课堂学习的知识与技能迁移到课外实际生活中运用是最重要的目标。

(一)评估行为表现:检验知识与技能

提供测试、竞赛或个人与分组展示,判断掌握程度,评估学习行为,检验学习者真正掌握多少知识,能否独立练习或运用。

(二)强化保持与迁移:促进学习迁移与应用

一是,课外提供变式操练,扩展知识,促使学习迁移。

二是,课外提供定时复习和练习活动来强化学习,强化技能保持。

三是,课外在练习活动中突出理解应用。

第五节　案例:高一年级篮球课信息加工教学策略的安排

(1)引起注意,唤起兴趣和动机:聚焦任务,明确新的技能对我有什么好处。

(2)提出教学目标:明确要学习什么样的技能,说明将要学习的程序和应用范围。

(3)新课概览:用组块的方式预览程序,对学习什么和如何学有一个大体的了解。

(4)回忆原有知识:复习相关概念、原理或指明掌握新运动技能将用到哪些旧运动技能,或回忆先前学到的策略或相似任务,建议学习者用一种恰当的方式重组知识。

(5)加工信息:根据技能形成所处的阶段,观察、分析学习者信息接收的特征,提供有针对性的讲解示范。可先讲解后展示,或讲解与展示结合起来,使运动技能涉及的各个步骤与操作程序明晰,或用图式或形象的方式明确学习任务是什么,展示程序,形成高效的知识表征。

(6)聚焦注意力:在练习中关注学习内容的关键特征、步骤之间转换的方法、每一步骤的关键地方、正确完成程序的提示等,提示在某一任务中恰当运用策略的关键属性,成功地运用策略的线索,通过直观形象的类比加深理解,诱发行为,促进记忆和迁移。

(7)指导质疑:提供要点、难点学习途径,将动作技能所表现的情况、要记住的信息和类比等尽量形象生动地加以表示。

(8)运用学习策略:优选教法,引起动机,使课堂活动多样化,让每一个学生都参与进来。运用榜样示范的力量,采用渲染鼓动的技巧,营造积极参与的情境。

(9)练习:运用分散练习和集中练习、整体练习和部分练习等时,都要考虑其对达成学习任务的作用；明确在哪一种情境或任务下运用什么样的策略才是恰当的，并说明其理由；在逐渐增加任务难度中应用策略，如学生同伴互教互学。

(10)评价反馈：提供反馈、监控调整、指导质疑，促进问题图式的形成，促进学习三过程的主动调控。外部反馈提供建议和讲评；内部反馈是来自肌体练习的感受和感知觉，提供解决问题的信息；同伴评价是群体反馈——示范恰当的应用，检查策略运用的成果。

(11)小结与复习：对恰当运用学习策略的同学进行点评和交流，强调努力运用学习策略的重要性，指出主要步骤与原理之间的构想，以及应用情境之间的恰当性。

(12)知识迁移：逐渐从分离的提示过渡到集合的提示，最后综合。扩展变式练习，强化技能保持。

(13)再次对认知、情感和行为进行回顾与激励：让学习者知道做了什么，怎么做和有什么感受。

(14)评估业绩：观察技能表现，对技能表现进行评分，提出改进的步骤和完整性，识别教学是否完整得当。

(15)反馈与补救：确定学生是否有共同的错误和误解，让学生知道自己的技能掌握程度如何以及应该怎么做。

(16)教学评价：从效能标准、任务标准和素质标准看学习结果是否达到了教学目标的要求，以及达到什么程度。

信息加工理论揭示了学习个人意义和教学可教时刻之间的本质联系。不同阶段的学生具有不同的认知形式和认知表征。从学习者的认知结构特点去思考知识学习的结构安排，能够让学习者形成合理的知识结构，使学习更加有效。为此，对信息加工理论的研究不是简单地满足新学习方式与学生的要求，而是适应教育的发展，遵循最近发展区理念，寻找适合教育个性化的方法，为广大教师展示当前教学设计的前沿性成果，提供新教学设计的借鉴与选取，明确教学努力的方向，甄别教学设计与实际教学进程之间的差距，为学习理论、应用理论、贡献理论，积聚新教学实践智慧的良机开辟源泉。

综上所述,体育教学策略与实施是关注教学设计在宏观水平上对教学内容的范围、组织和排序的预期决策,可为我们在教学前对教学结果(概念关系图)的假设建立提供解释情境和行为导引,对教师备课时的认知控制有积极的效应。因此,掌握这些知识后,可显著促进教学设计水平的提高。需要理解的是,体育教学方式的揭示不是让你成为一种机械的人,而是让你成为有足够余地施展才干和个性的人。诚如教育家杜威认为,知识不仅包括"知什么(know what)",而且包括"知如何(know how)"。为此,对其的讨论可帮助我们进一步加深对课堂教学的认识,解释和预测课堂教学现象及其发展,拓宽我们思考的视野,启蒙并孕育教学方式的新视阈、新行为用于指导实践,以把体育课堂教学认识得更为透彻,把体育教学理解得更加彻底。因此,对它的研究十分重要,也是十分必要的。

主要参考文献

[1]Ю.К.巴班斯基.中学教学方法的选择[M].张定璋,高文,译.北京:教育科学版社,2001.

[2]陈桂生.略论教育学成为“别学科领地”的现象[J].教育研究,1994(7):38-41.

[3]大卫·杰弗里·史密斯.全球化与后现代教育学[M].郭洋生,译.北京:教育科学出版社,2000.

[4]邓小平.邓小平文选:第3卷[M].北京:人民出版社,1993.

[5]顾明远,孟繁华.国际教育新理念[M].海口:海南出版社,2005.

[6]韩庆祥,张艳涛.马克思哲学的三种形态及其历史命运[J].中国社会科学,2010(4):21-31.

[7]汉斯-格奥尔格·伽达默尔.真理与方法——哲学诠释学的基本特征[M].洪汉鼎,译.上海:上海译文出版社,1999.

[8]课程研究所.课程改革整体论[M].北京:人民教育出版社,2004.

[9]科瓦廖夫,李淼.人的个性化是现代化文明的大趋势[J].现代外国哲学社会科学文摘,1996(4):29.

[10]李秉德,王鉴.时代的呼唤与教学论的重建[J].高等教育研究,1999(5):51-58.

[11]李志才.方法论全书(I)哲学逻辑的方法[M].南京:南京大学出版社,2000.

[12]毛振明.明确质量标准　提高教学质量[J].体育教学,2014,34(3):4-8.

[13]毛振明.体育教学改革新视野[M].北京:北京体育大学出版社,2004.

[14]苗启明.辩证思维方式论——狭义辩证逻辑原理[M].北京:高等教育出版社,1990.

[15]莫雷.20世纪心理学名家名著[M].广州:广东高等教育出版社,2002.

[16]邱耕田.论整体性发展[J].北京大学学报(哲学社会科学版),2017,54(5):5-14.

[17]桑新民.科教兴国的教育使命——实现人类学习方式的历史性变革[J].人民教育,1999(1):13-15.

[18]施良方.学生认知与优化教学[M].北京:中国科学技术出版社,1991.

[19]苏霍姆林斯基.给教师的一百条建议[M].张定璋,等译.北京:教育科学出版社,2001.

[20]孙培青.中国教育史[M].西安:陕西人民教育出版社,1992.

[21]王卫东.现代化进程中的教育价值观[M].北京:中国社会科学出版社,2002.

[22]王玉樑.关于价值本质的几个问题[J].学术研究,2008(8):43-51.

[23]杨谱春.爱因斯坦的知识创新工程观[J].科学学研究,1999(2):26-30.

[24]杨旭辉,张振华.论我国学校体育新课改的超越与缺失[J].安徽师范大学学报(自然科学版),2010,33(1):99-102.

[25]杨志成.核心素养的本质追问与实践探析[J].教育研究,2017(7):14-20.

[26]姚利民.有效教学论:理论与策略[M].长沙:湖南大学出版社,2005.

[27]尤·克·巴班斯基.论教学过程最优化[M].吴文倪,等译.北京:教育科学出版社,1982.

[28]张华.课程与教学论[M].上海:上海教育出版社,2000.

[29]张振华.体育教学策略与设计[M].北京:北京师范大学出版社,2012.

[30]赵祥麟,王承绪.杜威教育论著选[M].上海:华东师范大学出版社,1981.

[31]钟启泉,黄志成.美国教学论流派[M].西安:陕西人民教育出版社,1993.

[32]钟启泉.课程论[M].北京:教育科学出版社,2007.

[33]钟启泉.问题学习:新世纪的学习方式[J].中国教育学刊,2016(9):31-35.

[34]钟启泉.现代课程编制的若干问题[J].教育研究,1989(5):53-58.

[35]周志俊,张振华.论体育学习[J].安徽师范大学学报(自然科学版),2007,30(3):406-409.

附件1:普通高中体育与健康课程标准(2017年版)

前　言

党的十九大明确提出:“要全面贯彻党的教育方针,落实立德树人根本任务,发展素质教育,推进教育公平,培养德智体美全面发展的社会主义建设者和接班人。”

基础教育课程承载着党的教育方针和教育思想,规定了教育目标和教育内容,是国家意志在教育领域的直接体现,在立德树人中发挥着关键作用。

2003年,教育部印发的普通高中课程方案和课程标准实验稿,指导了十余年来普通高中课程改革的实践,坚持了正确的改革方向和先进的教育理念,基本建立起适合我国国情、适应时代发展要求的普通高中课程体系,促进了教育观念的更新,推进了人才培养模式的变革,提升了教师队伍的整体水平,有效推动了考试评价制度的改革,为我国基础教育质量的提高作出了积极贡献。但是,面对经济、科技的迅猛发展和社会生活的深刻变化,面对新时代社会主要矛盾的转化,面对新时代对提高全体国民素质和人才培养质量的新要求,面对我国高中阶段教育基本普及的新形势,普通高中课程方案和课程标准实验稿还有一些不相适应和亟待改进之处。

2013年,教育部启动了普通高中课程修订工作。本次修订深入总结21世纪以来我国普通高中课程改革的宝贵经验,充分借鉴国际课程改革的优秀成果,努力将普通高中课程方案和课程标准修订成既符合我国实际情况,又具有国际视野的纲领性教学文件,构建具有中国特色的普通高中课程体系。

一、修订工作的指导思想和基本原则

(一)指导思想

以马克思列宁主义、毛泽东思想、邓小平理论、“三个代表”重要思想、科学发展观、习近平新时代中国特色社会主义思想为指导,深入贯彻党的十八大、十九大精神,全面贯彻党的教育方针,落实立德树人根本任务,发展素质教育,推进教育公平,以社会主义核心价值观统领课程改革,着力提升课程思想性、科学性、时代性、系统性、指导性,推动人才培养模式的改革创新,培养德智体美全面发展的社会主义建设者和接班人。

(二)基本原则

1. 坚持正确的政治方向

坚持党的领导,坚持社会主义办学方向,充分体现马克思主义的指导地位和基本立场,充分反映习近平新时代中国特色社会主义思想,有机融入坚持和发展中国特色社会主义、培育和践行社会主义核心价值观的基本内容和要求,继承和发扬中华优秀传统文化、革命文化,发展社会主义先进文化,加强法制意识、国家安全、民族团结、生态文明和海洋权益等方面的教育,培养良好政治素质、道德品质和健全人格,使学生坚定中国特色社会主义道路自信、理论自信、制度自信和文化自信,引导学生形成正确的世界观、人生观、价值观。

2. 坚持反映时代要求

反映先进的教育思想和理念,关注信息化环境下的教学改革,关注学生个性化、多样化的学习和发展需求,促进人才培养模式的转变,着力发展学生的核心素养。根据经济社会发展新变化、科学技术进步新成果,及时更新教学内容和话语体系,反映新时代中国特色社会主义理论和建设新成就。

3. 坚持科学论证

遵循教育教学规律和学生身心发展规律,贴近学生的思想、学习、生活实际,充分反映学生的成长需要,促进每个学生主动地、生动活泼地发展。加强调查研究和测试论证,广泛听取相关领域人员的意见建议,重大问题向权威部门、专业机构、知名专家学者咨询,求真务实,严谨认真,确保课程内容科学,表述规范。

4. 坚持继承发展

对十余年普通高中课程改革实践进行系统梳理,总结提炼并继承已有经验和成功做法,确保课程改革的连续性。同时,发现并切实面对改革中存在的问题,有针对性地进行修订完善,在继承中前行,在改革中完善,使课程体系充满活力。

二、修订的主要内容和变化

(一)关于课程方案

1. 进一步明确了普通高中教育的定位

我国普通高中教育是在义务教育基础上进一步提高国民素质、面向大众的基础教育,任务是促进学生全面而有个性的发展,为学生适应社会生活、高等教育和职业发展作准备,为学生的终身发展奠定基础。普通高中的培养目标是进一步提升学生综合素质,着力发展核心素养,使学生具有理想信念和社会责任感,具有科学文化素养和终身学习能力,具有自主发展能力和沟通合作能力。

2. 进一步优化了课程结构

一是保留原有学习科目,调整外语规划语种,在英语、日语、俄语基础上,增加德语、法语和西班牙语。二是将课程类别调整为必修课程、选择性必修课程和选修课程,在保证共同基础的前提下,为不同发展方向的学生提供有选择的课程。三是进一步明确各类课程的功能定位,与高考综合改革相衔接:必修课程根据学生全面发展需要设置,全修全考;选择性必修课程根据学生个性发展和升学考试需要设置,选修选考;选修课程由学校根据实际情况统筹规划开设,学生自主选择修习,学而不考或学而备考,为学生就业和高校招生录取提供参考。四是合理确定各类课程学分比例,在毕业总学分不变的情况下,对原必修课程学分进行重构,由必修课程学分、选择性必修课程学分组成,适当增加选修课程学分,既保证基础性,又兼顾选择性。

3. 强化了课程有效实施的制度建设

进一步明确课程实施环节的责任主体和要求,从课程标准、教材、课程规划、教学管理,以及评价、资源建设等方面,对国家、省(自治区、直辖市)、学校分别提出了要求。增设"条件保障"部分,从师资队伍建设、教学设施和经费保障等方面提出具体要求。增设"管理与监督"部分,强化各级教育行政部门和学校课程实施的责任。

(二)关于学科课程标准

1. 凝练了学科核心素养

中国学生发展核心素养是党的教育方针的具体化、细化。为建立核心素养与课程教学的内在联系,充分挖掘各学科课程教学对全面贯彻党的教育方针、落实立德树人根本任务、发展素质教育的独特育人价值,各学科基于学科本质凝练了本学科的核心素养,明确了学生学习该学科课程后应达成的正确价值观念、必备品格和关键能力,对知识与技能、过程与方法、情感态度与价值观三维目标进行了整合。课程标准还围绕核心素养的落实,精选、重组课程内容,明确内容要求,指导教学设计,提出考试评价和教材编写建议。

2. 更新了教学内容

进一步精选了学科内容,重视以学科大概念为核心,使课程内容结构化,以主题为引领,使课程内容情境化,促进学科核心素养的落实。结合学生年龄特点和学科特征,课程内容落实习近平新时代中国特色社会主义思想,有机融入社会主义核心价值观,中华优秀传统文化、革命文化和社会主义先进文化教育内容,努力呈现经济、政治、文化、科技、社会、生态等发展的新成就、新成果,充实丰富培养学生社会责任感、创新精神、实践能力相关内容。

3. 研制了学业质量标准

各学科明确学生完成本学科学习任务后,学科核心素养应该达到的水平,各水平的关键表现构成评价学业质量的标准。引导教学更加关注育人目的,更加注重培养学生核心素养,更加强调提高学生综合运用知识解决实际问题的能力,帮助教师和学生把握教与学的深度和广度,为阶段性评价、学业水平考试和升学考试命题提供重要依据,促进教、学、考有机衔接,形成育人合力。

4. 增强了指导性

本着为编写教材服务、为教学服务、为考试评价服务的原则,突出课程标准的可操作性,切实加强对教材编写、教学实施、考试评价的指导。课程标准通俗易懂,逻辑更清晰,原则上每个模块或主题由"内容要求""教学提示""学业要求"组成,大部分学科增加了教学与评价案例,同时依据学业质量标准细化评价目标,增强了对教学和评价的指导性。

本次修订是深化普通高中课程改革的重要环节,直接关系育人质量的提升。普通高中课程方案和课程标准必须在教育教学实践中接受检验,不断完善。可以预期,广大教育工作者将在过去十余年改革的基础止,在丰富而生动的教育教学实践中,不断提高课程实施水平,推动普通高中课程改革不断深化,共创普通高中教育的新辉煌,为实现国家教育现代化、建设教育强国作出新贡献。

目　录

一、课程性质与基本理念

(一)课程性质

普通高中体育与健康课程以学生身心发展特点和学习规律为依据,以学校体育学、体育与健康课程与教学论、健康教育学为基础,同时还涉及运动解剖学、运动生理学、体育心理学、体育社会学、体育哲学、运动训练学、运动营养学、体育伦理学、体育美学和体育史学等学科知识。体育与健康课程作为高中课程中基于生命、指向生命、提升生命质量的学科,与生物学、化学、物理学、社会学、心理学、艺术学等学科有着广泛的关联性,对于促进学生身心健康、体魄强健,推进“健康中国”建设,增强中华民族的旺盛生命力,促进社会文明进步,培养德智体美全面发展的社会主义建设者和接班人,都具有不可替代的重要作用。

普通高中体育与健康课程是一门以身体练习为主要手段,以体育与健康知识、技能和方法为主要学习内容,以培养高中学生的体育与健康学科核心素养和增进高中学生身心健康为主要目标的课程。本课程是普通高中课程体系的重要组成部分,是面向全体高中学生的基础教育,对落实立德树人根本任务,发展素质教育和培养全面发展的人具有独特的功能和价值。本课程具有基础性、实践性、选择性和综合性。基础性强调在义务教育基础上进一步全面提高学生的学科核心素养,为学生终身体育锻炼和保持健康奠定坚实的基础;实践性强调以身体练习为主要手段,关注学生通过适宜的运动负荷和方法进行体能练习和运动技能学习,积极参加课内体育与健康学习以及课外体育锻炼、体育社团活动和体育竞赛活动;选择性强调学生根据自身的特点和需求,在学校开设的若干运动项目中进行自主选择,较为系统地学习1~3个运动项目,培养运动爱好和专长,养成体育锻炼习惯;综合性强调关注多种内容和方法的整合,以体育教育为主,融合健康教育,注重学科德育,培养学生的健康意识和行为,促进学生全面发展。

(二)基本理念

1. 落实立德树人根本任务和健康第一指导思想,促进学生健康与全面发展

普通高中体育与健康课程贯彻和落实立德树人根本任务,以健康第一为指导思想,强调健身育人功能,高度重视培养学生的学科核心素养,注重设置体育与健康知识与技能、过程与方法、情感态度与价值观有机整合的课程目标和课程结构;在强调体能、运动技能和体育文化学习的同时,融合与学生成长相关的健康教育知识和方法,关注学生健康与安全意识的培养

以及健康文明生活方式的形成,重视培养学生积极进取、不怕困难、挑战自我、顽强拼搏、追求卓越、团结合作、公平竞争和遵守规则等体育品德,促进学生身心健康、体魄强健,获得全面发展。

2. 尊重学生的学习需求,培养学生对运动的喜爱

普通高中体育与健康课程强调以学生发展为中心,从课程设计到课程实施的各个环节,遵循高中学生的身心发展规律,充分关注学生的体育与健康学习兴趣和需求,在发挥教师主导作用的同时,突出学生的主体地位;创设师生和谐互动、形式灵活多样、气氛热烈活泼的课堂教学氛围,注重课堂教学的实际效果,充分调动学生学习的积极性,增强学生内在的学习动力,引导学生深刻体验运动的乐趣和理解运动的价值,促使学生由被动运动向主动运动转变,喜爱体育与健康学习,乐于参与课外体育与健康活动和竞赛,养成良好的体育锻炼习惯,形成积极的体育与健康消费观,使体育与健康成为学生生活中不可或缺的重要组成部分。

3. 改革课程内容与教学方式,提高学生的综合能力和优良品格

普通高中体育与健康课程在继承中华优秀传统体育文化的基础上,与时俱进,开拓创新,努力体现课程的时代性。在课程内容方面,关注对学生学习和发展有意义的传统体育项目和新兴体育类运动项目,重视具有中华优秀传统文化特色的武术、民族民间体育活动和养生方法的教学,强调与学生的生活经验紧密联系,精选适应时代要求、有利于奠定学生终身发展基础的体育与健康知识、技能和方法;在教学方式方面,力求避免过于注重单一知识点以及把结构化的知识和技能割裂开来的灌输式教学模式,倡导多样化的教学方式,重视与信息技术的深度融合,注重学生的自主学习、合作学习和探究学习,将知识点的教学置于复杂情境之中,引导学生用结构化的知识和技能去解决体育与健康实践中的问题,促进学生学科核心素养的发展,培养学生的创新精神、综合能力和优良品格。

4. 注重学生运动专长的培养,奠定学生终身体育的基础

普通高中体育与健康课程重视培养学生的运动爱好和专长,强调学生系统地学习1~3个运动项目,积极参与日常体育锻炼、体育社团活动和形

式多样的体育竞赛活动,形成锻炼习惯,发展学科核心素养。因此,学习目标的确定、教学内容的选择和教学方法的选用,应遵循体育与健康教育教学规律,特别关注学生的运动基础、体育文化认知、兴趣爱好和个性发展,促使学生积极主动地进行体育学习和锻炼,全面提高所学项目的运动水平,充分体验体育学习的成功感,树立积极的自我价值观,为形成终身体育的习惯和能力奠定良好的基础。

5. 建立多元学习评价体系,激励学生更好地学习和发展

普通高中体育与健康课程重视促进学生更好地达成课程目标和形成学科核心素养,注重评价的激励、反馈和发展功能,构建主体多元、内容全面、方法多样的评价体系。在评价主体方面,提倡在以教师评价为主的基础上,引导学生积极进行自我评价和相互评价;在评价内容方面,重视对学生的运动能力、健康行为和体育品德进行综合评价;在评价方法方面,倡导将定量评价与定性评价、相对性评价与绝对性评价、过程性评价和终结性评价相结合。评价中特别要关注那些运动基础相对较弱但学习态度认真的学生,真正体现评价的激励和发展功能,增强他们对体育与健康学习的自信心和自尊心。多元的体育与健康学习评价体系注重与学业质量标准紧密联系,使得学业质量水平的使用更有助于学生形成学科核心素养,获得全面发展。

二、学科核心素养与课程目标

(一)学科核心素养

学科核心素养是学科育人价值的集中体现,是学生通过学科学习而逐步形成正确价值观念、必备品格与关键能力。体育与健康学科核心素养主要包括运动能力、健康行为和体育品德。

1. 运动能力

运动能力是体能、技战术能力和心理能力等在身体活动中的综合表现,是人类身体活动的基础。运动能力分为基本运动能力和专项运动能

力。基本运动能力是从事生活、劳动和运动所必需的能力;专项运动能力是参与某项运动所需要的能力。运动能力的具体表现形式为体能状况、运动认知与技战术运用、体育展示与比赛。

2. 健康行为

健康行为是增进身心健康和积极适应外部环境的综合表现,是提高健康意识、改善健康状况并逐渐形成健康文明生活方式的关键。健康行为包括养成良好的锻炼、饮食、作息和卫生习惯,控制体重,远离不良嗜好,预防运动损伤和疾病,消除运动疲劳,保持良好心态,适应自然和社会环境的能力等。健康行为的具体表现形式为体育锻炼意识与习惯、健康知识掌握与运用、情绪调控、环境适应。

3. 体育品德

体育品德是指在体育运动中应当遵循的行为规范以及形成的价值追求和精神风貌,对维护社会规范、树立良好的社会风尚具有积极作用。体育品德包括体育精神、体育道德和体育品格三个方面:体育精神包括自尊自信、勇敢顽强、积极进取、超越自我等;体育道德包括遵守规则、诚信自律、公平正义等;体育品格包括文明礼貌、相互尊重、团队合作、社会责任感、正确的胜负观等。体育品德的具体表现形式为体育精神、体育道德和体育品格。

上述三个方面的学科核心素养联系紧密、相互影响,在体育与健康教育教学过程中得以全面发展,并在解决复杂情境的实际问题过程中整体发挥作用。

(二)课程目标

1. 总目标

通过本课程的学习,学生喜爱运动,积极主动地参与运动;学会体育与健康学习和锻炼,增强科学精神、创新意识和体育实践能力;树立健康观念,形成健康文明生活方式;遵守体育道德规范和行为准则,塑造良好的体育品格,发扬体育精神,增强社会责任感和规则意识。运动能力、健康行为和体育品德三个方面学科核心素养协调和全面发展,培养学生在未来发展中应具备的体育与健康的正确价值观念、必备品格与关键能力,形成乐观开朗、积极进取、充满活力的人生态度,身心健康、体魄强健,为新时代健康文明生活做好准备。

2. 分目标

运动能力:高中学生运动能力发展的重点是发展体能、运用技能和提高运动认知。通过本课程的学习,学生能够运用所学的运动知识、技能和方法,参加与组织体育展示和比赛活动,显著提高体能与运动技能水平,掌握和运用选学运动项目的裁判知识和规则,增强发现问题、分析问题和解决问题的能力;能够独立或合作制订和实施体能锻炼计划,并对练习效果作出合理的评价;了解和分析国内外的重大体育赛事和重大体育事件,具有运动欣赏能力。

健康行为:高中学生健康行为养成的重点是锻炼习惯、情绪调控和适应能力。通过本课程的学习,学生能够积极主动地参与校内外的体育锻炼,掌握科学锻炼方法,养成良好锻炼习惯,形成基本健康技能,学会自我健康管理;情绪稳定、包容豁达、乐观开朗,善于交往与合作,适应环境的能力强;关注健康,珍爱生命,热爱生活,养成健康文明生活方式,改善身心健康状况,提高生存和生活的能力。

体育品德:高中学生体育品德培养的重点是积极进取、遵守规则和社会责任感。通过本课程的学习,学生能够自尊自强,主动克服内外困难,具有勇敢顽强、积极进取、挑战自我、追求卓越的精神;正确对待比赛的胜负,胜不骄、败不馁;胜任不同的运动角色,表现出团队合作与负责任的行为;遵守规则、文明礼貌、尊重他人,具有公平竞争的意识和行为。

三、课程结构

(一)设计依据

1. 普通高中课程方案的要求

体育与健康课程是高中课程的重要组成部分,应根据普通高中课程方案的要求构建本课程,要有助于高中学生培养目标的达成,并根据普通高中的课程设置、课程内容所确定的原则等确立本学科的课程结构和课程内容。本课程的设计理念是保证基础、强调选择、关注融合、重在运用。保证基础是指促进学生体能、运动技能和健康教育知识、技能与方法的学习和提高,为终身体育和形成健康文明生活方式奠定基础;强调选择是指重视让学生根据自己的兴趣和爱好选择运动项目进行学习,深刻体验运动中的成功感,提高自尊心和自信心,获得个性发展;关注融合是指注重体育与健康教育内容、体能与技能以及学习与锻炼、比赛等方面的有机结合,提高学生融会贯通的能力;重在运用是指将体育与健康知识、技能和方法运用到学习、锻炼、竞赛和日常生活中,提高学生的体育与健康实践能力。

2. 普通高中体育与健康学科的特点

普通高中体育与健康学科的主要特点是以身体练习为主,具有很强的实践性。本课程期望主要通过身体练习的手段和方法培养学生的学科核心素养,促进学生健康、全面的发展。因此,本课程的主体是运动技能学习和体能练习。同时,为培养学生的健康意识和行为,专门设置了健康教育模块;为培养学生的体育文化素养,将体育文化知识的内容穿插在运动技能和体能的教学过程中。

3. 高中学生多样化发展的需求

为了满足高中学生体育与健康学习的不同需求,激发学生的运动兴趣和内驱力,促进学生的个性发展,培养学生终身体育的意识和能力,普通高中体育与健康课程重视基础性与选择性的有机统一,特别强调让学生根据自己的兴趣和爱好选择运动项目进行学习。因此,本课程充分体现了选项学习的特点,除了体能和健康教育两个必修必学内容外,学生在高中三个学年的体育与健康学习中,可以根据学校课程开设运动项目的具体情况选择1~3项进行较为系统和全面的学习,使学生学会、学精,培养运动爱好和专长以及积极进取、追求卓越的精神。

(二)结构

高中体育与健康课程属于必修课程，由国家根据学生全面发展的需要设置，所有学生必须全部修习。课程结构的特点是以学科核心素养统领课程的目标、内容、方法和评价，即课程目标、课程内容、教学方法、学习评价等都紧密围绕学科核心素养来设计和构建(见图1)。学科核心素养形成的途径不仅包括体育与健康课，还有课外体育锻炼、体育竞赛活动和体育社团活动等。

学科核心素养		
运动能力	健康行为	体育品德

⇕

课程目标

⇕

课程内容							
必修必学	必修选学(运动技能系列)						必修必学
体能	球类运动 项目1、2、3、4 ……	田径类运动 项目1、2、3、4 …..	体操类运动 项目1、2、3、4 ……	水上或冰雪类运动 项目1、2、3、4 ……	武术与民族民间传统体育类运动 项目1、2、3、4 ……	新兴体育类运动 项目1、2、3、4 …..	健康教育

⇕

教学与评价方式		
情境创设与方法应用	学业质量	学习评价

图1　普通高中体育与健康课程结构

普通高中体育与健康课程包括必修必学和必修选学两个部分。必修必学是对全体学生学习体育与健康课程的共同要求,课程内容包括体能和健康教育;必修选学是满足学生形成运动爱好和专长以及个性发展的需要,课程内容包括球类运动、田径类运动、体操类运动、水上或冰雪类运动、武术与民族民间传统体育类运动和新兴体育类运动6个运动技能系列。每个运动技能系列由若干运动项目组成,如足球、跳远、健身健美操、蛙泳、防身术、花样跳绳等,每个运动项目由包含相对完整内容的10个模块组成,以便学生对所选模块进行较为系统的学练。体能和健康教育包括内容要求、教学提示;运动技能系列中每个模块包括内容要求、教学提示和学业要求。

课程内容之间的关系分为两类:一类是平行关系,一类是递进关系。课程内容中的体能、健康教育和运动技能系列三者之间是相互联系、相互促进的平行关系。运动技能系列下的运动项目模块之间呈递进关系,即下一个模块是上一个模块的延续和发展,它们之间是相互关联、衔接递进、螺旋上升或逐渐拓展的关系,如足球模块1、足球模块2、足球模块3……(见图2)。

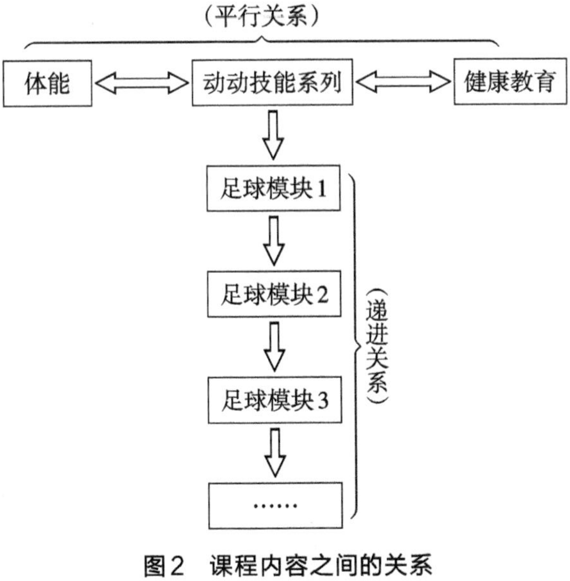

图2　课程内容之间的关系

发展学生的运动能力、健康行为和体育品德三个方面的学科核心素养,需要通过体能、运动技能、体育文化和健康教育等内容的融合和有效教学来实现。其中,体育文化的学习渗透在运动技能系列和体能的学习中,也可以利用雨雪天气在室内课堂上讲授体育文化的有关内容,同时引导学生通过多种途径(如图书报刊、网络、电视和广播等)获取体育文化的相关知识,提高体育文化素养。

(三)学分与选课

1. 学分

高中学生在三年的体育与健康课程学习中需上满216课时,修完12个模块,获得12个学分。平均每学年修习4个模块,1个模块一般为18课时。12个模块包含体能1个模块、健康教育1个模块、运动技能系列10个模块。每修完1个模块,经考核和判定,达到学业要求即可获得1个学分,修满12个学分并达到相应学业质量,准予毕业。因病或残疾不能修习或修满学分,在出具县级以上医院证明的情况下,可以免修或部分免修,并记入学生学业评价档案。学校还应鼓励有志于在体育运动及相关专业发展的学生,在修习必修学分的基础上,进行选择性必修和选修的学习,获得更多的学分。

2. 选课

学校可以根据学生的兴趣、爱好与需求,并结合师资、学校体育传统和运动场地设施等情况,尽可能地提供更多的运动项目供学生选学。在开始选项之前,体育教研组应向学生介绍选项的具体操作流程,学生填写选项意愿表,最多可填写3个运动项目。以足球项目模块为例,如果一名学生喜欢足球项目,可允许他连续学习10个足球模块,也可允许他在连续学完3个足球模块(第一学年)或7个足球模块(第二学年)之后,选择其他运动项目(如跳高或双杠等)进行学练。若选择同一运动项目的学生人数较多时,可以根据技能水平测试结果进行分班教学,也可以根据性别进行分班教学。如果学校因师资和场地设施等情况不能安排足够的同一运动项目的教学班级,可在协商的基础上,让他们选择第二或第三意愿的运动项目。

同时告知学生,一年以后仍有机会选择第一意愿的运动项目进行学习。允许学生每学年进行1次运动项目选择,即一名学生在高中阶段最多可选学3个运动项目。学生在重新选择新的运动项目时,需根据其考核结果确定从模块1、模块4或模块8开始学习(参见“学业质量水平”)。选项时间一般安排在上一学年结束前,高一年级的选项可安排在体能模块结束前进行。

四、课程内容

(一)必修必学内容

1. 体能

体能模块包括体能发展的基本原理与方法、测量与评价体能水平的方法、体能锻炼计划制订的程序与方法、有效控制体重与改善体形的方法等内容。

【内容要求】

1.1 了解体能发展的基本原理与主要方法;掌握体能锻炼计划制订的程序与方法,学会根据自身情况确定锻炼方式、频率、强度和持续时间等;掌握并运用测试与评价体能水平的科学方法,如用心率测试和评价运动强度,用《国家学生体质健康标准》评价体能水平;运用科学方法评价体能锻炼效果,并及时改进体能锻炼计划等。

1.2 掌握并运用改善身体成分的基本原理和多种练习方法,如合理饮食、控制体重、改善体形,合理安排锻炼的时间、频率和强度等。

1.3 掌握并运用发展心肺耐力的基本原理和多种练习方法,如耐力跑、游泳、跳绳、有氧健身操、自行车长距离骑行和登山等。

1.4 掌握并运用发展上肢、下肢、肩部、腰腹和躯干柔韧性的基本原理和多种练习方法,如坐位体前屈、压腿、静态拉伸和动态拉伸等。

1.5 掌握并运用发展肌肉力量和肌肉耐力的基本原理和多种练习方法,如仰卧起坐、俯卧撑、双杠臂屈伸、单杠引体向上、举重物和拉力器弯举等。

1.6　掌握并运用发展灵敏性的基本原理和多种练习方法，如十字象限跳、六边形跳、“Z”字形跑、折返跑、变向跑、“8”字绕环跑和移动躲闪等。

1.7　掌握并运用发展平衡能力的基本原理和多种练习方法，如单腿站立、燕式平衡和平衡站立等静态平衡练习，悬吊练习、双腿提踵下蹲、原地跳单脚落地、双足脚跟或双足脚尖走、单腿或双腿下蹲、弓步侧转体或弓步向后旋转等动态平衡练习。

1.8　掌握并运用发展协调性的基本原理和多种练习方法，如跳绳、踢毽、跨步跳、单足跳、交叉步跑、后退跑、钻栏架和跳栏架等。

1.9　掌握并运用发展爆发力的基本原理和多种练习方法，如蛙跳、推铅球、足球踢长传球、举重等。

1.10　掌握并运用发展速度的基本原理和多种练习方法，如小步跑、后蹬跑、加速跑、牵引跑、上坡跑接下坡跑等。

1.11　掌握并运用发展反应时的基本原理和多种练习方法，如固定信号源单一信号或选择信号练习、移动信号源单一信号或选择信号练习等各类信号刺激练习法，根据口令快速变换动作练习，两人一组相互模仿对方动作的练习，足球、篮球、排球两人一组的对抗练习等。

【教学提示】

(1)采用生动有趣、丰富多样的内容与方式进行体能教学，如采用音乐和韵律活动、新颖有趣的结对互助练习和教学比赛、定向越野、拓展活动等方式，避免单调、枯燥、乏味的体能练习，提高学生体能学练的兴趣。

(2)将发展与健康相关的体能和与动作技能相关的体能有机结合，促进学生体能全面协调发展，为学生增进健康和掌握运动技能奠定良好基础。

(3)根据高中学生的身心发展特点和规律，提高体能练习的科学性和实效性，保证体能练习的运动强度和密度，增强体能练习的效果，培养学生不畏困难、坚持不懈的意志品质。

(4)关注学生体能发展的个体差异和性别差异,注重因材施教、区别对待,尤其应创设有利于体能较弱的学生积极、主动地进行体能练习的教学情境与活动,使学生体验运动中的成功感,增强学练的自信心,提高自身的体能水平。

(5)根据季节和气候等环境条件,充分开发与利用各种器械和场地资源,引导学生学会因时、因地制宜地开展体能练习活动。

(6)充分调动学生学练的自主性和积极性,指导学生进行自主学习、合作学习和探究学习,鼓励学生合作制订体能锻炼计划,自愿结成锻炼小组,相互监督、相互评价,提高学习能力和评价能力,培养团结协作的精神。

2. 健康教育

健康教育模块包括健康的基本知识与技能,合理营养和食品安全,常见传染性和非传染性疾病的预防和控制,环境、健康与体育锻炼的关系,安全运动和安全避险,常见运动损伤的预防与处理,提高心理健康水平和社会适应能力等方面的内容。

【内容要求】

2.1 掌握健康的基本知识和增进健康的原则与方法,培养自我健康管理的技能,形成良好的锻炼习惯和健康的生活方式。

2.2 掌握与健康相关的饮食和营养知识,了解常见食物的营养价值与合理的膳食结构,养成科学、健康的饮食习惯;了解食品选购和辨识食品标签等知识与方法。

2.3 理解不同强度运动和学习对营养的不同需求,认识不良饮食习惯对身体的危害,如长期大量饮用碳酸饮料、偏食、不吃早餐,掌握食品安全和预防食物中毒的基本知识与方法。

2.4 养成良好的卫生习惯,提高疾病防控的意识与能力;掌握艾滋病、性病、结核病等传染性疾病和糖尿病、癌症等非传染性疾病的起因和预防措施等相关知识。

2.5 掌握环境与健康的相关知识,并在日常生活中予以运用,如避免在雾霾、灰尘、噪声等不利于身体健康的环境中进行体育活动,学会选择在适当的时间和环境中进行体育锻炼,掌握在有害环境中自我保护和降低危害程度的方法等。

2.6　掌握并运用安全运动、预防常见运动损伤和突发事故、消除运动疲劳的知识与方法,如心肺复苏、溺水救护等知识与技能;预防和简单处理骨折、扭伤、肌肉拉伤、运动性晕厥、运动性哮喘、运动性腹痛等知识与方法。

2.7　掌握并运用安全避险的知识与方法,如拥挤、暴恐事件等紧急情况下的避险和急救常识;提高在社会交往中的防范意识和自我保护能力,如了解网络交友的风险性、在与异性交往中避免遭受性侵犯与性暴力、避免婚前性行为等。

2.8　提高增进心理健康的意识和能力,理解心理健康与身体健康同等重要,知道心理健康的内容和特征,掌握和运用提高心理健康水平的方法;懂得不良情绪对健康的危害,了解自己在日常学习和生活中的情绪变化特征,掌握调控情绪的方法;了解抑郁、焦虑、恐惧等心理障碍产生的原因和调节方法,认识和体验体育活动对预防和消除心理障碍的作用等。

2.9　增强社会适应能力,提高人际交往技能,具有和谐的人际关系;关心和尊重他人,在遇到矛盾和冲突时能够克制自己,宽容和理解对方;正确处理合作与竞争的关系;具有积极的社会责任感等。

【教学提示】

(1)根据教学内容与学生实际,综合运用专题宣传、讲座、参观展览、社团健康教育专题活动、建立家庭健康档案等形式,有效利用互联网等信息资源,丰富和拓展学生对健康的认知。

(2)引导学生采用阅读、讨论、辨析等多种学习方式,掌握和运用增进健康的基本知识、技能和方法,提高学习兴趣和学习能力。

(3)创设问题情境,将知识教学与生活中的实际问题相结合,指导学生独立或合作进行社会调查和专题研究等活动。

(4)紧密结合学生已有的生活经验,启发学生进行思考和学习,并将获得的知识运用于日常生活中,提高学生的实践运用能力。

(二)必修选学内容

在运动技能学习方面,从有利于学生学会、学精、培养运动专长以及追求卓越的角度出发,学生可以选择某一运动项目(如足球)持续学练三年,也可以根据学校的安排按学年选择学习。由于运动项目很多和篇幅所限,本课程标准在必修选学的6个运动技能系列部分,各选择1个运动项目为例,分别设计了这些运动项目的3个模块,其余第4至第10个模块的设计可参照课程标准解读中足球模块的案例。学校可以根据本课程标准的基本要求,结合本校的实际情况和运动项目特点,创造性地进行切实可行、富有成效的模块设计。

1. 球类运动

球类运动系列包括足球、篮球、排球、乒乓球和羽毛球等运动项目。学生可以根据自己的兴趣和爱好从中选择1项进行较为系统的学习。本系列以足球项目为例呈现3个模块计划。

足球模块的内容主要包括足球运动的基本知识与技能、技战术运用、专项体能与一般体能、展示和比赛、规则与裁判方法、观赏与评价等。

足球模块1

【内容要求】

1.1 了解所学足球动作技术、组合动作技术、个人与局部战术的基本原理,了解足球运动对养成良好的锻炼、饮食、作息和卫生习惯的作用,理解足球运动对增进健康、培养体育品德的作用。

1.2 掌握行进间脚内侧传接地滚球、接球转身,原地脚背内侧传空中球,脚内侧接空中球和脚底接反弹球,正面头顶球,行进间脚内侧及脚背内、外侧变向运球，脚内侧、脚背外侧变速运球，行进间运球、传接球射门等动作技术。

1.3 学习正面和侧面抢球、捅球以及合理冲撞等防守技术，基本掌握防守有球与防守无球队员时的身体姿态与移动步伐等动作技术。

1.4 基本掌握接球与传球、抢球与传球、接球—运球—传球、抢球—运球—传球等组合动作技术。

1.5 基本掌握个人有球进攻时突破过人、向前传球、射门，对持球者个人防守时盯人、压迫，个人无球进攻时跑位、支援、接应，个人对无球者防守时进行盯人、盯位、压迫等基本方法。

1.6 积极参与一对一、二对二加自由人、二对二等多种竞争性的活动和小场地比赛。

1.7 参与足球运动的一般体能和专项体能练习。

1.8 了解足球场地、越位、犯规与不正当行为等足球比赛规则。

1.9 观看国内外高水平足球比赛。

【教学提示】

（1）引导学生采用多种熟悉球性的练习方法，如从原地过渡到行进间的双脚左右交替踩球、拉球、推球、拨球等练习，固定区域随机摆放不同距离的标志筒或标志盘进行绕“8”字练习等，增强学生的球感。

（2）在进行足球单项技术的教学时，避免让学生采用单个静态的学练手段，注意不要过度强调动作技术的细节，应引导学生在运动中反复学练，提高学生单项技术的熟练程度；应合理安排学练内容与方式，提高学生的运动密度和强度，如利用标志筒，设置多个小球门进行传接球比赛；在固定区域内自由运球，另设置1名、2名或多名防守者进行干扰或破坏等练习；利用游戏和比赛情境，促进学生运动技能和体能发展，激发学生的学习兴趣和热情。

（3）在进行接球与传球、抢球与传球、接球—运球—传球等组合动作技术教学时，要提示学生注意技术之间的衔接和连贯；让学生先自主体验组合动作技术,再分组练习,如4人自由组合,一组一球,一对三围抢球练习,逐步培养学生自主学习、合作学习的能力。

(4)每节课不能只教一项技术,应该指导学生进行多种技术相结合的学练,并在游戏和比赛情境中加强动作技术的运用与提高,使学生尽早体验完整的足球运动的乐趣和价值,培养学生运用综合知识和技能解决问题的能力。

(5)在进行个人战术、局部战术的教学时,要让学生在对抗的情境下进行练习,如一对一练习中,进攻时如何突破过人,防守时如何盯人、压迫;在进行二对一练习前,先指导学生掌握基本的两人配合,如直传斜插、斜传直插、交叉掩护等局部配合,然后指导学生练习如何跑位与制造空当以及接应和支援配合等,逐步提高学生在比赛中主动观察和快速决策的能力。

(6)除了让学生学练基本动作技术和基础配合外,每节课都应安排一般体能和专项体能的练习,如以不同起跑姿势快速起跑等速度练习,俯卧撑、多级跳、纵跳、仰卧起坐等力量练习;三人一组一球、穿插跑动传接球练习等有氧耐力练习。这既有助于增强学生的体能,提高动作技术和基础配合的水平,又能培养学生吃苦耐劳、坚韧不拔的意志品质。

(7)指导学生在实践课中,特别是在比赛过程中学习有关规则,这既有助于增强学生对足球比赛规则的理解,又能培养学生遵守规则的意识。

(8)通过课堂教学、网络学习、阅读图书报刊、观看比赛、收听新闻等多种途径,使学生了解足球运动的有关知识和重要事件,逐步提高学生的足球运动认知水平。

【学业要求】

学习本模块后,学生对足球运动具有一定的认知和了解,掌握所学足球运动的动作技术和基础配合,并能够在足球游戏活动和小场地比赛中予以运用;一般体能和专项体能的水平有一定程度的提高;初步掌握获取足球运动知识的多种途径和方法(素养1);基本掌握并能够运用足球运动安全防护知识,表现出一定的合作能力、意志品质、拼搏精神和文明礼貌行为,按照基本规则参与足球游戏和比赛(素养2、3)。

足球模块2

【内容要求】

2.1　了解所学足球动作技术、组合动作技术、个人战术与局部战术的基本原理，以及足球运动发展简史和发展特点，了解和运用足球运动的安全知识和防护技能，初步认识足球运动的文化价值。

2.2　基本掌握行进间脚背内侧传地滚球，接球转身，原地脚背内侧传空中球，脚内侧、大腿接空中球和脚内侧接反弹球，侧面头顶球，变向、变速运控球，运球假动作，行进间运控球，传接球射门等动作技术。

2.3　基本掌握紧逼盯人与捅球破坏、封堵、头顶球争顶防守技术，以及防守有球与防守无球队员时身体姿态与移动步伐等动作技术。

2.4　基本掌握行进间接球—运球—传球／射门、抢球—运球—传球／射门、抢球—运球—过人—传球、接球—运球—过人—传球／射门等组合动作技术。

2.5　掌握局部进攻时渗透、突破、射门，局部防守时压迫、保护、平衡等基本方法。

2.6　积极参与二对一、三对二、二对三、三对三等多种竞争性的练习活动和四对四、五对五小场地比赛。

2.7　积极参与足球运动的一般体能和专项体能的练习。

2.8　了解比赛人数和装备、比赛时间、比赛开始和重新开始、比赛进行及停止、计胜方法等足球比赛的基本规则。

2.9　对国内外足球比赛或重要足球事件进行简要评价。

【教学提示】

(1)在进行足球动作技术的教学时，让学生在反复练习的基础上初步掌握单项动作技术，特别要重视让学生尝试进行左右脚的交替练习，在掌握一定动作技术的基础上增加三人或四人一组的练习，提高学生对足球技术的运用能力。此外,要注意创设比赛情境,让学生在比赛情境中反复运用动作技术,通过实战演练提高动作技术水平。

(2)在进行足球组合动作技术的教学时,应通过有效的教学方法促使学生掌握动作技术之间的衔接,保持动作技术的连贯性,体验接球—运球—传球、抢球—运球—传球/射门、接球—运球—过人—传球/射门等属于中场区域的主要组合动作技术。在教授接球—运球—过人—传球/射门组合动作技术时,可在固定的区域内设计二对二对二传抢球的练习,即当其中一队控制球时,可任意选择另外两队中的一队组成临时联盟进行传接球练习,在此基础上过渡到三对三加一名中间人的练习。同时,要引导学生在比赛情境中反复运用和强化组合动作技术,提高学生学以致用的能力。

(3)在进行局部战术配合的教学时,要让学生熟练掌握进攻基础配合方法,如"传切配合二过一""回传反切二过一""连续二过一"等,在此基础上组织小组对抗练习,引导学生学练如何跑位、策动、支援、接应配合、二打三防守练习,如何压迫、保护、协防配合等,既能增强学生的运用能力,又能培养学生的合作意识和能力。

(4)侧重指导学生进行四对四、五对五的教学比赛,引导学生将基本的技战术运用于实战情境中,逐步培养学生分析问题和解决问题的能力,不断提高学生的心理调控能力、合作精神和公平竞争意识。

(5)重视学生一般体能和专项体能的练习,如以不同起跑姿势快速起跑后追球射门练习、展腹跳、大力射门练习、在固定区域内自由运球1分钟、30米跑、1500米跑等,增强学生的体能,为提高学生技战术的运用能力和实战能力奠定良好的基础。

(6)除了教授足球规则之外,还应通过不断的实践提高学生对足球比赛规则的理解程度。

(7)指导学生学习足球运动的保健知识,学会处理足球运动中常见的运动损伤。

【学业要求】

学习本模块后，学生能够掌握所学足球运动的动作技术、组合动作技术和基础配合，并能够在对抗情境下予以运用，初步形成在足球学习和比赛中分析问题和解决问题的能力；一般体能和专项体能的水平明显提高(素养1)；学会安全地参与足球运动，能预防和简单处理足球运动中常见的运动损伤；克服困难、坚持不懈，具有一定的挑战自我的能力和情绪调控能力，表现出合作精神和公平竞争意识；遵守规则，相互尊重(素养2、3)

足球模块3

【内容要求】

3.1　了解足球相关动作技术、组合动作技术和局部战术配合等基本原理，理解足球运动的文化内涵，掌握和运用足球运动中消除疲劳的知识与方法。

3.2　基本掌握脚背正面传地滚球，行进间脚背内侧传空中球，大腿、脚背正面接空中球和腹部接反弹球，头顶球，运控球变向、变速、转身，假动作运球过人，行进间运球突破，抢点射门，脚背正面射门等动作技术。

3.3　掌握背后紧逼盯人与捅球破坏、断球、头顶球争顶防守等动作技术。

3.4　掌握行进间接球—运球—传球、抢球—运球—射门、抢球—运球—过人—传球、接球—运球—过人—射门等组合动作技术。

3.5　进行边路、中路局部进攻与防守战术配合练习和定位球攻防战术练习。

3.6　运用所学的技战术参加班内五对五、七对七的教学比赛，并能对教学比赛作出简要评价。

3.7　积极主动地参与足球运动的一般体能和专项体能的练习。

3.8 了解任意球、罚球点球、掷界外球、球门球和角球等足球比赛的基本规则,并能够在比赛中遵守规则,服从裁判。

3.9 观看国内外高水平足球比赛,用专业术语与同伴讨论比赛双方使用的技战术。

【教学提示】

(1)在进行动作技术的教学时,可以创设练习情境让学生反复进行练习,如脚背正面远距离射门、运球下底传中包抄抢点射门等。同时,让学生在二对二、三对三、四对四的比赛情境中运用和强化这些技术,培养学生对技术的运用能力。

(2)在进行足球组合动作技术的教学时,通过有效的教学方法促使学生掌握好动作技术之间的衔接,保持动作技术的连贯性,让学生学练断球一运球一射门、抢球一运球一过人一传球(射门)接球一运球一过人一射门等属于前场区域的主要组合动作技术,如教抢球一运球一过人一传球(射门)时,组织罚球区内二对二、三对三练习,在对抗情境中反复运用和强化这些组合动作技术,提高学生战术配合的能力。

(3)在进行边路、中路攻防战术教学时,可以从进攻时不设防守到设置一名防守,逐步增加到人数相等,也可以改变人数设置分段教学,如引导学生先练习四对二或五对三进攻,然后练习四对三或五对四防守,最后练习四对四或五对五攻防合练,增强学生应对不同情境下的对抗能力。

(4)安排更多的时间进行班内教学比赛,让学生完整地体验足球比赛的乐趣,逐步加深对足球运动的整体理解,提高运用综合知识和技能解决问题的能力,逐步发展学生五人制、七人制比赛的能力。同时,要求学生发扬团结奋进、挑战自我、敢于拼搏的精神,具有遵守规则、公平公正、相互尊重的体育道德,正确对待比赛结果,做到胜不骄、败不馁,保持良好的心态。

(5)继续通过多种练习强化学生的一般体能和专项体能,如小组间10~20米的蹲行走或跳、两人手拉手侧向蹲跳、不同距离的折返跑、1500米跑、连续纵跳摸高、立定跳远以及10个球连续运球射门练习等,不断增强学生心肺耐力和力量等体能,为提高学生五对五、七对七的足球比赛能力奠定良好的体能基础,培养学生勇敢顽强、坚韧不拔的意志品质。

(6)要求学生将所学的规则运用于教学比赛中,增强学生对比赛规则的理解和运用能力。

(7)引导学生在课外或校外运用所学的足球技战术参加草根足球活动或比赛。

(8)指导学生了解消除足球运动疲劳的知识与方法,学会分析和处理在足球运动中产生的疲劳问题,并积极进行身心恢复。

【学业要求】

学习本模块后,学生能够掌握和运用所学足球运动的动作技术、组合动作技术以及局部战术配合、定位球战术配合,并在对抗情境中予以运用;完整地参加五对五、七对七的教学比赛,表现出比较充沛的体力,具有一定的应对场上变化的能力(素养1);学会处理足球运动中出现的疲劳问题并积极进行身心恢复;遵守规则、服从裁判、相互尊重、顽强拼搏、挑战自我、奋发向上,有较强的配合能力和公平竞争的意识,能调控自己的情绪变化,正确对待比赛胜负(素养2、3)。

2. 田径类运动

田径类运动系列主要包括短跑、中长跑、跨栏跑、跳高、跳远、三级跳远和铅球等运动项目。学生可以根据自己的兴趣和爱好从中选择1项进行较为系统的学习。本系列以跳远项目为例呈现3个模块计划。

跳远模块的内容主要包括跳远运动的基本知识与技能、技战术运用、专项体能与一般体能、展示与比赛、规则与裁判方法、观赏与评价等。

跳远模块1

【内容要求】

1.1 了解和运用跳远运动的动作技术原理以及跳远运动的安全知识和方法,理解跳远运动对增进健康,培养体育品德的作用。

1.2 在起跳区内起跳,做出助跑与起跳、腾空与落地等组合动作。

1.3 短、中距离助跑,在起跳区内起跳,做出蹲踞式或挺身式跳远的完整动作。

1.4 参加多种竞争性的跳远游戏活动或比赛。

1.5 参与跳远运动的一般体能和专项体能的练习。

1.6 了解跳远比赛的基本规则。

1.7 观看高水平的跳远比赛。

【教学提示】

(1)指导学生进行多种助跑起跳的练习,如原地摆腿摆臂起跳练习、上步起跳练习、连续三步助跑起跳练习等,强化助跑与起跳相结合的动作技术,建立正确的起跳动力定型,提高学生快速起跳能力,为学生提高动作技术水平打下良好的基础。

(2)侧重让学生进行跳远动作技术与组合动作技术的学练,应将技术的学习置身于游戏、练习和比赛情境之中,激发学生的学习兴趣和热情;注意提高学生练习的密度和强度,帮助学生掌握跳远动作技术,同时也促进学生发展体能。

(3)助跑与起跳教学可以在起跳板处设置较大起跳区,提高学生跑跳结合的信心和起跳的成功率。随着学生助跑节奏、步长的稳定,逐渐将起跳区减小到起跳板的标准宽度。

(4)在进行跳远动作技术和组合动作技术教学时,教师除了引导学生自主学习外,还要采用合作学习的方式,如小组间助跑起跳触高悬物、单足跳接力等,培养学生的合作意识和团队精神。

(5)每节课不能只教一项动作技术,应该指导学生进行多种技术相结合的学练,侧重提高学生动作技术的熟练程度,在游戏和比赛情境中加强动作技术的运用与提高,使学生尽早体验完整的跳远运动的乐趣和价值,培养学生运用综合知识和技能解决问题的能力。

(6)每节课除让学生学练动作技术和进行比赛外,还应有针对性地安排学生进行一般体能和专项体能的练习,如小组间的30米、50米计时跑和追逐跑比赛,两队间的跨步跳、立定三级或五级跳远、助跑摸高、袋鼠跳接力、跳起空中连续击篮板球比赛等,提高学生的体能水平,培养学生勇敢顽强、不怕困难、坚持到底的意志品质。

(7)指导学生通过课堂教学、网上学习、阅读图书报刊、观看比赛等多种途径学习跳远运动的有关知识。

【学业要求】

学习本模块后,学生能够基本掌握跳远的基本动作技术和组合动作技术,并能在游戏活动和小组比赛中予以运用:一般体能和专项体能的水平有一定的提高;初步掌握获取跳远运动知识的多种途径和方法(素养1);基本掌握和运用跳远运动安全防护知识;能够相互帮助,表现出一定的竞争意识和合作精神,不怕困难、勇敢顽强,坦然对待成败,遵守规则(素养2、3)。

跳远模块2

【内容要求】

2.1 了解跳远运动的发展简史、文化价值和技术原理等,掌握和运用跳远运动的安全知识和防护技能。

2.2 利用踏跳板起跳,做出助跑与起跳、腾空与落地等组合动作。

2.3 短、中距离助跑,利用踏跳板起跳,做出蹲踞式或挺身式跳远完整动作。

2.4 积极参与跳远运动的一般体能和专项体能的练习。

2.5 参加跳远教学比赛,能将所学的动作技术运用在短、中距离助跑的比赛中。

2.6 了解并初步运用跳远比赛的基本规则。

2.7 观赏高水平的跳远比赛并作出简要的评价。

【教学提示】

(1)综合运用讲授、讨论以及观看跳远动作技术视频、图片、比赛录像等多种手段和方法,提高学生对跳远运动发展简史、文化价值与技术原理的理解和认识。

(2)合理地运用多种教学方法促进学生学习组合动作技术,掌握好动作技术之间的衔接和连贯,如助跑最后几步的动作与起跳动作的衔接要连贯;起跳动作与腾空动作的衔接,应尽可能使起跳后有一个腾空步的过程,再衔接其他动作技术,并反复练习和强化这些衔接动作的技术,提高学生组合动作技术的熟练程度。

(3)在学生初步掌握动作技术的基础上,引导学生在比赛情境中反复运用所学动作技术,在实战中提高动作技术水平,培养学生运用综合知识和技能解决复杂问题的能力、心理调控能力和挑战自我的精神。

(4)重视学生参与一般体能和专项体能的练习,如指导学生进行30米、50米计时跑等,立定跳远、立定五级跳、跨步跳比远、台阶或高物上双脚上下交换跳比次数、引体向上等练习,促进学生体能水平的提高。

(5)指导学生学习跳远运动的保健知识,学会处理跳远运动中常见的运动损伤。

【学业要求】

学习本模块后,学生能够掌握所学跳远运动的基本动作技术和组合动作技术,并在比赛情境中予以运用,初步形成解决跳远学练和比赛情境中问题的能力;一般体能和专项体能的水平明显提高(素养1);学会安全地参加跳远运动,能预防和简单处理跳远运动中常见的运动损伤;具有合作精神和竞争意识,能够调控跳远教学比赛中的情绪,自尊自信、积极进取、相互尊重(素养2、3)。

跳远模块3

【内容要求】

3.1 了解跳远起跳时初速度和腾起角度决定跳远远度等跳跃的基本原理,掌握和运用跳远运动中消除疲劳的知识与方法。

3.2 逐渐缩小起跳区,做出助跑起跳后越过障碍、腾空与落地等组合动作。

3.3 基本掌握短、中距离助跑蹲踞式和挺身式跳远的完整动作技术。

3.4 积极主动地参与跳远运动的一般体能和专项体能的练习。

3.5 积极参加班级内比赛,基本掌握跳远比赛的规则、组织方法和裁判方法。

3.6 观看高水平跳远比赛,用专业术语与同伴讨论比赛队员使用的技战术,并点评他们的表现等。

【教学提示】

(1)在进行助跑起跳成腾空步后越过障碍着地动作的教学时,应侧重提高学生助跑与起跳组合动作技术的能力,强化挺身式跳远摆动腿下放后摆或蹲踞式跳远起跳腿快速与摆动腿并拢技术,提高学生动作技术的连贯性。

(2)创设合作和探究情境,采取多种辅助练习手段,提高学生的腾空步动作技术水平,如采取小组合作探究学习方式,在起跳板前1.5~2米处设高为50~80厘米的皮筋或横杆,引导学生体验和探究起跳成腾空步越过障碍物后落地的动作技术,培养学生的合作能力和探究意识。

(3)指导学生运用所学的动作技术积极参加班内短、中距离助跑跳远教学比赛,体验完整跳远比赛的乐趣,加深对跳远运动的整体理解。同时,要求学生发扬敢于拼搏、勇于挑战自我的精神,正确对待比赛的结果,保持良好的心态。

(4)注意结合跳远项目的特点,合理安排一般体能和专项体能的练习,特别是通过多种练习方式发展学生的专项体能,如立定三级、五级跳远,五级、十级跨步跳,30~60米单足跳、跨步跳、单跨结合跳、多级蛙跳、跳深,在规定时间内完成台阶或高物上双脚上下交换跳,俯卧撑,引体向上,推人车,5~7分钟持续跳绳,1500米跑等,不断提高学生的肌肉力量和耐力水平,培养学生勇于克服困难、坚韧不拔的意志品质。

(5)创设学生参与和组织短、中距离助跑跳远教学比赛的情境,指导学生扮演不同的角色,如领队、裁判员、运动员和宣传员等,培养学生的角色意识、组织能力、交往能力和责任感。

(6)引导学生将所学的裁判规则运用于教学比赛中,增强学生对规则的理解和运用能力。

(7)指导学生了解消除跳远运动疲劳的知识与方法,学会分析与处理跳远运动中产生的疲劳问题,并积极进行身心恢复。

【学业要求】

学习本模块后,学生能够掌握和运用所学跳远运动的基本动作技术、组合动作技术,积极参加中距离助跑跳远教学比赛,表现出较充沛的体力(素养1);了解跳远运动产生疲劳的原因,并能采取合理手段与方法积极进行身心恢复;在练习和比赛中精神饱满,顽强拼搏,奋发向上;具有较好的合作意识和能力;能调控自己的情绪,正确对待比赛胜负(素养2、3)。

3. 体操类运动

体操类运动系列包括基本体操、体操(单杠、双杠、支撑跳跃等)、技巧、韵律操(健身健美操、竞技健美操、啦啦操等)、操舞(街舞、校园集体舞等)等运动项目。学生可以根据自己的兴趣和爱好从中选择1项进行较为系统的学习。本系列以健身健美操项目为例呈现3个模块计划。

健身健美操模块的内容主要包括健身健美操运动的基本知识与技能、技战术运用、专项体能与一般体能、展示与比赛、规则与裁判方法、观赏与评价等。

健身健美操模块1

【内容要求】

1.1　了解和运用健身健美操运动的安全知识和方法,理解健身健美操的基本动作原理以及健身健美操对增进健康、培养体育品德的作用。

1.2　做出正确的身体姿态、身体各部位的基本动作和基本步伐等健身健美操基本动作,初步形成健身健美操的乐感。

1.3　在音乐伴奏下,保持正确的身体姿态与平衡,做出无冲击步伐和部分低冲击步伐(弹动、半蹲、踏步、“一”字步、“V”字步、走步、并步、迈步点地),并配合上肢做出自然摆动、击掌、上下屈伸等动作,逐步掌握健身健美操的基本动作以及身体控制与重心移动技术。

1.4　配合音乐规范地完成2组4个8拍的初级动作组合练习。

1.5　参与健身健美操运动的一般体能和专项体能的练习。

1.6　观看高水平健身健美操比赛,建立对健身健美操运动的正确表象,并作出简要评价。

【教学提示】

(1)在节拍教学中,教师可让学生双手击掌或击打身体不同部位(1拍一击、2拍一击、4拍一击等),使学生能够准确听出音乐节奏,体验不同音乐节奏的力度和情绪感受。

(2)在基本步伐教学中,设置问题情境,将学生分为A、B两组:A组在教师的带领下喊节奏并说出动作名称,B组快速反应并正确做出相应动作,A组指出B组的错误动作并予以纠正;反之亦然。引导学生通过转换角色,进行反复练习,熟练掌握所学步伐,提高动作感知能力和学习能力。

(3)指导学生在音乐的伴奏下进行基本步伐以及步伐与上肢动作配合练习,提高学生的学习兴趣和动作协调性。

(4)每堂课不能只教一项动作技术,应该指导学生进行多种动作技术和组合套路的学练并进行展示活动,使学生尽早体验健身健美操运动的乐趣和价值,培养学生运用综合知识和技能解决问题的能力。

(5)结合健身健美操学练介绍调控运动量的知识,引导学生理解合理安排练习的时间、密度和强度对健身健美操运动学习和增进身心健康的效果,引导学生在音乐伴奏下持续运动3~4分钟,增强肌肉耐力,提高动作完成质量。

(6)每节课都应结合健身健美操学练实际,安排学生进行一般体能和专项体能的练习,如可采用踝关节力量练习、身体核心控制能力练习、60米跑、800米跑或1000米跑、俯卧撑、仰卧起坐等,增强学生体能,培养学生吃苦耐劳、坚韧不拔的意志品质。

(7)对学生的动作学习与展示进行录像并播放视频,引导学生进行自我分析与相互分析,教师有针对性地进行提示和总结,提高学生分析问题和解决问题的能力。

(8)充分关注学生的个体差异,采取因材施教、区别对待的方式,鼓励和帮助学练迟滞或协调性较差的学生有针对性地解决学习中的困难,使他们逐步掌握基本的技能,在体验学习成功感和愉悦感的过程中树立自信心。

(9)指导学生通过课堂教学、网上学习、阅读图书报刊和观看比赛等多种途径了解健身健美操运动的有关知识。

【学业要求】

学习本模块后,学生能够配合音乐节奏正确做出8~10个基本步伐和基本步伐的组合套路,在感受音乐节奏、力度和情绪的基础上做出与音乐配合的动作,一般体能和专项体能的水平有一定程度的提高(素养1);基本掌握和运用健身健美操运动的安全防护知识,初步辨识出基本步伐的姿态美,勇于展示个人和团队的动作,并能与同伴进行一定的交流与合作,表现出谦虚好学、不怕困难和坚韧不拔的良好品德(素养2、3)。

健身健美操模块2

【内容要求】

2.1 了解健身健美操运动的发展过程与发展趋势,初步认识健身健美操运动的文化价值,掌握健身健美操基本动作的正确发力点、控制点、连接和方位变化的知识,掌握和运用健身健美操运动的安全知识和防护技能。

2.2 在音乐伴奏下,正确做出低冲击步伐(走步、漫步、迈步点地、迈步吸腿、迈步后屈腿、侧交叉步、屈膝抬腿)和高冲击步伐(后踢腿跑、小马跳、滑雪步跳、弹踢腿跳、开合跳、弓步跳、吸腿跳),并配合上肢做出前举、上举、侧举、上下屈伸和绕环等动作。

2.3 配合音乐规范地完成2组4个8拍的初级动作组合。在比较熟练掌握模块1和模块2的4组动作后,将4组动作串联起来进行初级成套动作练习。

2.4 积极参加健身健美操的小团体展示或比赛。

2.5 积极参与健身健美操运动的一般体能和专项体能的练习。

2.6 观看高水平健身健美操比赛,加深对健身健美操运动的认识。

【教学提示】

(1)将学生分成小组进行合作学练,指导学生在互相帮助数节拍的方式下结合音乐进行步伐训练,鼓励学生坚持完成较高运动负荷下的基本步伐组合练习,感受与体验健身健美操动作与音乐节奏完美融合的魅力,提高动作节奏感,培养坚持不懈的意志品质。

(2)指导学生在音乐节奏变化的情境下进行基本步伐与上肢动作配合的学练,增强学生的动作协调能力。

(3)引导学生自主将几个动作简单串联起来进行学练,认知和体验组合动作,促进学生主动发现、积极思考并解决问题,提高自主学习的能力。

(4)引导学生在逐渐增加运动量的情境下练习初级成套动作,使学生感受健身健美操锻炼身体的效果和乐趣。

(5)通过班级内个人比赛、团队比赛和特长展示,促进学生感受动作美、体验成就感,培养学生运用综合知识和技能解决复杂问题的能力,提高学生的合作能力和竞争意识。同时,根据学生个体差异,因材施教,创设平等参与学习与练习的情境,鼓励和帮助学习有困难的学生跟上集体的进度,在感受团队荣誉的过程中树立自尊心和自信心。

(6)重视学生一般体能和专项体能的练习,如100米跑、800米跑、1分钟高抬腿跑、俯卧撑和仰卧起坐等,提高学生的体能水平,培养学生克服困难、坚韧不拔的意志品质。

(7)指导学生学习健身健美操运动的保健知识,学会处理健身健美操运动中常见的运动损伤。

【学业要求】

学习本模块后,学生能在音乐节奏下正确地做出20个基本动作步伐,并将本模块动作组合与模块1动作组合连接在一起,初步做出由15~20个动作组成的16个8拍的组合套路,表现出良好的节奏感和身体协调能力,以比较优美的姿态和动作进行个人展示或团队展示;一般体能和专项体能的水平明显提高(素养1);学会安全地参与健身健美操运动,能预防和简单处理健身健美操运动中常见的运动损伤;表现出朝气蓬勃、充满活力、文明礼貌的精神风貌,能够克服困难、持之以恒,有一定的情绪调控能力,具有合作能力和团队精神,遵守规则(素养2、3)。

健身健美操模块3

【内容要求】

3.1 了解健身健美操运动的规则,理解基本动作方向、路线变化的基本原则,认识健身健美操运动的文化内涵,掌握和运用健身健美操运动中消除疲劳的知识与方法。

3.2 在音乐伴奏下,熟练地完成模块2所学的初级成套动作。在此基础上适当增加2~4个动作方向(前、后、左、右)和路线(直线、斜线、弧线)的变化。

3.3 在10秒20~24拍的音乐伴奏下,完成一套健身健美操基础成套动作(3分钟以内的时长,连续完成6~8个简单组合)。

3.4 运用比赛规则参加组间小团体比赛,准确把握音乐风格和动作技术。

3.5 积极主动地参与健身健美操运动的一般体能和专项体能的练习。

3.6 基本掌握健身健美操比赛的规则与评分标准,能承担比赛记录等简单工作,并能根据规则客观评价其他同学展示的动作。

3.7 观看健身健美操比赛,了解比赛成套动作的组成要素,用专业术语与同伴讨论比赛双方使用的技战术,并点评优秀运动员的表现等。

【教学提示】

(1)多用音乐代替口令进行健身健美操教学,引导学生感受音乐的节奏、旋律和情感等,在理解音乐风格的基础上清晰地表达自己的情感和肢体动作，提高自我展示的能力。

（2）指导学生在音乐伴奏下持续进行3～5分钟中高负荷的组合动作练习，鼓励学生在组合动作练习的最后阶段，依然能以良好的状态和精神风貌完成练习，提高学生克服困难、坚韧不拔的意志品质。

（3）以分组教学的方式给学生提供充分的时间进行合作学练，让学生对有关问题进行交流和讨论，培养学生的合作能力和团队精神。

（4）鼓励学生参加教学比赛并大胆展示自己，提高学生运用综合知识和技能解决复杂问题的能力，使学生充分感受比赛的愉悦。

（5）指导学生学会正确评价同伴的表现，及时鼓励和指导动作协调性较差或动作不熟练的学生，帮助其解决学练中遇到的问题，树立自信心，增强学习动力，使他们能够尽快进入下一阶段的学练。

（6）通过创设健身健美操练习和教学比赛的情境以及安排专门的体能练习，如100米跑、800米跑或1000米跑、低单杠斜引体向上和仰卧起坐等练习，继续强化学生的一般体能和专项体能，为提高学生的健身健美操比赛能力奠定良好的体能基础，培养学生勇敢顽强、坚韧不拔的意志品质。

（7）引导学生在小组教学比赛和班级之间比赛中学习和运用健身健美操比赛的基本规则，主动承担裁判和记录等工作。

（8）指导学生了解消除健身健美操运动疲劳的知识与方法，学会分析与处理健身健美操运动中产生的疲劳问题，并积极进行身心恢复。

【学业要求】

学习本模块后，学生能够在音乐伴奏下，比较准确地做出包括方向和路线变化的由16～20个动作组成的健身健美操基础套路，并积极参加展示和比赛；能初步运用规则对动作技术水平进行评价（素养1）；学会处理健身健美操运动中产生的疲劳问题并积极进行身心恢复；在充分理解音乐风格、内涵的基础上，较好地展示动作的美，精神饱满、身心愉悦，表现出较充沛的体力，具有良好的合作意识及克服困难、坚持不懈的意志品质（素养2、3）。

4. 水上或冰雪类运动

水上或冰雪类运动系列主要包含蛙泳、自由泳、仰泳、蝶泳、滑冰、滑雪等项目。学生可以根据自己的兴趣和爱好从中选择1项进行较为系统的学习。本系列以蛙泳项目为例呈现3个模块计划。

蛙泳模块的内容主要包括蛙泳运动的基本知识与技能、技战术运用、专项体能与一般体能、展示与比赛、规则与裁判方法、观赏与评价等。

蛙泳模块1

【内容要求】

1.1 理解蛙泳运动对增进健康、培养体育品德的作用,蛙泳动作技术的基本原理,人在水中前行时水的阻力与推进力的关系,以及蛙泳运动的安全知识和保健要求等。

1.2 对自己的健康状况作出正确判断,理解在哪些情况下不能进行游泳及其原因。

1.3 做出水中行走、水中换气、踩水、水中漂浮、漂浮前行和水中滑行的基本动作。

1.4 在泳池的浅水区初步体验和学习呼吸、收腿、翻脚、蹬夹、滑行和手臂外划、内划、伸臂的基本动作技术和方法。

1.5 做出划臂1次、蹬夹1次、呼吸1次的完整配合动作,能游进30~50米。

1.6 参与蛙泳运动的一般体能和专项体能的练习。

1.7 经常观看高水平的蛙泳比赛。

【教学提示】

(1)要求学生开始学习游泳前一定要进行健康体检,建立缜密的游泳教学组织制度,如在游泳前询问学生的身体状况、要求学生做好淋浴和准备活动、下水前了解泳池的水深和水温、下水后感受和熟悉水环境等,培养学生的安全意识,保障学生游泳的安全。

(2)每节课不能只教一项动作技术,应该引导学生学练呼吸、收腿、外翻、蹬夹、滑行及手臂外划、内划、伸臂等多个动作技术的组合,鼓励学生在安全的前提下尽早体验完整的蛙泳运动的乐趣和价值,提高学生的实践能力。

(3)指导学生正确做出划手、蹬夹腿和呼吸配合动作,能游进30~50米。

(4)可使用浮力板、泡沫球等辅助器材,鼓励学生合作学习,如两个人一组,甲同学直线浮在水面上,乙同学在前方牵引甲同学的手,慢慢朝前游动。要求学生相互交流,并交换练习,共同探索划手和蹬夹腿的动作技术,加深对动作技术重点的理解,逐步提高动作技术的熟练程度,增强学生的自主学习、合作学习和探究学习的能力。

(5)通过采取降低难度、个别辅导等方式,帮助有畏惧心理的学生逐步熟悉水环境并掌握蛙泳的动作技术,在感受进步的过程中树立自信心。

(6)应及时判断学生的情况,在安全的前提下引导学生坚持不懈学练蛙泳,培养学生不怕困难、战胜困难的精神。同时,还要让学生懂得在安全的环境下参与蛙泳运动。

(7)应结合水中练习安排学生在岸上进行多种体能练习,如100米跑、1500米跑、俯卧撑、仰卧起坐、蹲起、直立的前脚掌走等一般体能练习,以及提高肩部和腿部柔韧性、划臂幅度等专项体能练习。

(8)指导学生通过课堂教学、网上学习、阅读图书报刊和观看比赛等多种途径了解蛙泳运动的有关知识。

【学业要求】

学习本模块后,学生能主动适应水环境,初步学会水中换气的方法,运用蛙泳运动的基本知识主动探究呼吸、划臂和蹬夹腿的动作技术,以及游进中呼吸、臂、腿配合的方法,并能游进30~50米;一般体能和专项体能的水平有一定程度的提高；初步掌握获取蛙泳运动知识的多种途径和方法(素养1)；基本掌握和运用蛙泳运动安全防护知识，表现出一定的合作精神和竞争意识，能理性面对暂时遇到的困难并勇于克服，按照基本的规则参加蛙泳游戏、练习和比赛，基本养成蛙泳的卫生与锻炼习惯(素养2、3)。

蛙泳模块2

【内容要求】

2.1　了解蛙泳运动的发展简史和发展特点以及蛙泳运动所蕴含的文化价值，理解蛙泳前行与克服水的阻力的基本原理，学习判断泳池水深、水质和水温的方法等知识，掌握和运用蛙泳运动的安全知识和防护技能。

2.2　做出水中行走、水中漂浮、踩水和漂浮前行等动作，掌握水中换气的方法。

2.3　基本掌握呼吸、收腿、翻脚、蹬夹和滑行以及手臂外划、内划和伸臂的基本动作技术。

2.4　做出划臂1次、蹬夹1次和呼吸1次的完整配合动作，游进50米以上，并能参加蛙泳教学比赛。

2.5　积极参与蛙泳运动的一般体能和专项体能的练习。

2.6　了解蛙泳比赛规则。

2.7　观看高水平的蛙泳赛事并作出简要的评价。

【教学提示】

(1)使学生明确蛙泳过程中教师给出的信号所对应的动作要求和遵守信号的重要性，保证学生在安全的前提下有效地开展学练活动。

(2)及时启发学生体验呼吸与划臂、蹬夹腿前行的正确动作感觉，不断提高学生的运动感知能力，使他们的蛙泳动作更加熟练和顺畅。

(3)适时鼓励学生之间、小组之间相互分析各自在呼吸与划臂和蹬夹腿前行动作中的问题,探索解决问题的方法,分享对动作技术重点的理解,提高学生合作学习和探究学习的能力。

(4)关注学生的个体差异,对呼吸与动作配合不够协调的学生采取降低难度等方式,使他们掌握动作技术,在逐渐进步的学习过程中树立自信心。

(5)鼓励学生参加蛙泳教学比赛,在体验完整运动的过程中理解蛙泳运动的价值和意义,培养学生运用综合知识和技能解决复杂问题的能力。

(6)引导学生进行提高腿部、腰部力量等一般体能练习,利用拉力绳进行各种陆上划臂专项体能练习,发展学生的一般体能和专项体能,为掌握和运用蛙泳技术奠定良好的体能基础,培养学生吃苦耐劳、坚韧不拔、勇敢顽强的意志品质。

(7)指导学生学习蛙泳运动的保健知识,学会处理蛙泳活动中常见的运动损伤。

【学业要求】

学习本模块后,学生能够运用蛙泳前行与克服水的阻力等基本运动原理,主动体验和探究游进中划臂、蹬夹腿前行动作与呼吸配合的方法,掌握水中换气的方法,顺畅地游50米以上,参加蛙泳比赛;一般体能和专项体能的水平明显提高(素养1);学会安全地参与蛙泳运动,能预防和简单处理蛙泳运动中常见的运动损伤,养成蛙泳的卫生与锻炼习惯;在困难面前沉着机智、果敢顽强、自尊自信、相互尊重,表现出合作精神和竞争意识,能够调控情绪(素养2、3)。

蛙泳模块3

【内容要求】

3.1　掌握游进过程中手臂划水动作和腿部蹬夹水动作获得推力与速

度的关系的知识,学会正确判断自己的健康状况,掌握水温与热身活动的关系,掌握和运用消除疲劳的知识与方法。

3.2　较熟练地做出水中换气、行走、漂浮、触壁蹬腿、踩水和滑行等基本动作。

3.3　基本掌握并运用蛙泳收腿、翻脚、蹬夹和滑行,以及手臂外划、内划和伸臂的动作技术。

3.4　用较合理的划臂1次、蹬夹1次和呼吸1次的完整配合动作游进50～100米。

3.5　在陆地上或利用器械进行各种蛙泳动作模拟练习。

3.6　积极主动地参与蛙泳运动的一般体能和专项体能的练习。

3.7　积极参加蛙泳的教学比赛,理解蛙泳比赛规则。

3.8　观赏高水平的蛙泳赛事,用专业术语与同伴讨论运动员使用的技战术,并点评运动员的表现等。

【教学提示】

(1)引导学生理解判断自我身体状况的重要性,要求学生在学习蛙泳过程中遵守教师给出的信号指示,自觉做好蛙泳后的放松整理活动,淋浴后整理好洗浴用具,爱护游泳设备,讲究卫生,培养学生的行为规范和遵守公共道德的意识。

(2)通过设置踩水、蹬腿等游戏和比赛,激发学生学习的兴趣和积极性;通过采取双腿夹板划臂、扶板蹬腿等限制性练习方式,提高学生正确动作技术的本体感觉以及动作的熟练程度和流畅性。

(3)引导学生之间、小组之间运用蛙泳运动的科学原理,共同探索呼吸与划臂、蹬夹腿前行中的问题和解决方法。通过分享对问题的理解,帮助学生完善动作技术,提高分析问题、解决问题以及合作学习和探究学习的能力。

(4)让学生完整体验50米或100米的蛙泳过程,鼓励学生积极参加50米或100米的教学比赛,提高学生运用综合知识和技能解决复杂问题的能力,培养学生对蛙泳运动的整体理解以及积极进取、顽强拼搏的精神。

(5)重视对学生进行补偿性体能练习,通过辅助性的教学手段发展学生的速度、灵敏性、柔韧性和反应时等,全面发展学生体能,培养学生坚强的毅力和勇往直前的精神。

(6)指导学生了解消除蛙泳运动疲劳的知识与方法,学会分析和处理在蛙泳运动中产生的疲劳问题,并积极进行身心恢复。

【学业要求】

学习本模块后,学生能够运用手臂划水和腿部蹬夹水获得动力与速度的知识,主动探究较高效率的蛙泳前行动作与方法,顺畅地游进50~100米,积极参加50米或100米的蛙泳比赛;与同伴共同探讨有效解决学习问题的方法;表现出较充沛的体力(素养1);学会处理蛙泳运动中的疲劳问题并积极进行身心恢复;有较好的合作精神和公平竞争意识,相互尊重、服从裁判,能够调控自己的情绪,表现出克服困难、坚持到底、奋发向上的体育精神,正确对待比赛胜负(素养2、3)。

5. 武术与民族民间传统体育类运动

武术与民族民间传统体育类运动系列包括武术基本功、少年拳、太极拳、剑术、刀术、棍术、防身术、散手、民族民间传统体育等运动项目。学生可以根据自己的兴趣和爱好从中选择1项进行较为系统的学习。本系列以防身术项目为例呈现3个模块计划。

防身术模块的内容主要包括防身术运动的基本知识与技能、技战术运用、专项体能与一般体能、展示与比赛、观赏与评价等。

防身术模块1

【内容要求】

1.1　了解防身术动作技术的基本原理等,掌握安全防护的基本知识,了解防身术对自我保护、趋利避害以及对生命安全的重要意义,理解防身术对增进健康、培养体育品德的作用。

1.2 基本掌握防身术的基本姿势与站位,长拳中的直拳、抄拳、勾拳以及防身手法中的抓、勾、抓拉、闪躲等基本技法。

1.3 基本掌握获得有利位置的基本步法。

1.4 了解上述基本技法的主要用法,并初步尝试做出防身自卫动作。

1.5 基本掌握各种快速推掌、直拳和蹬腿等动作技术。

1.6 参与防身运动的一般体能和专项体能的练习。

1.7 观看与防身术相关的高水平比赛。

【教学提示】

(1)引导学生理解学习防身术对自我保护和生命安全的重要意义,树立自我保护、防身避险的意识,认识防身术作为正当防身自卫手段的价值。

(2)指导学生在确保安全的前提下学习动作技术。在模拟实战情境的教学时,要明确提出注意事项,培养学生的安全意识。

(3)设置合作学习的情境,引导学生学练动作时相互交流和帮助;在演练攻防动作时尊重对手,点到为止,体验攻防动作,培养合作精神。

(4)每节课不能只教一项技术,应该指导学生进行多种动作技术的学练,注意采用游戏和教学比赛等方法,使学生尽早体验完整的防身术的乐趣和价值,培养学生运用综合知识和技能解决问题的能力和防身自卫能力。

(5)发展学生的一般体能和专项体能,为提高防身能力奠定良好的基础。

(6)每节课都应设计学生展示防身术学习成果的环节,引导学生交流和分享成功的经验和对防身自卫的感受,提高学生学练防身术的兴趣和积极性。

(7)指导学生通过课堂教学、网上学习、阅读图书报刊和观看比赛等多种途径了解防身术的有关知识。

【学业要求】

学习本模块后,学生能够运用所学防身术运动的拳法、指法和腿法等基本动作和有关知识做出合理的防身自卫动作,懂得防身术的动作含义和主要原则;一般体能和专项体能的水平有一定程度的提高,初步掌握获取防身术运动知识的多种途径和方法(素养1);基本掌握和运用防身术运动安全防护知识,表现出理智、果敢、灵活等品质,具有一定的合作精神和竞争意识,不怕困难、勇敢顽强、坦然对待胜负,能够按照基本规则参加防身术游戏和比赛(素养2、3)。

防身术模块2

【内容要求】

2.1 掌握和运用防身术运动的安全知识和防护技能,了解防身术运动的发展特点,初步认识防身术所蕴含的文化价值,掌握与正当防卫有关的法律知识,知道正当防卫与非正当防卫的区别。

2.2 做出防身术单指、双指、散手类中的掼拳、鞭拳等基本技法和格挡技法。

2.3 运用已学防身术的动作和技法,初步做出与进攻技法相对应的防御动作。

2.4 积极参加防身术展示和教学比赛。

2.5 积极参与防身术运动的专项体能和一般体能的练习。

2.6 学习防身术的主要原则和必要的逃离知识与技能。

2.7 观看与防身术相关的高水平比赛并作出简要评价。

2.8 女生结合自身特点掌握适合女性学习的防身术技能和特殊技法。

【教学提示】

(1)引导学生收集相关案例,通过对案例的分析和交流,进一步理解防患于未然和运用法律保护自己的重要性,使学生进一步明确学习防身术的基本目的和价值。

(2)设置问题情境,引导学生揣摩、推敲运用手指、拳的技击手法和时机等;思考如何有效防身,采取有效动作使歹徒猝不及防,并能使自己及时摆脱危险,提高学生的自主学习和探究学习的能力。

(3)设置一定程度的对抗情境,引导学生运用综合的防身术动作技能和方法应对变化的情境,提高学生分析问题和解决问题的能力以及竞争意识。

(4)合理安排上下肢、腰腹和腿部力量以及多种躲闪、步法移动等专项体能和一般体能的练习,促进学生体能水平的提高,为提高学生的技术运用能力和实战能力奠定良好的体能基础,培养学生勇敢顽强、坚韧不拔的意志品质。

(5)指导女生利用书包、发卡等器物结合防身技法进行模拟训练,提高女生的防身技能,培养女生机智、果断和勇敢的精神。

(6)指导学生学习防身术的保健知识,学会处理防身术运动中常见的运动损伤,培养学生的安全运动意识和处理问题的能力。

【学业要求】

学习本模块后,学生能够运用防身术的指法、拳法和腿法等基本动作技术和有关知识做出合理的防身自卫动作,理解运用法律保护自己以及所学防身技能的意义,初步形成在一定程度的对抗情境中快速决策的能力;一般体能和专项体能的水平明显提高(素养1);学会安全地参与防身术运动,能预防和简单处理防身术运动中常见的运动损伤;能够调控对抗练习和比赛中的情绪,做到沉着冷静、勇敢果断、相互尊重,具有合作精神和竞争意识(素养2、3)。

防身术模块3

【内容要求】

3.1　掌握和运用防身术运动中消除疲劳的知识与方法,理解沉着冷静、临危不惧等优秀品质在防身过程中的重要意义。

3.2　做出防身术中针对各种掌法的防身动作,并掌握基本方法。

3.3　做出防身术中各种顶肘、挑肘、横肘等防身动作,并掌握基本运用方法。

3.4　完成各种快速推掌、冲拳、蹬腿以及发展肢体动作速度和提高反应速度的练习。

3.5　运用所学防身术技法和动作,进行限定练习条件下的实战对抗练习和比赛。

3.6　积极主动地参与防身术运动的一般体能和专项体能的练习。

3.7　基本掌握并运用防身术的主要原则,分析和评价对抗和比赛过程中存在的问题,并采取合理对策。

3.8　观看与防身术相关的高水平比赛,能够用专业术语与同伴讨论比赛双方使用的技战术,并点评运动员的表现等。

【教学提示】

(1)通过案例分析,帮助学生理解沉着冷静、临危不惧等优秀品质对保护自身安全的重要性。

(2)在保证安全的前提下,设置模拟对抗的练习情境,引导学生以自主学习和合作学习的方式体验运用掌、拳、肘、腿等部位技击的方法和时机等,探索采取何种有效动作能使自己迅速摆脱对方或做到一招制敌,增强防身的能力以及自主学习、合作学习和探究学习的能力。

(3)给学生提供更多体验防身术对抗练习和比赛的机会,加深学生对防身术的完整理解,提高学生运用防身术的综合知识和技能灵活应对复杂情境的能力。

(4)增加学生反应速度的强化练习,提高学生攻击体位变换和躲闪能力。同时要加强学生一般体能的练习,如斜身手指俯卧撑、立卧撑、10～20米的蹲行走或跳、1500米跑等,提高学生的一般体能和专项体能的水平。

(5)鼓励学生在课外进行防身术的练习或锻炼。

(6)指导学生了解消除防身术运动疲劳的知识与方法,学会分析与处理防身术运动中产生的疲劳问题,并积极进行身心恢复。

【学业要求】

学习本模块后,学生能够掌握有关防身术掌法、肘法和腿法的基本动作技术和有关知识,并在对抗和比赛情境中予以运用,具有一定的应对情境变化的能力;表现出较充沛的体力(素养1);学会处理防身术运动中产生的疲劳问题并积极进行身心恢复;能够调控自己的情绪,具有合作精神和竞争意识,表现出沉着冷静、果敢灵活、自强自信、遵守规则、相互尊重等优良体育品德(素养2、3)。

6. 新兴体育类运动

新兴体育类运动系列包括轮滑、攀岩、定向运动和花样跳绳等运动项目。学生可以根据自己的兴趣和爱好从中选择1项进行较为系统的学习。本系列以花样跳绳项目为例呈现3个模块计划。

花样跳绳模块的内容主要包括花样跳绳运动的基本知识与技能、技战术运用、专项体能与一般体能、展示与比赛、规则与裁判方法、观赏与评价等。

花样跳绳模块1

【内容要求】

1.1　了解花样跳绳运动的基本知识、花样跳绳运动对身心健康发展和体育品德培养的重要作用,以及花样跳绳运动的安全知识和方法。

1.2　基本掌握单人单绳的前摇、并脚跳后摇、单脚跳、双脚交换跳(即左右脚轮换跳)、双摇跳、编花跳(基本交叉跳)和两人并排跳等动作技术。

1.3　基本掌握结合音乐节奏和脚步变化的单摇跳动作技术。

1.4　基本掌握间隔交叉单摇跳(活花跳)、固定交叉后单摇跳、双摇跳(双飞)、双人单绳跳等动作技术和集体单长绳"8"字跳等组合动作技术。

1.5　了解花样跳绳运动比赛的计时计数规则,参加组内计时计数比赛。

1.6　参与花样跳绳运动的一般体能和专项体能的练习。

1.7　观看高水平花样跳绳比赛。

【教学提示】

(1)引导学生熟悉多种花样跳绳方法,如单人单绳的前摇跳、并脚后摇跳、双脚交换跳、双摇跳等练习,提高学生的绳感,为学生提高动作技能水平奠定良好基础。

(2)将单绳学习与同伴合练的游戏和比赛有机结合,激发学生的学习兴趣和热情。通过提高练习的密度和强度,促进学生更好地掌握动作技能和发展体能。

(3)指导学生进行双人或集体跳绳练习,使学生不断体验人与绳、人与人的关系,掌握跳入、跳起、跑出的时机等,培养学生的合作意识和团队精神。

(4)创设活动和比赛情境,鼓励学生参加小组内、班级内多种形式的比赛,指导学生反复练习和运用基本动作技术,使学生尽早体验完整跳绳运动的乐趣和价值,培养学生运用综合知识和技能解决问题的能力以及勇敢顽强、坚持到底、团结合作和遵守规则等体育品德。

(5)每节课都要安排一般体能和专项体能的练习,如通过体前屈、转体、绕环、伸、拉等练习发展柔韧性;利用短绳与短绳、长绳与长绳结合的单跳、转体等练习发展下肢力量和灵敏性等;通过2~3分钟的双摇跳、长跑等练习发展心肺功能；课的结束部分安排一定的时间组织学生进行拉伸恢复练习。

(6)指导学生通过课堂教学、网上学习、阅读图书报刊、观看比赛等多种途径了解花样跳绳运动的有关知识。

【学业要求】

学习本模块后，学生能够掌握所学花样跳绳运动的基本动作技术和组合动作技术，并能在双人单绳和集体单长绳“8”字跳等练习或比赛中予以运用；一般体能和专项体能的水平有一定程度的提高(素养1)；基本掌握和运用花样跳绳运动的安全防护知识，表现出较高的学习兴趣以及良好的合作意识、意志品质和文明礼貌行为，能够按照基本的规则进行游戏和比赛(素养2、3)。

花样跳绳模块2

【内容要求】

2.1　了解花样跳绳运动的发展简史和发展特点以及所蕴含的文化价值，掌握和运用花样跳绳运动的安全知识和防护技能。

2.2　做出短绳与短绳、长绳与长绳之间合作的同步组合摇跳动作，并基本掌握脚步变化跳、转体、移动等动作技术。

2.3　基本掌握两人摇绳一人跳、同时跳和间隔跳，一人带一人或一人带两人的正摇、反摇、双摇跳，长绳的单脚跳、加垫跳等组合动作技术。

2.4　基本掌握固定交叉和交替交叉单摇跳(单龙花)、固定交叉后单摇跳、连续双摇跳和长绳的单人跳与多人跳动作技术，并重点学习集体单长绳“8”字跳和多人同步跳动作技术。

2.5　积极参加花样跳绳团队比赛。

2.6　积极参与花样跳绳运动的一般体能和专项体能的练习。

2.7 进一步了解花样跳绳比赛的基本规则,较准确地计数并掌握正确的判罚方法。

2.8 观看高水平花样跳绳比赛并进行简要评价。

【教学提示】

(1)侧重指导学生学习和掌握固定交叉和交替交叉单摇跳(单龙花)、固定交叉后单摇跳、连续双摇跳和集体单长绳“8”字跳等比较复杂的单人和集体组合动作技术,提高学生的花样跳绳运动技能水平。

(2)重视组合动作技术的教学,如一人带一人或一人带两人的正摇、反摇、双摇跳等,应通过不断变换练习帮助学生加强动作技术之间的衔接和连贯,并在有一定运动负荷的情境中反复运用和强化组合动作技术,培养学生不怕困难、坚持到底的意志品质和合作学习能力。

(3)注意指导学生学练比较复杂的配合技术,如双摇跳、集体单长绳“8”字跳等,引导学生在基本掌握多人合作的基础上通过游戏和比赛强化动作技术,培养学生的合作意识和实践运用能力。

(4)引导学生积极参加双人和集体跳绳比赛,培养运用综合知识和技能解决复杂问题的能力、心理调控能力和顽强拼搏精神。

(5)合理安排一般体能和专项体能的练习,如俯卧撑、仰卧起坐、引体向上等发展学生的一般体能;通过两人摇绳一人跳,同时跳和间隔跳,一人带一人或一人带两人的正摇、反摇、双摇跳等发展学生的专项体能,培养学生坚韧不拔、积极向上的意志品质。

(6)指导学生学习花样跳绳运动的保健知识,学会处理花样跳绳运动中常见的运动损伤。

【学业要求】

学习本模块后,学生能够掌握组合动作技术以及比较复杂的动作技术和多种配合,并在比赛情境中予以运用,初步形成花样跳绳学习和比赛中分析问题和解决问题的能力;一般体能和专项体能的水平明显提高(素养

1);学会安全地参与花样跳绳运动,能预防和简单处理花样跳绳运动中常见的运动损伤;能够调控练习和比赛中的情绪,克服困难、坚韧不拔,具有合作精神和竞争意识,表现出遵守规则、相互尊重、自尊自信、奋发向上的体育精神和品格(素养2、3)。

花样跳绳模块3

【内容要求】

3.1 了解花样跳绳运动摇绳的力度、圆弧角度与转动速度的关系,跳入、跑出的角度、速度和时机以及双人、多人合作时人与人、人与绳的关系等知识与方法,掌握和运用花样跳绳运动中常见的消除疲劳的知识与方法。

3.2 基本掌握两人一绳组合跳、两人绳跳、一带一跳、双人双绳跳(两绳交叉同步跳)、车轮跳、长绳单人跳、长绳8字跳、集体长绳同步跳和交互绳跳等动作技术。

3.3 基本掌握个人和双人同步开合交叉双摇跳(快花)等动作技术。

3.4 进行四人摇绳的摇与跳等集体练习,做出与同伴配合跳绳的组合动作。

3.5 积极参加班级内或班级间各种形式的花样跳绳展示和比赛活动,基本掌握比赛的规则和裁判方法。

3.6 积极主动地参与花样跳绳运动的一般体能和专项体能的练习。

3.7 观看高水平花样跳绳比赛,用专业术语与同伴讨论比赛双方使用的技战术,并点评运动员的技战术表现和顽强拼搏的精神等。

【教学提示】

(1)侧重指导学生学练两人一绳组合跳、车轮跳、长绳单人跳、长绳“8”字跳和长绳集体同步跳等动作技术,让学生通过展示或比赛运用和强化这些动作技术,培养学生运用知识和技术的能力。

(2)在教授双人同步开合交叉双摇跳等动作技术时,应使学生明确各自承担的角色、任务和配合方式,培养学生的合作意识、团队精神以及勇于承担责任的意识。

(3)引导学生进行整套跳绳动作的反复练习,并通过展示活动和比赛体验花样跳绳运动的乐趣,加深对花样跳绳运动的整体理解,提高运用综合知识和技能解决复杂问题的能力,增强学习的自信心。

(4)进一步强化一般体能和专项体能的练习,如控制好30秒速度跳、3分钟耐力跳以及各种花样跳的节奏,引导学生加强对正确动作的本体感觉,增强学生的心肺耐力;通过50米或100米快速跑,发展学生的跑动速度,不断提高学生的体能水平,培养学生克服困难、坚韧不拔的意志品质。

(5)指导学生运用规则组织花样跳绳比赛,让学生体验组织者、运动员、裁判员、计时员等不同角色,提高角色意识和责任感,培养组织能力、沟通能力和协调能力。

(6)引导学生在课外和校外运用花样跳绳进行体育锻炼、展示和比赛。

(7)指导学生了解消除花样跳绳运动疲劳的知识与方法,学会处理在花样跳绳运动中产生的疲劳问题,并积极进行身心恢复。

【学业要求】

学习本模块后,学生能够把所学的花样跳绳基本动作技术、组合动作技术以及集体配合动作运用于花样跳绳的展示和比赛活动中,运用综合知识和技能解决问题的能力增强,表现出较充沛的体力(素养1);学会处理在花样跳绳运动中产生的疲劳问题,并积极进行身心恢复;充分体验学习的乐趣,具有一定的合作能力和公平竞争的意识,能够调控自己的情绪,顽强拼搏,奋发向上,正确对待比赛胜负(素养2、3)。

五、学业质量

(一)学业质量内涵

学业质量是学生在完成本学科课程学习后的学业成就表现。学业质量标准是以本学科核心素养及其表现水平为主要维度(见附录1),结合课程内容,对学生学业成就表现的总体刻画,依据不同水平学业成就表现的关键特征,学业质量标准明确将学业质量划分为不同水平,并描述了不同水平学习结果的具体表现。高中体育与健康学业质量是在运动能力、健康行为和体育品德三个方面表现出来的学科核心素养发展水平。

(二)学业质量水平

高中体育与健康课程由必修必学和必修选学两部分组成,这两个部分都有相应的学业质量水平。其中,必修必学部分的学业质量水平是指学生在学习完体能和健康教育两个模块内容后应该达到的学科核心素养发展要求;必修选学部分的学业质量水平是指学生在选学完运动技能系列内容(共10个模块)后应该达到的学科核心素养发展要求。必修选学分为三个阶段,第一学年学习3个模块,第二学年学习4个模块,第三学年学习3个模块,每个学年都有相应的阶段性学业质量要求。学业质量水平划分为5级,即水平1至水平5。水平2是合格要求。

1. 必修必学内容学业质量水平

(1)体能模块学业质量水平

水平	质量描述
1	1-1　了解体能对于个人生活、学习和健康的重要性,以及与健康相关的体能和与动作技能相关的体能的分类和内涵,掌握体能练习中的适度负荷和循序渐进原则,在教师的指导下参与多种体能练习。 1-2　在体能练习过程中不怕困难、坚持到底,能够与同伴合作学习,具有一定的竞争意识。 1-3　每周进行1次课外体能练习。
2	2-1　理解体能对个人生活、学习和健康的重要性,了解制订体能锻炼计划的程序、内容和方法,理解体能练习中的锻炼效果可逆性原则和大小运动量相结合原则,并能在体能练习中运用。初步掌握体能练习的基本方法,在教师的指导下积极参与多种体能练习。 2-2　达到《国家学生体质健康标准》中高一年级的合格水平。 2-3　在体能练习过程中情绪比较稳定,努力克服困难,坚持到底,能主动与同伴合作学习,具有积极进取的精神。 2-4　每周进行2次课外体能练习。
3	3-1　表现出对体能重要性的正确认知,学会运用体重质量指数(BMI)评价体能锻炼和体重控制效果,理解体能练习中的专门性原则和恢复性原则,基本掌握体能练习的多种方法,积极参与多种体能练习。 3-2　达到《国家学生体质健康标准》中高一年级的良好水平。 3-3　表现出学练体能的兴趣和热情,情绪稳定,意志顽强,相互尊重,具有合作精神和竞争意识。 3-4　每周进行3次课外体能练习。
4	4-1　运用科学锻炼原理设计和实施个人体能发展计划,学会调控自己的体重,能够为家庭成员、同学或邻居制订锻炼计划和体重控制计划。 4-2　较好地掌握体能练习的多种方法,积极主动地参与多种体能练习,理解所学体能练习的作用。 4-3　达到《国家学生体质健康标准》中高一年级的优秀水平。 4-4　表现出浓厚的学习兴趣和热情,具有团结进取、顽强拼搏、奋发向上的体育精神。 4-5　每周进行4次课外体能练习。
5	5-1　根据个人特点设计和实施个人体能发展计划,较为全面和深刻地理解并掌握发展体能的基本原理和多种练习方法。 5-2　能够科学有效地进行体能练习,地保持较高的体能水平。 5-3　为家庭成员、同学或邻居制订体能锻炼计划和体重控制计划,并能够评价实施效果,理解不同体能练习的作用。 5-4　具有主动克服困难、挑战自我、坚韧不拔、责任感强的体育精神和品格。 5-6　每周进行5次课外体能练习。

(2)健康教育模块学业质量水平

水平	质量描述
1	1-1　认识体育锻炼对健康的重要性,参与课外体育活动。 1-2　了解和运用营养、卫生保健、环境、疾病预防、心理健康、人际交往、安全避险等方面的知识。 1-3　在体育活动、学习和生活中关注情绪变化。 1-4　愿意与同伴在体育活动中进行交流与合作。 1-5　知道如何适应自然环境的变化。
2	2-1　理解生活方式对健康的影响,积极参与校内外体育锻炼。 2-2　理解膳食和营养均衡的作用,将所学的卫生保健、环境、疾病预防、心理健康、人际交往、安全避险等方面的知识运用于学习和生活中。 2-3　在运动、学习和生活中保持较好的情绪稳定性。 2-4　较好地处理人际关系,积极与他人交流合作。 2-5　学会积极适应自然环境变化的方法。
3	3-1　自觉主动地进行科学的体育锻炼,初步养成锻炼习惯,努力学会积极休息、劳逸结合、动静结合,初步形成健康文明生活方式。 3-2　在运动、学习和生活中面对困难和挫折时,能调控自己的情绪,保持良好的心态。 3-3　具有一定的协作能力和团队精神,对于自然环境变化的适应能力较强。 3-4　知道常见的运动损伤和一些突发伤病事故的处理与急救方法。
4	4-1　积极主动地参与课内外和校内外的体育活动,根据锻炼效果调整自己的体育锻炼方案。 4-2　对自己的健康状况作出正确评价。 4-3　心胸开阔、乐观开朗、充满活力,积极向上。 4-4　具有较强的自制力、良好的团队意识和合作能力。 4.5　将所学的健康知识综合运用到自己的生活中,基本形成健康文明生活方式。
5	5-1　自觉坚持有规律的体育锻炼习惯,形成健康文明生活方式,并能组织和指导他人进行体育锻炼。 5-2　较为深刻和全面地了解膳食平衡对健康的影响,并能够指导自己和家人合理膳食。 5-3　全面了解常见疾病的成因、危害和预防方法,并能指导自己和家人采取合理措施预防常见疾病。 5-4　热爱生活、尊重生命、精力充沛、积极向上、乐观开朗,对于自然和社会环境的适应能力强。

2. 必修选学内容学业质量水平

(1)足球模块阶段性学业质量水平(第一学年)

水平	质量描述
1	1-1 了解足球运动的一些基本原理和规则,初步掌握足球动作技术,参加小场地足球竞赛活动,对足球运动有一定的体验。 1-2 在教师的指导下参与一般体能和专项体能的练习。 1-3 每学期通过现场或多种媒介观看4次高水平足球比赛。 1-4 在参与足球学练和比赛的过程中保持一定的情绪稳定性,能够面对困难、不怕困难,与同伴交流合作,基本适应自然环境的变化。 1-5 了解同伴、对手和自己所担任的运动角色。 1-6 知道足球运动的基本安全知识,有一定安全意识。 1-7 结合所学运动项目每周进行1次课外体育锻炼。
2	2-1 进一步了解足球运动的基本原理和规则,基本掌握足球动作技术和战术,运用所学的基本原理、技术和战术参与足球游戏和四对四、五对五的足球比赛,对足球运动的体验进一步加深。 2-2 比较积极地参与一般体能和专项体能的练习,体能水平有一定程度的提高,达到《国家学生体质健康标准》中高一年级的合格水平。 2-3 每学期通过现场或多种媒介观看6次高水平足球比赛。 2-4 在参与足球学练和比赛的过程中情绪比较稳定,努力克服困难,坚持到底;积极与同伴交往,具有一定的合作精神,较好地适应自然环境的变化,安全意识不断提高。 2-5 按照规则和规范参加足球活动和比赛,尊重同伴,关注对手,体验不同的运动角色。 2-6 结合所学运动项目每周进行2次课外体育锻炼。
3	3-1 理解足球运动的基本原理和规则,并能运用于实践中,在五对五、七对七的足球比赛中能够运用所学的技战术。面对足球比赛变化的情境具有一定的应对能力,对足球运动有比较完整的体验和一定的理解。 3-2 对一般体能和专项体能的练习表现出较高的热情,体能水平明显提高,达到《国家学生体质健康标准》中高一年级的良好水平。 3-3 每学期通过现场或多种媒介观看8次高水平足球比赛。 3-4 在参与足球学练和比赛过程中具备一定的情绪调控能力,相互尊重,具有合作精神和公平竞争意识,表现出勇敢顽强、挑战自我的意志品质,正确对待比赛胜负;注意防范安全隐患。 3-5 懂得足球运动的保健知识。 3-6 结合所学运动项目每周进行3次课外体育锻炼或比赛。

续表

水平	质量描述
4	4-1 将所学的较复杂的动作技术、组合动作技术和战术运用于足球五对五、七对七的实战比赛情境中,初步具有运用综合知识和技能分析问题和解决问题的能力,对足球运动的完整体验和理解进一步加深。 4-2 体能水平进一步提高,体力更加充沛,达到《国家学生体质健康标准》中高一年级的优秀水平。 4-3 每学期通过现场或多种媒介观看10次高水平足球比赛。 4-4 在参与足球学练和比赛过程中表现出较强的情绪调控能力和自信心,合作能力和公平竞争意识不断增强,文明礼貌、尊重对手、尊重裁判,勇于挑战自我,正确对待胜负。 4-5 学会预防足球运动损伤的方法。 4-6 结合所学运动项目每周进行4次课外体育锻炼或比赛。
5	5-1 较熟练地将所学的较复杂的动作技术、组合动作技术和战术运用于足球七对七的实战比赛情境中,具有较强的运用综合知识和技能分析问题和解决问题的能力,表现出较强的实战能力,对足球运动的完整体验和理解进一步加深。 5-2 体能水平显著提高并能保持,体力充沛。 5-3 每学期通过现场或多种媒介观看12次高水平足球比赛。 5-4 参与组织班级足球比赛并参加裁判工作。 5-5 自尊自信,合作能力和公平竞争意识强,文明礼貌、遵守规则,勇于挑战自我,不断追求进步。 5-6 学会处理足球运动中的疲劳问题并积极进行身心恢复。 5-7 结合所学运动项目每周进行5次课外体育锻炼或比赛。

(2)跳远模块阶段性学业质量水平(第一学年)

水平	质量描述
1	1-1 了解并初步运用跳远运动的一些基本原理和规则,初步掌握跳远基本动作技术和组合动作技术,参加简化规则、降低要求的跳远活动和比赛,对跳远运动有一定的体验。 1-2 在教师的指导下参与一般体能和专项体能的练习。 1-3 每学期通过现场或多种媒介观看4次高水平跳远比赛。 1-4 保持情绪稳定,能够面对困难、不怕困难,与同伴交流合作,基本适应自然环境的变化。 1-5 基本能够按照规则和要求参加跳远活动和比赛,关注同伴和对手。 1-6 了解跳远运动的安全知识,有一定的安全意识。 1-7 结合所学运动项目每周进行1次课外体育锻炼。

续表

水平	质量描述
2	2-1 进一步理解并运用跳远运动的基本原理和规则,基本掌握跳远动作技术,运用所学的基本原理、技术参加跳远练习和短、中距离助跑的跳远比赛,进一步丰富和加深对跳远运动的体验。 2-2 比较积极地参与一般体能和专项体能的练习,体能水平有一定程度的提高,达到《国家学生体质健康标准》中高一年级的合格水平。 2-3 每学期通过现场或多种媒介观看6次高水平跳远比赛。 2-4 情绪比较稳定,努力克服困难、坚持到底,积极与同伴交往,具有一定的合作精神,较好地适应自然环境的变化。 2-5 按照规则和规范参加跳远比赛,尊重同伴和对手。 2-6 学会选择在安全的环境下参与跳远运动,安全意识不断提高。 2-7 结合所学运动项目每周进行2次课外体育锻炼。
3	3-1 理解跳远运动的基本原理和规则并运用于实践中,能够将所学的技战术运用到短、中距离助跑的跳远比赛中,对跳远运动有比较完整的体验和一定的理解,具有一定的应对跳远比赛情境变化的能力。 3-2 积极参与一般体能和专项体能的练习,体能水平明显提高,达到《国家学生体质健康标准》中高一年级的良好水平。 3-3 每学期通过现场或多种媒介观看8次高水平跳远比赛。 3-4 具备一定的情绪调控能力,表现出勇敢顽强、挑战自我的意志品质,相互尊重,具有合作精神和公平竞争的意识,正确对待比赛胜负。 3-5 懂得跳远运动的保健知识,注意防范安全隐患。 3-6 结合所学运动项目每周进行3次课外体育锻炼或比赛。
4	4-1 将所学的跳远基本动作技术、组合动作技术运用于短、中距离助跑跳远的比赛中,提高运用综合知识和技能分析问题和解决问题的能力,对跳远运动的完整体验和理解进一步加深。 4-2 体能水平进一步提高,体力更加充沛,达到《国家学生体质健康标准》中高一年级的优秀水平。 4-3 每学期通过现场或多种媒介观看10次高水平跳远比赛。 4-4 表现出较强的情绪调控能力和自信心,勇于挑战自我,合作能力和公平竞争意识不断增强,文明礼貌、尊重对手、尊重裁判,正确对待比赛胜负。 4-5 学会预防跳远运动损伤的方法。 4-6 结合所学运动项目每周进行4次课外体育锻炼或比赛。

续表

水平	质量描述
5	5-1 较熟练地将所学的跳远基本动作技术、组合动作技术运用于短、中距离助跑跳远的比赛情境中,具有较强的运用综合知识和技能分析问题和解决问题的能力,表现出较强的实战能力,对跳远运动的完整体验和理解进一步加深。 5-2 体能水平显著提高并能保持,体力充沛。 5-3 每学期通过现场或多种媒介观看12次高水平跳远比赛。 5-4 参与组织班级内的跳远比赛并参加裁判工作。 5-5 自尊自信,勇于挑战自我,不断追求进步,合作能力和公平竞争意识强,文明礼貌、遵守规则。 5-6 学会处理跳远运动中的疲劳问题并积极进行身心恢复。 5-7 结合所学运动项目每周进行5次课外体育锻炼或比赛。

(3)健身健美操模块阶段性学业质量水平(第一学年)

水平	质量描述
1	1-1 了解健身健美操运动的一些基本原理和规则,初步掌握健身健美操的基本动作技术,在教师的带领下准确做出8~10个基本步伐,初步做出由基本步伐组成的组合动作,对健身健美操运动有一定的体验。 1-2 在教师的指导下参与一般体能和专项体能的练习。 1-3 对基本步伐的姿态美有初步的认识,感受到健身健美操运动的活力和乐趣。 1-4 每学期通过现场或多种媒介观看4次高水平健身健美操比赛。 1-5 保持一定的情绪稳定性,能够面对困难、不怕困难,与同伴交流合作,基本适应自然环境的变化。 1-6 了解健身健美操运动的安全知识,有一定的安全意识。 1-7 结合所学运动项目每周进行1次课外体育锻炼。
2	2-1 进一步了解健身健美操运动的基本原理和规则,基本掌握健身健美操的动作技术,能独立做出由8~10个基本步伐组成的组合动作,对健身健美操运动的体验进一步加深。 2-2 初步感受音乐的节奏、力度和情绪,将动作与音乐密切配合。 2-3 能够分辨出基本步伐的姿态美,感受健身健美操运动的魅力。 2-4 比较积极地参与一般体能和专项体能的练习,体能水平有一定程度的提高,达到《国家学生体质健康标准》中高一年级的合格水平。 2-5 每学期通过现场或多种媒介观看6次高水平健身健美操比赛。 2-6 情绪比较稳定,努力克服困难、坚持到底,积极与同伴交往,具有一定的合作精神,较好地适应自然环境的变化。 2-7 学会选择在安全的环境下参与健身健美操运动,安全意识不断提高。 2-8 结合所学运动项目每周进行2次课外体育锻炼。

续表

水平	质量描述
3	3-1 理解健身健美操运动的基本知识和规则,在音乐伴奏下做出由15~20个动作组成的16个8拍的组合套路,动作与音乐节奏一致,表现出良好的身体协调能力和乐感。 3-2 坚持完成成套动作,对健身健美操运动有比较完整的体验和一定的理解,在班级内敢于展示和参加比赛。 3-3 对一般体能和专项体能的练习表现出较高的热情,体能水平明显提高,达到《国家学生体质健康标准》中高一年级的良好水平。 3-4 每学期通过现场或多种媒介观看8次高水平健身健美操比赛。 3-5 具备一定的情绪调控能力,表现出持之以恒、顽强拼搏、挑战自我的精神,相互尊重,具有合作精神和公平竞争的意识,正确对待比赛胜负。 3-6 懂得健身健美操运动的保健知识,注意防范安全隐患。 3-7 结合所学运动项目每周进行3次课外体育锻炼、展示或比赛。
4	4-1 掌握健身健美操运动的基本知识和规则,能准确做出由18~20个动作组成的包括方向和路线变化的组合套路。 4-2 积极参加健身健美操的展示和比赛活动,初步具备运用综合知识和技能分析问题和解决问题的能力,对健身健美操运动的体验和理解进一步加深。 4-3 在感受音乐节奏、风格变化的基础上展示出动作的美。 4-4 体能水平进一步提高,体力更加充沛,达到《国家学生体质健康标准》中高一年级的优秀水平。 4-5 每学期通过现场或多种媒介观看10次高水平健身健美操比赛。 4-6 表现出较强的情绪调控能力和自信心,勇于挑战自我,合作能力和公平竞争意识不断增强,讲文明、有礼貌、尊重对手、尊重裁判,正确对待比赛胜负。 4-7 学会预防健身健美操运动损伤的方法。 4-8 结合所学运动项目每周进行4次课外体育锻炼、展示或比赛。

续表

水平	质量描述
5	5-1 在教师的指导下创编出16个8拍的由12～16个基本步伐组合成的初级套路动作。 5-2 较熟练地掌握和运用所学基本动作、组合动作，动作技术正确，动作与音乐合拍，能较好地展现音乐的节奏与情感，具有较好的表现力。 5-3 积极参加健身健美操的展示活动和比赛，具有较强的运用综合知识和技能分析问题和解决问题的能力，对健身健美操运动的完整体验和理解进一步加深。 5-4 体能水平显著提高并能保持，体力充沛。 5-5 每学期通过现场或多种媒介观看12次高水平健身健美操比赛；参与组织班级内的展示活动和比赛并担任裁判工作。 5-6 自尊自信，勇于挑战自我，不断追求进步，合作能力和公平竞争意识强，讲文明、有礼貌、遵守规则。 5-7 学会处理健身健美操运动中的疲劳问题并积极进行身心恢复。 5-8 结合所学运动项目每周进行5次课外体育锻炼、展示或比赛。

（4）蛙泳模块阶段性学业质量水平（第一学年）

水平	质量描述
1	1-1 了解蛙泳运动的一些基本原理和规则，初步掌握蛙泳基本动作技术。 1-2 主动熟悉水性，运用蛙泳运动的基本知识探究游进中呼吸、划臂和蹬夹腿配合的方法，并能游进30～50米，对蛙泳运动有一定的体验。 1-3 在教师的指导下参与一般体能和专项体能的练习。 1-4 每学期通过现场或多种媒介观看4次高水平蛙泳比赛。 1-5 保持一定的情绪稳定性，能够面对困难、不怕困难，与同伴交流合作，基本适应水环境的变化。 1-6 了解蛙泳运动的安全知识，有一定的安全意识。 1-7 结合所学运动项目每周进行1次课外体育锻炼。

续表

水平	质量描述
2	2-1 进一步了解蛙泳运动的基本原理和规则,基本掌握蛙泳基本动作技术。 2-2 具有熟悉水性的基本能力,运用蛙泳前行与克服水的阻力等基本运动原理,主动探究呼吸、划臂和蹬夹腿动作技术以及游进中呼吸与划臂、蹬夹腿前行的合理方法,能顺畅地游进50米以上,对蛙泳运动的体验进一步加深。 2-3 比较积极地参与一般体能和专项体能的练习,体能水平有一定程度的提高,达到《国家学生体质健康标准》中高一年级的合格水平。 2-4 每学期通过现场或多种媒介观看6次高水平蛙泳比赛。 2-5 情绪比较稳定,努力克服困难,坚持到底,积极与同伴交往,具有一定的合作精神,较好地适应水环境的变化。 2-6 按照规则和规范参加蛙泳活动和比赛。 2-7 学会选择在安全的环境下参与蛙泳运动,了解关于蛙泳运动的安全和保健要求,安全意识不断提高。 2-8 结合所学运动项目每周进行2次课外体育锻炼。
3	3-1 理解蛙泳运动的基本原理和规则并能运用于实践中,面对变化的比赛情境具有一定的应对能力。 3-2 熟悉水性的能力明显提高,主动探究较高效率的蛙泳前行动作与方法,参加蛙泳比赛,能顺畅地游进50~100米,对蛙泳运动有比较完整的体验和一定的理解。 3-3 对一般体能和专项体能的练习表现出较高的热情,体能水平明显提高,达到《国家学生体质健康标准》中高一年级的良好水平。 3-4 每学期通过现场或多种媒介观看8次高水平蛙泳比赛。 3-5 具备一定的情绪调控能力,遇到应急情况时情绪稳定、沉着机智、果敢顽强;相互尊重,具有合作精神和公平竞争意识;能够正确对待比赛胜负。 3-6 理解有关蛙泳运动安全和保健要求的重要性,注意防范安全隐患,尊重生命健康。 3-7 结合所学运动项目每周进行3次课外体育锻炼或比赛。

续表

水平	质量描述
4	4-1 运用蛙泳运动的基本知识和相关原理做出呼吸与划臂、蹬夹腿前行动作合理配合的动作技术。 4-2 能顺畅地游进100～150米,对蛙泳运动的完整体验和理解进一步加深;积极参加蛙泳教学比赛,初步具有在比赛情境中运用综合知识和技能分析问题和解决问题的能力。 4-3 体能水平进一步提高,体力更加充沛,达到《国家学生体质健康标准》中高一年级的优秀水平。 4-4 每学期通过现场或多种媒介观看10次高水平蛙泳比赛。 4-5 表现出较强的情绪调控能力和自信心,勇于挑战自我,合作能力和公平竞争意识不断增强,文明礼貌、尊重对手、尊重裁判,正确对待比赛胜负。 4-6 学会预防蛙泳运动损伤的方法。 4-7 结合所学运动项目每周进行4次课外体育锻炼或比赛。
5	5-1 能在呼吸与动作协调配合的情况下顺畅地游进150米以上,对蛙泳运动的完整体验和理解进一步加深;较熟练地将所学的完整技术运用于蛙泳比赛情境中,具有较强的运用综合知识和技能分析问题和解决问题的能力,比赛能力显著提高。 5-2 能运用蛙泳运动的基本知识和相关运动原理对自己和同伴的蛙泳动作做出评价,提出提高动作技术水平的改进方法。 5-3 体能水平显著提高并能保持,体力充沛。 5-4 每学期通过现场或多种媒介观看12次高水平蛙泳比赛。 5-5 参与组织班级内的蛙泳比赛并担任裁判工作。 5-6 自尊自信,勇于挑战自我,不断追求进步,合作能力和公平竞争意识强,文明礼貌,遵守规则。 5-7 具有很强的安全意识,针对练习和比赛情境有效做好身体和心理的准备,学会处理蛙泳运动中的疲劳问题并积极进行身心恢复。 5-8 结合所学运动项目每周进行5次课外体育锻炼或比赛。

(5)防身术模块阶段性学业质量水平(第一学年)

水平	质量描述
1	1-1　了解防身术运动的基本原理和规则,初步掌握拳法、指法和腿法等基本动作技术,做出防身自卫动作,对防身术运动有一定的体验。 1-2　在教师的指导下参与一般体能和专项体能的练习。 1-3　每学期通过现场或多种媒介观看4次与防身术相关的高水平比赛。 1-4　保持一定的情绪稳定性,能够面对困难、不怕困难,与同伴交流合作,基本适应自然环境的变化。 1-5　关注同伴和对手,能够按照规则进行学练。 1-6　了解防身术运动对趋利避害、保护自身安全的意义,有一定的安全意识。 1-7　结合所学运动项目每周进行1次课外体育锻炼。
2	2-1　进一步了解防身术运动的基本原理和规则,基本掌握防身术的拳法、指法、腿法等基本动作和有关知识,做出合理的防身自卫动作,并向同伴展示动作,交流对动作运用的理解,对防身术运动的体验进一步加深。 2-2　比较积极地参与一般体能和专项体能的练习,体能水平有一定程度的提高,达到《国家学生体质健康标准》中高一年级的合格水平。 2-3　每学期通过现场或多种媒介观看6次与防身术相关的高水平比赛。 2-4　情绪比较稳定,努力克服困难,坚持到底;积极与同伴交往,具有一定的合作精神,较好地适应不同环境的变化。 2-5　按照规则和规范参加防身术活动和比赛,尊重同伴,关注对手。 2-6　学会在安全的环境下参与防身术运动,安全意识不断提高。认识到运用法律知识保护自身安全和学练防身技能的意义。 2-7　结合所学运动项目每周进行2次课外体育锻炼。
3	3-1　理解防身术运动的基本原理和规则并能运用于实践中,运用防身术掌法、肘法、腿法等基本动作和有关知识做出合理的防身自卫动作。 3-2　具有一定的对抗能力和应对变化情境的能力,能够参加比赛,对防身术运动有比较完整的体验和一定的理解。 3-3　对一般体能和专项体能的练习表现出较高的热情,体能水平明显提高,达到《国家学生体质健康标准》中高一年级的良好水平。 3-4　每学期通过现场或多种媒介观看8次与防身术相关的高水平比赛。 3-5　具备一定的情绪调控能力,表现出顽强拼搏、勇于挑战自我的意志品质,相互尊重,具有合作精神和公平竞争的意识,正确对待比赛胜负。 3-6　注意防范安全隐患,安全地进行防身术学练。 3-7　结合所学运动项目每周进行3次课外体育锻炼或比赛。

续表

水平	质量描述
4	4-1 将所学的防身术掌法、拳法、肘法、腿法等基本动作和有关知识运用于模拟的真实情境中,做出有效的防身自卫动作。 4-2 初步具有在比赛情境中运用综合知识和技能分析问题和解决问题的能力,以及较强的对抗能力,对防身术运动的完整体验和理解进一步加深。 4-3 体能水平进一步提高,体力更加充沛,达到《国家学生体质健康标准》中高一年级的优秀水平。 4-4 每学期通过现场或多种媒介观看10次与防身术相关的高水平比赛。 4-5 表现出较强的情绪调控能力和自信心,勇于挑战自我,合作能力和公平竞争意识不断增强,文明礼貌、尊重对手、尊重裁判,正确对待比赛胜负。 4-6 遵守有关防身术运动的安全规范。 4-7 结合所学运动项目每周进行4次课外体育锻炼或比赛。
5	5-1 较熟练地将所学的防身术基本技法运用于模拟的真实情境中,有效运用所学防身术动作技术进行防身和解脱。 5-2 具有较强的运用综合知识和技能分析和解决复杂情境中问题的能力,表现出较强的实战对抗能力,对防身术运动的完整体验和理解进一步加深。 5-3 体能水平显著提高并能保持,体力充沛。 5-4 每学期通过现场或多种媒介观看12次与防身术相关的高水平比赛。 5-5 表现出自尊自信、沉着冷静、勇敢果断、不畏强手的精神,勇于挑战自我,不断追求进步,合作能力和公平竞争意识强,文明礼貌、遵守规则。 5-6 学会处理防身术运动中的疲劳问题并积极进行身心恢复。 5-7 结合所学运动项目每周进行5次课外体育锻炼或比赛。

(6)花样跳绳模块阶段性学业质量水平(第一学年)

水平	质量描述
1	1-1 了解花样跳绳运动的一些基本原理和规则,初步掌握花样跳绳的基本动作技术,知道裁判方法,参加简化规则、降低要求的花样跳绳游戏或比赛,对花样跳绳运动有一定的体验。 1-2 在教师的指导下参与一般体能和专项体能的练习。 1-3 每学期通过现场或多种媒介观看4次高水平花样跳绳比赛。 1-4 保持一定的情绪稳定性,能够面对困难、不怕困难,表现出合作意识,基本适应跳绳器材和规则要求以及不同情境的变化。 1-5 关注同伴和对手,对不同的运动角色有一定的了解。 1-6 了解花样跳绳运动的安全知识,有一定的安全意识。 1-7 结合所学运动项目每周进行1次课外体育锻炼。

续表

水平	质量描述
2	2-1 进一步了解花样跳绳运动的基本原理和规则,基本掌握花样跳绳的动作技术,运用所学的基本原理参加花样跳绳游戏以及双摇和双人单绳的花样跳绳比赛,对花样跳绳运动的体验进一步加深。 2-2 比较积极地参与一般体能和专项体能的练习,体能水平有一定的提高,达到《国家学生体质健康标准》中高一年级的合格水平。 2-3 每学期通过现场或多种媒介观看6次高水平花样跳绳比赛。 2-4 情绪比较稳定,努力克服困难、坚持到底,积极与同伴交往,尊重对手,具有一定的合作精神和团队意识,较好地适应跳绳器材以及不同情境的变化。 2-5 按照规则和规范参加花样跳绳练习活动和比赛,尊重同伴,关注对手,体验不同的运动角色。 2-6 学会选择在安全的环境下参与花样跳绳运动,安全意识不断提高。 2-7 结合所学运动项目每周进行2次课外体育锻炼。
3	3-1 理解花样跳绳运动的原理和比赛规则并能运用于实践中,运用所学动作技术参加花样跳绳游戏以及一人带一人或一人带两人的正摇、反摇、双摇跳,单长绳的单人跳和多人跳等跳绳比赛,对花样跳绳比赛规则变化具有一定的应对能力,对花样跳绳运动有比较完整的体验和一定的理解。 3-2 对一般体能和专项体能的练习表现出较高的热情,体能水平明显提高,达到《国家学生体质健康标准》中高一年级的良好水平。 3-3 每学期通过现场或多种媒介观看8次高水平花样跳绳比赛。 3-4 具备一定的情绪调控能力,表现出勇敢顽强、挑战自我的意志品质,相互尊重,具有合作精神和公平竞争的意识,正确对待比赛胜负。 3-5 懂得花样跳绳运动的保健知识,注意防范安全隐患。 3-6 结合所学运动项目每周进行3次课外体育锻炼、展示或比赛。
4	4-1 运用所学的较复杂的动作技术、组合动作技术和集体配合,参加集体长绳同步跳、交互绳跳等比赛,基本具有在花样跳绳学练和比赛情境中运用综合知识和技能分析问题和解决问题的能力,对花样跳绳运动的体验和理解进一步加深。 4-2 体能水平进一步提高,体力更加充沛,达到《国家学生体质健康标准》中高一年级的优秀水平。 4-3 每学期通过现场或多种媒介观看10次高水平花样跳绳比赛。 4-4 表现出较强的情绪调控能力和自信心,勇于挑战自我,合作能力和公平竞争的意识不断增强,文明礼貌、尊重对手、尊重裁判,正确对待比赛胜负。 4-5 学会预防花样跳绳运动损伤的方法。 4-6 结合所学运动项目每周进行4次课外体育锻炼、展示或比赛。

续表

水平	质量描述
5	5-1 积极运用所学的较复杂的动作技术、组合动作技术和集体配合，参加双人同步开合交叉双摇跳和四人摇绳的摇与跳等集体比赛，不断提高技战术水平，具有较强的运用综合知识和技能分析问题和解决问题的能力，对花样跳绳运动的完整体验和理解进一步加深。 5-2 体能水平显著提高并能保持，体力充沛。 5-3 每学期通过现场或多种媒介观看12次高水平花样跳绳比赛。 5-4 参与组织班级内的花样跳绳集体比赛并参加裁判工作。 5-5 自尊自信，勇于挑战自我，不断追求进步，合作能力和公平竞争意识强，文明礼貌、遵守规则。 5-6 学会处理花样跳绳运动中的疲劳问题并积极进行身心恢复。 5-7 结合所学运动项目每周进行5次课外体育锻炼、展示或比赛。

(三)学业质量水平与考试评价的关系

高中学业质量水平是学生学分认定的重要依据。高中体育与健康学业水平考试，由省级教育行政部门依据本课程标准的学业质量水平制订统一要求，确定具体组织方式。考试成绩是学生综合素质评价的重要内容之一，作为普通高中学生毕业的主要依据和高校招生录取的重要参考。

课程的实践性特点，体育与健康课程学业质量评价不仅要对学生的体育与健康课内学习情况进行评价，同时还要结合学生参与课外体育活动、体育竞赛活动和体育社团活动情况以及在学习和生活中的健康行为表现进行评价。

六、实施建议

本课程标准是根据普通高中课程方案的要求和我国高中体育与健康课程改革发展的需要，结合实际情况而制订的体育与健康课程教与学的标准，是高中体育与健康课程实施、管理和督导评估的纲领性文件。在实施过程中，各地、各校应根据本课程标准的要求建立相应的课程实施组织，制订地方体育与健康课程实施方案和学校体育与健康课程实施计划，采取有效措施,提供保障条件;体育教师应根据本课程标准、地方体育与健康课程实施方案和学校体育与健康课程实施计划的相关要求,结合学校实际情况合理设计并有效开展体育与健康课程的教学,努力提高教学质量,促进学生学科核心素养的形成与发展。

(一)教学建议与学习评价建议

1. 教学建议

普通高中课程方案明确提出在普通高中课程中要贯彻落实立德树人根本任务。本课程标准进一步提出了体育与健康学科核心素养的基本内涵及其主要表现。教师要依据课程标准、地方体育与健康课程实施方案和学校体育与健康课程实施计划,始终以培养学生的学科核心素养为主要目标,将其贯穿在教学过程中,并结合所教运动项目的特点、学生实际和课程资源等,创造性地开展教学,科学地设置学习目标,合理选择教学内容,改革和创新教学组织形式,灵活运用教学方法和教学手段,不断提高教育教学质量。

(1)选项教学组织建议

学校应根据实际条件和情况,选择和创造出适合本校的选项教学组织形式,开展与实施选项教学。常见的选项教学组织形式有以下四种。

①年级内选项教学组织形式

该教学组织形式是高中体育与健康课程教学的主要形式,是打破原有的教学行政班界限,以学生的运动兴趣、爱好和运动基础等作为依据,将选择同一项目的学生重新编班,由不同教师分别进行不同运动项目教学的组织形式。

②班内选项教学组织形式

该教学组织形式一般在学校规模较小、同年级班级数较少、大班额等情况下运用,是一种在班内根据学生情况适当安排几个运动项目,并由同一教师实施教学的组织形式。这一组织形式虽然会增加教师教学管理的难度,但可以让有运动专长的学生发挥其特长,协助教师开展教学。

③年级内与班内选项相结合教学组织形式

该教学组织形式是上述两种形式的有机结合，是将几个班级组合起来进行选项，由这几个班级的任课教师分别对学生所选的不同项目进行教学的组织形式。

④打破年级界限的选项教学组织形式

该教学组织形式打破了高中的年级界限，以学生选择的运动项目为依据，重新编班进行教学。这种组织形式较适用于班数较少的学校。

(2)教学计划制订建议

学校和教师应根据本课程标准、地方体育与健康课程实施方案和学校体育与健康课程实施计划的要求制订高中体育与健康课程的学段教学计划、模块教学计划和课时教学计划。学校和教师制订教学计划时，应根据学生、体育场地器材设备、气候等实际情况，从有助于促进学生形成学科核心素养的角度出发，设置学习目标，选择教学内容与方法，开展学习评价。

①制订学段教学计划

学段教学计划是对本校高中三年体育与健康课程教学进行系统思考和安排的计划性文件。学段教学计划应包括以下几个方面的要素：制订本校学生通过高中三年体育与健康课程的学习应达到的具体学习目标；具体安排本校的必修必学内容，体能模块教学通常安排在高中一年级第一学期的上半学期进行，健康教育模块分散在高中三年中进行；制订本校体能、健康教育和必修选学运动项目的学习目标、教学内容、教学方法和学习评价等；明确规定本校学生选项的具体安排。

②制订模块教学计划

在制订学段教学计划的基础上制订模块教学计划，包括体能模块、健康教育模块和运动技能系列模块。本课程标准中各模块的内容和阶段性学业质量水平等，可以为学校和教师在制订相应的模块教学计划时提供指引和参考，学校和教师应根据学生的学习基础和学校实际，有针对性地制订所开设的具体运动项目的模块教学计划。在制订运动技能系列项目的10个模块教学计划时，应注意以下五点：

第一,每一个模块中的内容要求一般由5～10条组成,主要强调学什么和学到什么程度;教学提示主要针对内容要求,强调在什么情况下怎么教,特别强调如何把具体的教学内容通过情境设计和教学方式的转变来促进学生学科核心素养的形成;学业要求主要强调通过某个模块的教学,学生在运动能力、健康行为、体育品德三个方面学科核心素养的具体表现。

第二,运动技能系列模块的设计要与义务教育阶段已教学的内容相衔接。鉴于从初中升至高中的学生在义务教育阶段已经学练了一些运动项目,学校和教师应在充分了解学生运动水平和能力的基础上,设计相应运动项目的若干模块,特别要注意各运动项目的第一模块要与义务教育阶段的教学内容相衔接。

第三,要重视同一运动项目模块之间的有机联系,下一个模块建立在上一个模块的基础上,是上一个模块的巩固和发展;模块之间应贯彻循序渐进、逐步提高的原则。运动技能水平的提高是一个螺旋式上升的长期学练过程,不仅需要学习,更需要反复练习。每一个模块均应侧重某些内容和方法,但并不意味着以前的内容和方法不再教和学。

第四,不同运动项目各有特点,应该深入挖掘每个运动项目对培养学科核心素养的价值,通过多种多样的教学设计发挥不同运动项目的育人功能,并运用辅助教学手段弥补某些运动项目教育功能的不足,促进学科核心素养的形成。

第五,学校可以根据实际情况,按照运动类别(如田径类运动、体操类运动、水上或冰雪类运动等)将同类运动中的2个或3个具体项目组合成10个模块,如可以将跳远和短跑组合成10个模块,将蛙泳和自由泳组合成10个模块等;再如,在田径类运动教学中,第一学年的3个模块学习短跑,第二学年的4个模块学习跳远,第三学年的3个模块学习铅球等。

③制订课时教学计划

课时教学计划是对模块教学计划的进一步细化,是以一个课时为单位做出的设计和安排,是对一节课的学习目标、教学内容、教学方法、学习评价等教与学活动的预设。课时教学计划要根据模块教学计划,并结合学生的学习情况来制订,主要包括学习目标、教学内容、教学步骤、学法与教法、运动负荷(运动密度、练习密度、运动强度)、安全防范措施和教学后记等基本要素,形式可以多样。

④制订教学计划的基本要求

第一,要突出高中体育与健康课程的实践性。制订教学计划要以有利于发展学科核心素养为目的,保证大多数教学时间用于体育实践活动。同时,应利用雨雪天气等适当安排一定课时讲授体育与健康的科学文化知识。教师应鼓励和指导学生课外阅读相关资料、观看体育比赛和与健康教育相关的视频和展览等,使学生获取更多体育与健康的知识和方法。

第二,要体现基于学科核心素养的目标整体性。在设计教学计划时,应将运动能力、健康行为和体育品德三个方面的学科核心素养有机地融合在教学设计中,并细化为不同教学阶段的具体学习目标,树立目标引领教学内容和教学方法的思想,通过选择和组合有效的教学内容和教学方法,促进学习目标的整体实现,帮助学生形成体育与健康学科核心素养。

第三,要保证教学计划安排和实施的灵活性。在制订高中体育与健康课程教学计划时,应充分考虑学生的实际情况,教学内容的性质、价值和难易程度以及不同教学方法的特点等,并留有一定的调整余地。在实施教学计划的过程中,应根据学生的学习基础、达成学习目标的情况等,灵活调整教学计划,提高学生的学习效果。

(3)课堂教学建议

课堂教学是教师与学生面对面进行教与学的认知活动和情感交流的过程,也是实现课程目标的核心环节。教师应根据本课程标准的精神,以培养学科核心素养为基本追求,有效地实施体育与健康课堂教学。

①强化目标意识,将学科核心素养完整地渗透到学习目标中

教师应树立明确的目标意识以及目标引领内容和方法的思想,将本课程标准的课程目标具体化为每堂课的学习目标。学习目标应具体明确、难度适宜,可操作性强,综合体现体育与健康学科核心素养的思想,并设计和选择有利于实现学习目标的教学内容、教学情境和教学方法等,通过实现

每一堂课的学习目标,促进学生形成运动能力、健康行为和体育品德三个方面的学科核心素养(详见附录案例1、案例2、案例3、案例4)。

②树立新的知识观,从重单个知识点和技术教学向注重学科核心素养培养转变

要避免在课堂上孤立、静态地进行单个知识点或单项技术的教学,每堂课都应该让学生进行多种动作技术的学练,参加形式多样的展示或比赛,增强知识点之间或动作技术之间的有机联系,重视问题导向,注重活动和比赛情境的创设,促进学生学习和掌握结构化的运动知识和技能,在面临真实的活动或比赛情境时能运用结构化的知识和技能解决实际问题,提高学生学以致用的能力,使学生逐渐形成学科核心素养(详见附录案例5)。

③改变教学方式,促进学生积极主动地学习

为了激发学生的运动兴趣,促进学生积极主动地学练,提高学生的学习能力,教师应充分挖掘学生的体育学习潜能,培养学生学会学习的能力;应避免采用单一的灌输式教学方式,注重多样化的教学方式,把更多的精力放在设计学习和活动情境,激发学生积极主动地学习方面;积极倡导"自主、合作、探究"的学习方式(详见附录案例6、案例7、案例8),合理运用学生独立学习、小组学习、全班学习等多种教学组织形式;避免教师讲得多、学生练得少的状况,充分给予学生独立、能动的学习时间和空间,引导学生在做中学、做中思、做中乐,尽早地进行完整化、结构化的学习,形成丰富的、深刻的、个性化的运动体验,真正实现以教为主向以学为主的转变,打造形式灵活多样、学习充满活力的体育与健康课堂教学形态。

④线上线下学习深度融合,提高学生的信息素养

为了应对信息技术对教育发展所产生的革命性影响,促进体育与健康课程内容、教学手段和方法的现代化,教师应秉持以学习者为中心和技术支持学习的理念,在体育与健康课程中重视利用现代信息技术手段,将多媒体、电子白板、智能手机、运动手表、心率监测仪、计步器、加速度计等信息技术手段深度融合到体育与健康课程教学中。同时,尝试在体育与健康课程中开展微课、慕课、翻转课堂等教学,促进学生体育与健康课程的线上

与线下学习相结合,为学生提供更多现代化的学习体验,提高学生的信息素养(详见附录案例9)。

⑤重视区别对待,关注每位学生的进步和发展

体育与健康课程教学是面向全体学生的教育活动,不是为了甄别或选拔运动员,而是要培养学生自强不息、勇敢顽强、挑战自我、追求卓越的精神,力争让每位学生更能、更强、更健康。在教学中教师应注意因材施教、区别对待,对于运动基础较好的学生提出更高的学习要求,促进他们更好地发展,形成运动专长;对于运动基础较差的学生要循循善诱,耐心给予指导和帮助,使他们在所学的运动项目上有所进步。对于病弱和残障学生要更加关注和关爱,并给予有针对性的运动与健康指导,弱有所扶,使他们有更多的获得感。如果选择某一运动项目的学生较多,可以采用分层教学或分性别教学的形式,提高教学的针对性和有效性。要创设积极进取、团结合作、富有挑战性的学习情境,使每一个不同运动基础的学生都能通过自己的努力获得进步,感受和体验体育学习的成功感和乐趣,提高体育学习的内在动力,增强体育学习的自尊心和自信心(详见附录案例10)。

⑥保证一定的运动负荷,提高学生课堂学习效果。

运动负荷由运动密度、练习密度和运动强度来衡量,是提高学生体能和技能水平,培养学科核心素养的根本保证,也是衡量体育与健康课教学质量的重要指标之一。体育与健康课必须保证一定的运动负荷,每节体育与健康课学生总体运动时间占课堂总时间的比例,即运动密度,应不低于75%;每节体育与健康课单个学生的练习时间占课堂总时间的比例,即练习密度,应不低于50%;每节体育与健康课学生的平均心率,即运动强度,应达到140~160次/分。

为贯彻落实《中共中央国务院关于加强青少年体育增强青少年体质的意见》(中发[2007]7号)和《国务院办公厅关于强化学校体育促进学生身心健康全面发展的意见》(国办发[2016]27号)等文件精神,确保体育与健康课的运动负荷,每节课最好安排10分钟左右的体能练习,包括一般体能和专项体能的内容;应高度重视体能练习手段和方法的丰富多样、实用有趣;

在一般体能练习中尽量安排一些补偿性体能练习,如学习跳远运动项目,下肢和躯干的运动负荷较大,一般体能练习尽量安排上肢运动练习或是提高心肺耐力和灵敏性等其他体能练习,促进学生体能协调和全面发展。

⑦根据运动技能的特点,采用有针对性的教学策略

根据运动项目的技能特点,一般分为开放式运动技能和封闭式运动技能,二者在学习和运用过程中有明显区别。在进行开放式运动技能项目的教学时,应从一开始就要加强学生对某项运动的完整体验和学练,在理解与体验完整运动的基础上学习、掌握和运用各种技能,特别强调通过创设由易到难、由简单到复杂的活动和比赛情境,使学生在活动和比赛情境中提高运动技能水平以及分析问题和解决问题的能力,形成良好的体育品德。

在进行封闭式运动技能项目的教学时,应注意单个动作与完整运动的有机联系,不必过分追求单一动作或技术完美后才进行完整运动的练习,可以让学生在基本掌握单一动作或技术后立即进行完整运动的练习,使学生尽早体验和理解完整运动,从而提高单个动作和组合动作的技术水平和运用能力。同时,让学生在完成完整运动或参加展示与比赛的基础上,不断挑战自我,提高运动成绩和形成良好品德。为了避免封闭式运动技能学习时的枯燥乏味,教师应采用丰富多样、生动有趣的辅助性教学手段,促使学生乐于反复练习,不断提高所学运动项目的技能水平和完整运动能力。

⑧课内外有机结合,培养学生参与课外体育活动的习惯。

根据体育与健康课程的特点,要提高学生的体能和技能水平,培养学生的学科核心素养,增进学生的身心健康,仅仅靠一周两节、每节45分钟的体育与健康课远远不够。教师应高度重视课内教学和课外体育活动的有机结合,在上好体育与健康课的前提下,积极组织、指导和引导学生参与课外体育活动,促进学生将课内所学的专项运动知识与技能运用到课外体育锻炼、体育社团活动和体育竞赛中,真正将学校、家庭和社会体育有机结合,培养学生坚持体育锻炼的习惯,缓解学生的学习压力,丰富学生的课余文化生活,促进学生更好地形成学科核心素养。

⑨关注地区和学校差异,努力形成学校教学特色

我国地大物博,民族众多,各地经济、文化、教育和体育等发展很不平衡。各地各校要根据学生特点、师资队伍、场地设施、体育传统项目、季节气候等实际情况,因地制宜、因材施教,创造性地开展高中体育与健康课程教学。教学内容要与学生的生活经验和运动经验相联系,重视与义务教育阶段相衔接;教学方式方法灵活多样,促进学校形成自己的体育与健康教学特色,使每个学生从特色鲜明的教学中获得多方面的益处,在原有的基础上不断进步和发展,促进学生达成课程目标并形成学科核心素养。

⑩重视健康教育课的教学,运用灵活多样的教学形式

健康教育是体育与健康课程的有机组成部分,应保证健康教育课的开设和正常教学。健康教育课可以采用讲授、交流讨论、听讲座报告、参观健康教育展览、组织健康教育实践活动等多种形式。同时,引导学生把所学的健康知识和技能运用于社团活动和日常生活中,帮助学生形成健康行为,养成健康文明生活方式(详见附录案例11)。健康教育课的教学主要由体育教师负责,也可以邀请校医、心理辅导教师、生物教师或校外专家等参与到健康教育课的教学中,提高教学质量。

⑪处理好体育与健康课程与国家相关政策要求和活动的关系,共同促进学生健康、全面发展

各校应该根据本课程标准的精神和要求认真实施体育与健康课程的教学。同时,应正确认识、处理好本课程标准与国家相关政策和重大活动的关系,如与《国家学生体质健康标准》以及"一校一品""一校多品""校园足球"等的关系。在实施体育与健康课程教学时,既要结合上述政策与重大活动的要求,共同为促进学生的健康与全面发展作出贡献,又要坚持体育与健康课程教学的核心价值追求,避免将体育与健康课上成体质健康达标与测试课等。

2. 学习评价建议

体育与健康学习评价是通过系统收集学生的体育学习态度与表现、课外体育锻炼情况与成效、健康行为等信息,依据一定的标准和方法对所达

到的学科核心素养水平进行判断和评估的活动,是不断完善课程建设的重要环节和途径。体育与健康学习评价的主要目的是对学生的体育与健康行为进行观察、诊断、反馈、引导和激励,并衡量课程目标的达成程度。

(1)设置学习评价目标

体育与健康学习评价的目标主要强调几个方面:第一,了解学生体育与健康学习和发展过程,包括运动能力、健康行为和体育品德三个方面学科核心素养的形成情况;第二,对学生在体育与健康学习中存在的困难和不足进行分析、判断,进而改进教学;第三,挖掘学生的体育与健康学习潜能,为学生提供展示自己能力、水平和个性的机会,促进学生的体育与健康学习;第四,培养与提高学生自我认识、自我教育和自我发展的能力,促进其学科核心素养的形成。

(2)选择学习评价内容和方法

在体育与健康学习评价的过程中,评价内容和方法的选择应围绕学科核心素养,依据学业质量标准,选择多元评价内容,注意多种评价方法的有机结合,强调多元评价主体的共同参与。

首先,评价内容的选择要关注学生通过不同模块学习之后的收获与变化。每个模块评价内容的选择应根据不同的学习内容而有所侧重,紧扣运动能力、健康行为和体育品德三个方面的学科核心素养,依据学业质量标准对学生的学习态度和行为等给予积极的关注(详见附录案例15、案例16和案例17)。对于一些无法量化的评价内容,如学生是否能够调控个人情绪、运动过程中个人对于团队和成员的接纳和服务意识等,则可以通过行为观察和记录等,把健康行为和体育品德由隐性表现转化为显性表现,从而提高这些评价内容的可观测性和可操作性。

其次,注意多种学习评价方法的有机结合,注重过程性评价与终结性评价、定量评价与定性评价、相对性评价与绝对性评价的结合,注意在多种情境中运用多种方法对获得的体育与健康学习反馈信息进行评价,以便充分了解学生现有的学习水平。例如,对运动能力的评价可以强调过程性评价与终结性评价的有机结合,其中过程性评价可以以学习团队为单位进行,每个学习团队可以包括4~6名成员,贯穿整个模块学习的始终,团队中每个成员都应为团队的成功而努力。课堂上教师可以给予每个团队课堂表现分数,主要关注团队技战术运用、比赛成绩以及合作行为、进取精神、意志品质、角色胜任、遵守规则和尊重他人等方面。模块学习结束时,每个团队的所有课堂表现总分即为该团队中每位成员在整个模块学习过程中的平时成绩(详见附录案例12);终结性评价侧重于对学生个体运动知识和技能的掌握以及运用情况进行评价。再者,强调多元评价主体的参与,获取更为全面的反馈信息。例如,可以通过学生自评与团队互评、家庭和社区反馈等方式,促进学生将体育与健康学习和日常生活相融合,形成健康文明生活方式和良好的体育品德,从而突出体育与健康课程的育人功能。

(3)收集学习评价所需要的信息

根据本课程标准的要求,学习评价应该紧扣学科核心素养,通过不同方式收集学生在运动技能、运动认知、体能、锻炼习惯、心理状态、适应能力、体育品格、体育精神和体育道德等方面的表现信息,既要了解学生通过体育与健康学习已达到的程度,更要关注学生学习后的进步幅度;既要关注学生对于运动知识和技能的掌握程度,更要关注学生对所学知识与技能的灵活运用能力;既要考评学生对健康知识的认知水平,更要关注学生健康行为和锻炼习惯的养成以及对他人健康行为产生的影响等。此外,体育与健康学习评价非常强调在实践情境中收集学生的相关学习和活动信息,鼓励有条件的地区或学校尝试利用信息技术(如手机运动应用软件APP)记录学生生活中的自主锻炼情况等信息,确保评价信息的客观性、准确性和全面性。

(4)依据课程标准进行学习评价

在体育与健康学习评价过程中,要依据本课程标准,关注学生的个体差异,针对不同的评价内容进行学习评价。体育教师可以根据本课程标准的要求选择相应的评价指标,既要考虑到对学生形成的运动能力、健康行为和体育品德三个方面学科核心素养的具体表现进行评价,更要将绝对性评价与相对性评价有机结合起来,关注学生的努力程度和进步幅度(详见附录案例13、案例14)。

(5)学习评价结果的反馈与解释

教师应充分发挥学习评价的反馈、导向、激励和改进等教育功能,在体育与健康教学的不同阶段可以采用不同形式对学生进行反馈,如采用口头、即是通信工具、成绩单等形式进行及时的评价反馈,注重激发和强化学生的体育与健康学习兴趣,引导学生把体育与健康学习和日常生活有机融合,鼓励学生运用所学的体育与健康知识和技能来促进自己的健康发展。

(二)学业水平评价方案设计建议

通过高中阶段体育与健康课程的学习,每个学生必须获得12个学分方可毕业。教师需要对不同学习阶段学生的必修必学和必修选学的模块学习做出综合评价,进行学分评定,然后对高中三年体育与健康学习的学业水平进行总体评定。

1. 学分评定

每个模块学习结束后,根据本课程标准的学业要求和阶段性学业质量水平对学生的学习成绩进行评定,同时根据成绩结果给予相应学分。

(1)体能模块学分评定

体能模块学分的评定(详见附录案例15)主要采用定量评价与定性评价相结合、过程性评价与终结性评价相结合的方法。评价的目的在于引导学生学习、掌握和运用适宜的体能练习方法,利用所学的知识对自己的体能状况和身体形态进行评估,能够根据实际情况制订适合自己的课外体能锻炼计划并予以实施,增强体能,保持良好体形,并在这一过程中养成锻炼身体的良好习惯和克服困难、勇于进取等体育品德。

(2)运动技能系列模块学分评定

运动技能系列模块学分的评定内容主要依据所学模块的学业要求,采用定量评价与定性评价相结合、过程性评价与终结性评价相结合的方式进行。评价的重点不是学生对某一运动项目单个运作技术的掌握,而是灵活、有效运用运动技术的能力。通过评价激发学生的运动兴趣,提高学生的运动能力,促进学生形成良好的健康行为和体育品德。对于运动技能掌握和运用程度的评价可以针对个人,也可以针对团队,关注学习过程中整个团队的表现(详见附录案例16)。

(3)健康教育模块学分评定

健康教育模块学分的评定(详见附录案例17)依据健康教育模块阶段性学业质量水平,针对学生的健康认知、个人或团队健康行为和家庭健康行为等方面进行评定。其中,健康认知的评定主要采用理论考试的形式,个人或团队健康行为的评定主要采用自评或互评的形式,家庭健康行为的评定主要由学生采用行为调查等形式,将评价内隐识记性的知识转化为外显表现式的评价,力求通过健康教育模块的学习和评价,促进学生个人、团队和家庭健康生活方式的构建。

2. 阶段性学业质量评定和学分认定

每个模块评价结束后,根据本课程标准要求,需要对该模块的学分进行评定(详见表1)。模块学习评定合格,获得1个学分;模块评定不合格的学生不能获得该模块的学分,且需要参加下一学期开学初组织的补考。补考内容为该模块所要求学习和掌握的内容。

表1　每个模块百分制成绩与等第评定转换表

总分	$\Sigma \geqslant 90$	$80 \leqslant \Sigma < 90$	$70 \leqslant \Sigma < 80$	$60 \leqslant \Sigma < 70$	$\Sigma < 60$
等第	A	B	C	D	E
积分	5	4	3	2	1

注意:

(1)该表适用于由百分制评分向等第评价的转换。

(2)模块学习结束时,可以根据模块的等第评定结果综合起来给予积分,其中A为5分,B为4分,C为3分,D为2分,E为1分。

对于需要提供每个学期体育与健康学习成绩的学校,应根据本校实际情况,结合学生的进步发展情况,在2个必修学分评定结果的基础上进行学期评定。

阶段性学业质量评定是在模块成绩评价的基础上,在每学年结束时进行的体育与健康学习成绩评定,主要针对本学年所学习的4个模块的学分等第进行综合评定。

3. 学业水平评定与最终学分认定

高中阶段的体育与健康课程教学结束后,需要根据每个模块的成绩评定和学分认定结果,对高中三年的体育与健康学业水平和学分进行最终认定。根据表1中不同等级积分,将12个学分的等级换算成分数后,对每个模块学分评定结果进行综合汇总。各省应根据实际情况组织高中学业水平考试,参照综合汇总的学分认定结果确定学生在高中阶段的体育与健康学业水平成绩(详见表2)。

表2　高中阶段体育与健康学业水平成绩评定表

学业水平	优秀	良好	中	及格	不及格
各模块总积分	$\Sigma \geqslant 60$ (即每个模块的积分均为5)	$48 \leqslant \Sigma < 60$ (且每个模块最低积分≥4)	$36 \leqslant \Sigma < 48$ (且每个模块最低积分≥3)	$24 \leqslant \Sigma < 36$ (且每个模块最低积分≥2)	$\Sigma < 24$ (其中积分为1的模块需要补考)
最终等第	A	B	C	D	E

(三)教材编写建议

高中体育与健康教材的编写要以本课程标准为依据,使教材成为培养学科核心素养的载体。教材与运动实践形成互补关系,共同促进高中学生科学从事体育学习和锻炼,形成关爱生命的意识和健康文明生活方式,提高体育文化和健康素养,增进身心健康。

1. 教材编写的基本要求

(1)教材编写要贯彻和落实国家的教育方针和立德树人根本任务,体现健康第一的指导思想,突出体育与健康学科的育人价值,有利于促进学生形成运动能力、健康行为和体育品德三个方面的学科核心素养。

(2)教材编写要以培养学生学以致用能力为重点,既有利于学生掌握和理解体育与健康知识和方法,又能促进高中学生学会运用科学的体育与健康知识和方法指导运动实践和健康生活。

(3)教材编写要体现以学生发展为中心的课程理念,突出学生学习的主体性,满足学生体育与健康学习和健康成长的需要,激发学生的求知欲和阅读兴趣,使学生爱读爱用,有助于引导学生主动参与体育与健康学习和实践。

(4)教材编写应改变单一、孤立地呈现知识的编写体系,要突出知识与运动情境、生活情境的联系,注重概念与概念、原理与原理、理论与实践之间的关联,引导学生用结构化的知识、技能和方法解决体育与健康的问题。

(5)教材编写要重视和弘扬中华优秀传统文化中的武术以及民族民间传统体育等内容,增强学生对祖国优秀传统文化的自信和民族团结的意识;不同版本的教材在符合本课程标准精神的前提下,应努力体现鲜明的编写特色。

(6)教材编写应特别注重与现代信息技术的融合,充分利用多种信息技术手段,指导学生通过多种途径运用丰富多样的音频、视频等数字化资源,使教和学更加生动、有效。

2. 教材的内容选择

教材选择的内容主要包括体能知识、体育文化、运动原理和健康教育四个方面。

(1)体能知识方面选择的内容主要包括体能发展的基本原理与方法、体能锻炼计划的制订、体能水平的测量和评价、有效控制体重和改善体形的基本原理和方法等。

(2)体育文化方面选择的内容主要包括体育运动的演变与发展、中国优秀传统体育文化、奥林匹克文化、运动健身文化和文明观赛等。

(3)运动原理方面选择的内容主要包括体育锻炼的基本原则、运动技能形成的基本规律和方法、运动与心理调控、运动安全、运动保健和运动处方等。

(4)健康教育方面选择的内容主要包括科学的健康观、健康管理、营养与食品安全、常见疾病预防、环境与健康、安全与避险、心理健康和社会适应能力等。

3. 教材的呈现方式

(1)教材内容编排应主要呈现体育实践课上不宜教与学的内容,使教材内容与体育实践课的内容紧密配合。在体育实践课上应主要进行运动动作技术和练习方法的学练。

(2)教材内容编排倡导以问题解决为导向,高度重视学习活动设计,创设贴近学生实际的学习情境,启发学生运用结构化的科学知识和原理解决实际问题,指导学生进行体育与健康学习和锻炼;注重为学生提供质疑与思考的空间,引导学生主动探究、建构知识、获得结论、学以致用,提高学生自我设计、自我学习和自我评价的能力。

(3)教材内容编排倡导形式多样,注重教学内容的科学性、实用性、典型性、关联性和递进性;文字叙述准确、易懂,文字、图像和图表紧密结合,易于学生阅读和自学。

(4)教材开本应恰当,装帧牢固;版面设计应清爽、美观、大方,疏密得当;纸质、纸张颜色和字体等应符合国家有关标准,符合学生的身心健康要求。

(四)地方和学校实施本课程的建议

1. 地方实施建议

我国幅员辽阔、民族众多,各地区的经济、文化、教育、体育发展水平不均衡,各地高中体育与健康课程实施的条件差异很大。各省、自治区、直辖市以及地市、县教育行政部门与教研机构在课程标准实施过程中肩负着重要的职责。各地要依据本课程标准的精神,结合本地实际,制订切实有效的实施办法,创设课程实施的环境与条件,强化对课程实施的组织、管理与督导,保证体育与健康课程的顺利实施。

(1)建立地方实施课程标准的组织机构

各省、自治区、直辖市教育行政部门应高度重视体育与健康课程的实施,依据本课程标准,成立体育与健康课程教学指导机构,充分吸纳教研部门相关负责同志、课程与教学理论专家、体育教育专家、优秀校长以及一线优秀体育教师等人员参与,负责本地区高中体育与健康课程实施工作的指导、评价和督导等工作。

(2)制订地方实施课程标准的政策与措施

地方教育行政部门应深入学习和认真贯彻本课程标准的精神与要求,结合本地的经济、文化、教育、地理、气候、体育等实际情况,制订符合本地区实际、科学合理、特色鲜明、可操作、可检查的政策与措施。

(3)制订地方体育与健康课程实施方案

地方教育行政部门应充分贯彻和落实本课程标准的精神,结合本地区的实际情况,制订适合本地区的地方体育与健康课程实施方案,并以此作为组织管理和实施的依据,实施方案的落实情况由地方教育督导部门检查和评价。

地方体育与健康课程实施方案主要包括以下内容:对本课程标准精神的理解和贯彻要点,对本地区教育和体育与健康课程教学的现状、问题、学生体质健康状况等情况的分析,本地区推进高中体育与健康课程实施的目标和策略,本地区实施高中选项教学的基本原则与教学内容建议,本地区高中体育与健康课程学习评价的内容与标准,本地区完善体育场地器材的方案,以及本地区高中体育教师的培训计划等。

(4)为实施课程标准提供必需的条件保障

地方教育行政部门必须根据国家的相关规定和本地区学校开设选项教学的需求,配足、配齐合格的体育教师;强化对本地区高中体育教师的全员培训,提高其专业素养;科学核算体育教师的工作量,激发其工作积极性;强化学校体育运动安全措施,建立和完善运动伤害保险制度;保障并提高本地学校体育场地、器材和设备的配备,保证体育与健康课程教学的顺利开展;采取切实有效的政策措施,确保高中三年每周两节体育与健康课的课时不被挤占。

2. 学校实施建议

学校是组织实施体育与健康课程的基层单位,是贯彻实施本课程标准的重要环节,在体育与健康课程实施过程中具有极其重要的作用。

(1)加强对体育与健康课程实施的指导

学校领导应落实专人分管,成立体育与健康课程教学指导机构,负责学校体育与健康课程实施计划的制订、组织实施、评价、反馈与完善等工作,指导学校体育与健康课程各项活动的开展。

(2)制订学校体育与健康课程实施计划

学校要制订体育与健康课程实施计划。体育教研组长是学校体育与健康课程实施计划的直接责任人,应组织体育教研组全体教师认真学习本课程标准和地方体育与健康课程实施方案,制订本校体育与健康课程实施计划。实施计划主要包括:对本课程标准和地方体育与健康课程实施方案精神的理解和贯彻要点、对本校教育的定位、体育与健康课程教学现状、学生体质健康状况和运动基础、师资状况、体育传统和体育与健康课程资源等方面的分析;本校推进体育与健康课程实施的具体目标、人员分工、工作内容与时间安排等;实施高中必修必学模块和必修选学模块教学的整体安排、组织和选项指导;体育与健康课程资源的开发与利用计划;体育与健康课程管理、安全细则和具体要求;体育与健康课程学分认定办法、体育与健康课程学习评价指南等。

(3)提供体育与健康课程实施的人力、时间和物质条件保障

学校应按照国家课程实施的基本要求,结合本校的课程实施计划,根据教育部制定的《中学体育器材设施配备目录》和《国家学校体育卫生条件试行基本标准》建设与配备体育场地与器材;按照国家的相关规定配足体育教师,对于部分师资力量不足的学校,应依据教育部印发的《学校体育美育兼职教师管理办法》选聘体育兼职教师;切实保证每周两节体育与健康课时以及课外体育活动时间不被挤占;重视体育教师的继续教育,尤其应注重加强师德师风建设和提高体育教师的健康教育教学能力,给体育教师提供多种参与培训的机会和支持,提高教师专业化水平。

体育与健康课程必须将课堂教学与课外体育锻炼、体育社团活动、体育竞赛活动和课外其他教育教学活动等有机结合,从而全面、有效地实现高中体育与健康课程的目标,培养和发展学生的学科核心素养。

附录1 体育与健康学科核心素养水平划分

表3 体育与健康学科核心素养5级水平划分

学科素养	水平	学科素养表现
运动能力	1	·了解体能对于个人学习和生活的重要性。 ·在教师的指导下制订体能锻炼计划并实施。 ·掌握所学运动项目的原理和动作技术，通过运动体验增强对所学运动项目的理解，能进行展示或参加比赛。 ·了解所学运动项目的比赛规则。 ·观看所学运动项目的国内外重要体育赛事。
	2	·认识体能对于个人学习与生活的重要性。 ·制订和实施体能锻炼计划，并对锻炼效果作出评价，体质健康测试成绩合格。 ·运用所掌握的运动项目技战术参加班级内的展示或比赛。 ·观看并简要评价所学运动项目的国内外重要体育赛事。 ·掌握所学运动项目的比赛规则、裁判方法和比赛基本知识，并能进行运用。
	3	·表现出对于体能重要性的正确认知，并积极参与练习，体质健康测试成绩良好。 ·积极参加或组织班级内及以上的体育展示或比赛。 ·将所学运动技能运用于日常锻炼或比赛中。 ·运用所掌握的知识观赏与分析体育比赛。 ·主动运用所学的运动知识和技能分析和解决运动项目学练和比赛中的问题。
	4	·运用科学锻炼原理设计和实施个人体能发展计划，体质健康测试成绩优秀。 ·熟练运用所学运动项目的技战术、规则参加班级间的比赛，能够胜任比赛的裁判角色。 ·主动积极地观赏所学运动项目的国内外重要体育赛事，并做出较为全面评论。 ·运用综合知识和技能分析和解决所学运动项目学习和比赛中的问题。

续表

学科素养	水平	学科素养表现
运动能力	5	·根据个人特点设计和实施个性化的体能发展计划,体重适宜、体格强健、体态优美、体力充沛。 ·选学的运动项目运动水平接近或达到三级运动员水平;较好地组织所学运动项目的比赛,达到三级裁判员水平。 ·比较专业地观赏与评价所学运动项目的国内外重要体育赛事。 ·熟练运用所学知识和技能对所选运动项目的相关原理进行科学阐释,并解决运动实践中的复杂问题。
健康行为	1	·认识体育锻炼对于健康的重要性,参与体育学习和课外体育活动。 ·了解和初步运用营养、卫生保健、心理健康、社会适应、环境、安全避险、体重控制、运动损伤和疾病预防、消除运动疲劳等方面的健康知识。 ·在运动、学习和生活中保持一定的情绪稳定性。 ·在运动、学习和生活中与同伴交流合作,基本适应自然环境的变化。
	2	·理解体育锻炼对于健康的重要性,积极参与体育学习和课外体育锻炼。 ·理解营养、卫生保健、心理健康、社会适应、环境、安全避险、体重控制、运动损伤和疾病预防、消除运动疲劳等方面的健康知识,将所学的健康知识运用于运动、学习和生活中。 ·在运动、学习和生活中保持较好的情绪稳定性。 ·较好地处理人际关系,积极与人交流合作,适应自然环境的变化。
	3	·比较自觉主动地进行科学的体育锻炼,形成锻炼习惯。 ·具有较好的健康意识,注意养成健康文明生活方式。 ·在运动、学习和生活中敢于面对困难和挫折,能有效调控自己的情绪。 ·具有良好的合作能力和团队精神以及适应自然环境变化的能力。
	4	·积极主动地参与校内外体育活动,并能根据锻炼效果调整自己的体育锻炼方案。 ·心胸开阔、情绪稳定、心态良好。 ·具有良好的合作能力、团队精神以及较强的生活、生存能力。 ·将所学的健康知识综合运用到生活中,形成健康文明生活方式。
	5	·自觉坚持有规律的体育锻炼,并能有效组织与指导同伴和家人进行体育锻炼。 ·对于自然环境具备很强的适应能力,表现出积极向上、乐观开朗的人生态度。 ·自觉表现出卓越的领导能力、组织能力和合作能力。 ·热爱生活、珍惜生命、身心健康、体魄强健。

续表

学科素养	水平	学科素养表现
体育品德	1	·在体育运动中能够面对困难、不怕困难。 ·按照比赛规则与要求参与体育学习和比赛。 ·在运动过程中关注同伴与对手,认识到自己所担当的运动角色。
	2	·在体育运动中敢于面对困难、克服困难,具有积极进取的意志品质。 ·按照运动规范和比赛规则参与体育学习和比赛,诚实守信。 ·在体育运动中尊重同伴、尊重裁判。 ·了解运动角色的职责,并体验不同的运动角色。
	3	·在体育运动中积极克服内外困难,具有抗挫折能力,表现出勇敢顽强的精神。 ·理解与运用选学运动项目的比赛规则,形成规则意识,具有公平竞争的意识和行为。 ·在体育运动中能够正确对待比赛的胜负结果,胜任运动角色,表现出负责任的社会行为。
	4	·在体育运动中具有迎难而上、挑战自我、顽强拼搏的精神,胜不骄、败不馁。 ·在体育展示或比赛中自觉遵守运动规范和比赛规则,服从裁判,尊重对手,积极处理比赛中产生的问题。 ·在体育运动中表现出负责任、敢担当、善担当的社会行为。
	5	·在体育运动中表现出主动迎接挑战、战胜困难、坚韧不拔、追求卓越的精神。 ·在体育运动中自律自制,遵规守纪,有效应对和正确化解运动中的冲突。 ·将在体育运动中形成的良好品德迁移到学习和日常生活中。

附录2　教学与评价案例

一、教学案例

案例1　为提高学生对体能重要性的认识创设现实问题情境

在进行体能内容的教学时,体育教师为提高学生对自身体能、健康状况的认识创设了现实的问题情境,讲述了一个高中学生搬运大米的故事。

春节前的一个下午,秦女士从超市买回米、面、油、水果和饮料等年货,由于丈夫不在家,秦女士打电话让儿子到楼下帮着拿东西。“其实没什么重活儿,就是让他把东西从车上一件一件拿到电梯口,50斤大米,我都能搬得了,这孩子竟然说搬不动”,秦女士压低了声音说,“我开始以为他是怕累、偷懒,后来才觉得他可能真是没有那么大的劲儿。他搬了其他东西,来回几趟后就累得不行。我当时真是又惊又气,养了这么大一个儿子,人长得像模像样,怎么会这样柔弱无力?”

体育教师讲述的这个真实故事告诉我们什么问题?每个学生对照一下自己的体能状况,判断自己是否能搬动?我们真的已经成为手无缚鸡之力的文弱书生了吗?我们怎样做才能身心健康、体魄强健?

通过现实问题创设的情境可以让学生进一步提高对体能重要性的认识,进而提高体育学习和锻炼的自觉性。

案例2　为培养学生团结合作的意识与能力创设运动情境

在体育教学过程中要为学生创设体验与他人合作的运动情境,使学生认识到要完成集体活动,每个人都必须积极与他人合作。如创设篮球的小组集体跳起投球打板接力活动情境,将学生分成人数相等的若干小组,小组的每个成员轮流完成跳起投球打板练习。每个小组统计连续完成投球打板的次数,讨论影响连续投球打板次数的因素。每个小组挑战自己连续完成的最高次数,小组之间进行连续完成跳起打板的比赛。

通过创设这样的活动情境,可以使学生之间相互信任、相互鼓励,相互包容、敢于担当,有助于培养学生的合作能力和团队精神。

案例3　为培养学生勇敢顽强、坚韧不拔的意志品质创设运动情境

体育运动往往需要付出巨大的体力与心理努力才能取得成功,这为培养学生坚强的意志品质提供了很好的方式和契机。体育教师可以有意识

地创设需要学生通过艰苦努力,战胜运动中出现的生理和心理痛苦才能完成的运动情境,培养学生勇敢顽强、坚韧不拔的意志品质。

如耐久跑教学中,将学生分成三组进行1500米跑练习,要求各组中的每个成员轮流担任该组领跑者,并事先由各组成员讨论领跑的顺序。当各组跑出后,先由最后一名成员加快速度跑至本组最前面进行领跑,然后由原倒数第二名成员(现为最后一名成员)加快速度跑至本组最前面接着领跑,依此不断反复进行,直至跑完1500米为止,看哪组最先跑完。同时,要求各组成员在练习过程中都要为本组每个成员鼓劲加油,为了本组的成功都要坚持不懈地跑完全程不掉队。

上述情境的创设,在发展学生心肺耐力的同时,也有利于培养学生坚持不懈、勇敢顽强的意志品质。

案例4　为培养学生挑战自我、积极进取的精神创设运动情境

心肺耐力是学生较长时间进行跑步、游泳、球类和跳绳等运动所必需的体能,在长时间完成动作的过程中可能会产生"极点"现象。体育教师在教学过程中应创设具有一定难度的活动情境,发展学生的心肺耐力,培养学生挑战自我、战胜自我、克服困难和积极进取的体育精神。

为学生创设持续运动的情境,如根据三名学生已经能够持续跑完的距离:甲学生800米、乙学生1000米、丙学生1500米,要求这些学生确定挑战自我最远距离的目标分别提高至900米、1100米、1600米,并指导学生进行练习。

为学生创设固定距离、不断提高速度的运动情境,如根据三名学生的实际:甲学生800米3分50秒、乙学生1000米5分10秒、丙学生1500米7分30秒,要求三名学生分别挑战800米3分40秒、1000米5分钟、1500米7分20秒的目标,并指导学生进行练习。

为学生创设既增加运动距离,又提高运动速度的情境,如根据三名学生的实际:甲学生800米3分50秒、乙学生1000米5分10秒、丙学生1500米7分30秒,要求三名学生分别设置增加运动距离与提高运动速度的目标:

900米4分、1100米5分20秒、1600米7分30秒的目标,并指导学生进行练习。

在上述情境中,学生在不断挑战自我、战胜自我的过程中潜移默化地实现"距离增一米,挑战加一层;速度快一秒,我就成功了"的跨越式发展。

案例5　为提高学生的实际运动能力创设不断变化的学习与运用情境

在一堂足球教学课中,体育教师通过创设激发学生学习兴趣以及由易到难、由简单到复杂的情境,提高学生的实际运用能力。

第一步:U形队形集合,使教师和学生之间没有阻隔地相互直视,这种更为平等直接的沟通方式,有助于学生集中注意力,尽快进入有效的课堂学习准备状态。体育教师根据足球专项的教学进度,像给一支足球队布置比赛任务一样,分配学生担任不同的运动角色,并提出相应的要求。

第二步:针对本课教学内容,在教师指导下由每队的队长带领队员进行针对性强的热身活动。

第三步:在无对抗的情境下,进行足球运球过人和传球过人的动作技术练习。

第四步:在消极防守转为积极防守的情境下,进行足球运球过人和传球过人射门练习,提高学生在有对抗的情境中进行技战术学习和运用的能力,实现从动作技术学习到实战对抗练习过渡。

第五步:分组进行三对三足球比赛,既有助于强化上述动作技术的运用,又能够提高学生应对变化情境的实战能力。

第六步:针对本课所学内容,进行补偿性的体能练习,如分组推小车和双手足球掷远练习。

第七步:集合队形,进行放松练习,师生共同完成课堂总结。

通过动作技术学练、小组比赛和体能练习,既有助于提高学生的耐力、速度、灵敏、柔韧、协调、力量等体能水平,也有助于学生熟悉球性,提高控球、运球、传球、接球、射门等动作技能水平,以及配合能力、决策能力、心理调节能力、领导能力、分析问题和解决问题的能力等,还能培养学生公平竞争、奋发进取的体育精神。

案例6　为提高学生的自主学习能力创设运动情境

在体育学习和锻炼中,学生应该不断地自我体验、自我思考、自我评价,有效提高运动能力和水平。体育教师要避免单一的集体练习方式,给学生提供更多自主学习的时间和空间,提高学生的自主学习能力。为此,可以创设多种运动情境让学生进行自主学习和体验。

在学生初步掌握跳远技术的基础上,教师可以让学生自主学练完整的跳远练习,教师只需提出要求并认真观察。如要求学生每一次跳远练习后要思考自己哪些动作环节需要改进以及如何改进等。学生依次进行跳远练习,自主学练的总时间不少于20分钟。最后,教师与学生交流和讨论存在的问题和改进的方法。上述案例提示教师要相信学生的自主学习潜能,放手让学生自主思考和体验;要认识到学生运动技能水平的提高主要取决于学生的练习,而不是取决于教师的口头讲解;教师的指导作用更多体现在对学生学练过程中给予的点拨、启发和鼓励。

案例7　为提高学生的合作学习能力创设运动情境

体育教师在教学过程中应有意识地创设必须与同伴合作才能够完成的活动或比赛情境,让学生体验到为实现团队目标,每个成员都必须积极与他人合作。如“蒙眼”足球赛,将学生分成4、6或8人一组,每组设监督人2~3人,每组学生人数相等。根据蒙布的颜色给每个小组命名。每个学生在组内寻找一个搭档,在每对搭档中,只有被蒙上眼睛的学生可以踢足球,他的搭档负责告诉同伴向什么方向、用多大力量、用什么方式踢球。被蒙上眼睛的学生要保持双肘弯曲,掌心向上,手的高度与脸平齐,且只能以踢地滚球的方式进行比赛,负责指挥的学生不允许碰撞同伴和对手。通过“蒙眼”足球赛可以使学生之间相互信任,增强学生的语言表达能力、理解能力、交流能力和协作能力。

案例8 为提高学生的探究学习能力创设运动情境

为了提高学生的探究意识和能力,在体育教学中教师可以先不做讲解示范,而是首先创设问题情境,让学生进行自主练习、思考与比较。

例如,设置较低的跨栏架,让学生自己进行一定距离的跨栏完整动作练习。在进行练习时有的同学跨得快,有的同学跨得慢,针对这一现象体育教师提问:"通过自己的练习和观察其他同学的动作,想一想为什么有的同学跨得快? 有的同学跨得慢?"

学生回答:"因为有的同学动作比较规范,有的同学动作不协调……"

体育教师继续问:"我国跨栏运动员刘翔100米成绩在全世界进不了前100名,为什么他的110米跨栏成绩却位居世界前列?"

学生结合自己所学的相关知识,与同学讨论并回答体育教师的提问。

学生甲回答:"刘翔在跨越栏架时滞空时间特别短。"

学生乙回答:"刘翔栏间跑的速度特别快。"

体育教师设问:"如何才能减少跨越栏架的滞空时间? 如何才能提高栏间跑的速度?"

学生思考并讨论上述问题,并反复尝试练习。

体育教师通过创设跨栏跑的问题情境,引导学生积极开动脑筋,主动思考解决问题的方案,进行探究性的学练,这样就将学习跨栏跑的正确动作与培养学生的探究意识和能力进行了有机结合。

案例9 为提高学生的信息素养创设信息技术应用的情境

根据信息技术的应用前景,体育教师可以在体育与健康课堂教学中充分使用新型信息技术,促进信息技术和课堂教学的深度融合。例如,高中篮球选项教学中,在准备活动环节,教师观察到平板电脑上由运动智能手环监测到的学生总体心率状态已达到准备活动的目标心率,可以将平板电脑上的画面投影到大屏幕上,并提示学生观察大屏幕上各自的心率指数,然后告诉学生准备活动已达到要求,下一步可以进行篮球运动技能的学练。

在篮球运动技能的学练过程中,教师可将平板电脑上的画面投影到体育馆的大屏幕上,并播放职业篮球运动员的运球与传球、运球与投篮、运球与突破等组合动作技术的精彩视频,随后让学生模仿视频进行练习并巡回对学生进行指导。同时,要求学生随时根据自己所佩戴的运动智能手环上的心率指数,调整运动负荷。

技能练习结束后,教师将平板电脑上的画面投影到体育馆的大屏幕上,播放放松活动的视频,带领学生进行放松活动。此时,大屏幕显示本节课所有学生的平均心率指数和能量消耗量,教师进行点评并告知学生不仅可以在学校官方网站"运动之家"版块下载本节课心率和能量消耗数据,而且课堂的录像资料和篮球职业比赛的精彩视频也已经上传。学生可以随时登录网站,观看练习视频并结合自己的心率和能量消耗情况,分析自己在篮球运动技能学练过程中需要改进之处,并在课后进行有针对性的自我学练。

通过在体育与健康课堂教学中综合应用平板电脑、运动智能手环、网站和多媒体等信息技术,促进学生体育与健康线上线下学习的深度融合,这不仅能提高学生的学习效果,也增强了学生的信息化意识和应用能力,有助于培养学生的信息素养。

案例10　为给每个学生创造参与和成功的机会创设运动情境

比赛是体育运动不可缺少的组成部分,通过多种形式的教学比赛可以调动学生体育学习的积极性,激发竞争意识和进取精神。但是,不能简单地将竞技运动的比赛规则不加改造地运用到体育与健康课程教学中。高中学生在体育学习方面差异显著,为了激发所有学生积极参与比赛,体育教师可以有意识地设置"不平等"的比赛规则,为不同运动基础的学生创设平等参与比赛的情境。

如在篮球不同水平的小组比赛时,可以改变比赛规则,实施"不平等竞赛法”,对于篮球水平稍差的组,将原来投中一球得2分改为投中一球得3分。通过不平等的规则以平衡比赛球队之间的实力,使比赛更加具有趣味性和竞争性。

“不平等竞赛法”也可以用于小组内成员之间的比赛中,有些学生篮球水平较高,甚至高于体育教师,但有些学生篮球水平较低。如果简单使用竞技体育比赛规则,在进行“三对三”比赛时可能大家都不愿意接纳篮球水平低的学生,这会严重伤害这些学生学习篮球的积极性。可以制订“4分手、2分手、1分手”的比赛规则,即三人中打得最好的学生投中一球得1分,第二好的学生投中一球得2分,较差的学生投中一球得4分。通过改变规则和采用“不平等竞赛法”,给学生创造了平等参与的机会,尤其能够调动篮球水平低的学生参与比赛的积极性。

案例11　为提高学生对吸烟危害性认识创设问题情境

吸烟的危害很多,如减少寿命、降低睡眠质量、影响生育功能、诱发肺部疾病和心血管疾病等。当前高中学生吸烟现象令人忧虑,体育教师针对这一现象创设特定的教学情境,引导学生提高对吸烟危害性的认识,主动远离和抵制烟草。

17岁的小李是某校高二年级学生,近期一直喊头痛,到校医务室开了几天治疗感冒和头疼的药,服用后也不见好转。当他被送到医院检查后,医生发现他的收缩压和舒张压高达170/110 mmHg,血管内壁已经严重损伤,简直像患了动脉硬化的八十岁老人一样。经询问,原来小李自初中起就吸烟,现在每天至少吸一包香烟。

引用上述案例教育学生认识吸烟危害性时,教师可以引导学生通过书刊或网络进一步自主学习有关吸烟危害身心健康的知识,同时要求学生观察家庭成员或密切接触人士的嗜烟行为,建议他们去检查自己血压和血管的情况。

二、评价案例

案例12　班级各团队体育与健康学习评价表

团队名称:××队。

团队成员:张伟、王芳、熊伟、孙秀英、李娜。

计分标准:3=达到目标,2=部分达到目标,1=部分向着目标前进,0=没有向着目标前进。

课次 得分	1	2	3	4	5	6	7	8	9	10	…	18	总计
团队技战术的运用	3	2	3	3	3	3	3	3	3	2			
合作行为	3	1	3	3	2	3	2	2	3	3			
角色胜任													
尊重他人(队友、裁判等)													
……													
……													
比赛成绩胜为3、平为2、负为1	2	3	3	2	2	3	1	3	3	2			
奖励	2	0	2	1	1	1	0	0	2	2			
总计	10	6	11	9	8	10	6	8	11	9			

案例13　制订高中男生"一分钟投篮"的等级评价

评价等级	等级百分比 / %	进球数 / 个
优秀	10	
良好	20	
中等	30	
合格	32	
不合格	8	

备注:本表中的评价等级百分比可由学校或教师自行确定。

案例14　关注进步幅度的评价

综合成绩=期末的绝对成绩分数+进步幅度分数

进步幅度分数计算公式如下：

$$\text{进步幅度分数}=\frac{\text{后期成绩}-\text{初始成绩}}{\text{目标成绩}-\text{初始成绩}}\times 100$$

(目标成绩=班级平均成绩+3倍标准差，或者是全班最好成绩)

案例15　体能模块学分评定表

<table>
<tr><th rowspan="2">类别</th><th rowspan="2">项目</th><th colspan="2">模块学习初</th><th colspan="2">模块学习末</th><th rowspan="2">进步幅度</th><th rowspan="2">单项评分</th><th rowspan="2">综评</th></tr>
<tr><th>成绩</th><th>分值</th><th>成绩</th><th>分值</th></tr>
<tr><td rowspan="4">体能</td><td>坐位体前屈</td><td></td><td></td><td></td><td></td><td></td><td></td><td></td></tr>
<tr><td>20米往返跑</td><td></td><td></td><td></td><td></td><td></td><td></td><td></td></tr>
<tr><td>引体向上(男)
仰卧起坐(女)</td><td></td><td></td><td></td><td></td><td></td><td></td><td></td></tr>
<tr><td>……</td><td></td><td></td><td></td><td></td><td></td><td></td><td></td></tr>
<tr><td rowspan="3">体能认知</td><td rowspan="3">尝试用体重指数(BMI)对自己的身体进行描述，并制订锻炼计划使自己的体形更加优美</td><td colspan="2">模块学习初</td><td colspan="2">模块学习末</td><td colspan="2" rowspan="2">发展趋势</td><td rowspan="2">综评</td></tr>
<tr><td>指数</td><td>状态</td><td>指数</td><td>状态</td></tr>
<tr><td></td><td></td><td></td><td></td><td colspan="2">A.正效
B.无效
C.负效</td><td></td></tr>
<tr><td>健康行为</td><td colspan="7">评价重点：
1.积极参与运动；2.具有安全防范的表现；3.情绪稳定；……</td><td></td></tr>
<tr><td>体育品德</td><td colspan="7">评价重点：
1.勇于进取；2.遵守规则；3.正确的胜负观；……</td><td></td></tr>
<tr><td colspan="8">奖券分</td><td></td></tr>
<tr><td colspan="8">总分</td><td></td></tr>
<tr><td colspan="8">等第</td><td></td></tr>
<tr><td colspan="8">学分评定</td><td></td></tr>
</table>

说明：

1.体能单项评分=模块学习末测试分数+进步幅度分数×权重(详见案例14)。

2. 体能认知的评价以定性评价为主，发展趋势分为正效、无效、负效三个等第，分别对应综评分值100分、50分、20分。

3. 体能认知综评=等第对应分值。

4. 体能综评=(项目1+项目2+项目3+…)/测试项目总数。

5. 健康行为和体育品德的评价内容是根据课程标准的要求，结合班级具体情况，根据模块学习的重点在学习过程中予以评价，也可以用团队评价的方式进行(详见案例12)，并给予相应的评分。

6. 每节课在学习过程中采用“发奖券”的方法及时对学生进行奖励，课后进行统计，学期结束按照一定的比例进行折算并累计。例如，5张奖券算1分，分值作为附加分计入总分。

7. 体能总分=体能综评×权重1+体能认知综评×权重2+健康行为×权重3+体育品德×权重4+奖券总分，各权重之和为1。

案例16 篮球模块学分评定表

年级:_____ 班级:_____ 学期:_____ 姓名:_____ 性别:_____ 学号:_____

<table>
<tr><td>评价方面</td><td colspan="5">评价内容</td><td>综合评分</td></tr>
<tr><td rowspan="8">体能</td><td colspan="2">项目</td><td>助跑摸高</td><td>1500米</td><td>俯卧撑</td><td rowspan="8"></td></tr>
<tr><td rowspan="2">期初</td><td>测试成绩</td><td></td><td></td><td></td></tr>
<tr><td>分数</td><td></td><td></td><td></td></tr>
<tr><td rowspan="2">期末</td><td>测试成绩</td><td></td><td></td><td></td></tr>
<tr><td>分数</td><td></td><td></td><td></td></tr>
<tr><td rowspan="2">进步幅度</td><td>进步成绩</td><td></td><td></td><td></td></tr>
<tr><td>分数</td><td></td><td></td><td></td></tr>
<tr><td colspan="2">单项评定分数</td><td></td><td></td><td></td></tr>
<tr><td rowspan="2">运动技能</td><td colspan="2">项目</td><td>一分钟定点投篮个数</td><td>全场往返运球速度</td><td>三对三教学比赛表现</td><td rowspan="2"></td></tr>
<tr><td colspan="2">单项评定分数</td><td></td><td></td><td></td></tr>
<tr><td rowspan="3">运动认知</td><td colspan="2" rowspan="3">篮球运动发展简史、文化价值与内涵;篮球比赛规则的理解和运用</td><td>打手</td><td colspan="2">A.准确判断
B.判断需提醒
C.不能判断</td><td rowspan="3"></td></tr>
<tr><td>走步</td><td colspan="2">A.准确判断
B.判断需提醒
C.不能判断</td></tr>
<tr><td>推人</td><td colspan="2">A.准确判断
B.判断需提醒
C.不能判断</td></tr>
</table>

续表

评价方面	评价内容	综合评分
健康行为	(参考案例12或案例15)	
体育品德	(参考案例12或案例15)	
奖券分数(参考案例12或案例15)		
总分		
等第		
学分评定		

说明:

1. 本评定表由体育教师填写。

2. 评价方法:

(1)体能的评价

①每个运动技能模块的体能测试项目由各校根据学生的实际情况和教学需要确定,一般为3~4项。各单项体能进步幅度分数以附加分的形式加入到相应的单项体能评定分数中,其附加权重可以根据教学实际情况和激励学生发展的需要进行确定和调整(同案例15)。各单项体能的分数评定和体能的综合评分同案例15。

②每个模块学习末的体能测试成绩即为下个模块学习初的体能测试成绩。

(2)运动技能的评价

①每个模块运动技能测试的具体项目数由各校根据学生的实际情况和教学需要予以确定,一般为3~4项。

②对于运动技能方面的评价主要通过设置运用情境,考查学生对于所学运动技能的灵活、有效运用,也可采用团队评价的方式进行(详见案例12)。

(3)运动认知的评价

①等第折算分值是:A为100分,B为50分,C为0分,也可以继续细化。

②运动认知的综合评分=(内容1分值+内容2分值+内容3分值+…)/内容总数。

(4)健康行为、体育品德和奖券分数的评定可参考案例12或案例15。

(5)总分=体能综合评分×权重1+运动技能综合评分×权重2+运动认知评分×权重3+健康行为评分×权重4+体育品德评分×权重5+奖券总分,各权重之和为1。

案例17　健康教育模块学分评定表

年级:____ 班级:_____ 学期:______ 姓名:_____ 性别:_____ 学号:_____

类别	评价内容	考试形式	综评
健康认知	1.对健康和生命的认识。 2.对健康生活方式的理解。 3.相关饮食和营养知识。 4.环境对健康的影响。 5.安全运动和避险的知识与方法。 6.运动损伤和疾病预防的知识与方法。 7.消除运动疲劳的知识与方法。 8.心理健康与社会适应的相关知识。	理论考试 (见案例18)	
个人(或团队)健康行为	1.对健康行为方式的评估,侧重于锻炼习惯、作息时间等方面。 2.对饮食和营养知识的评估,侧重于平衡膳食、饮食习惯、食品安全等方面。 3.对安全运动与避险、运动损伤预防能力的评估,侧重于运动中伤害事故防范能力、网络交友的风险防范能力等方面。 4.对消除运动疲劳情况的评估,侧重于掌握恢复的手段及其有效性等方面。 5.对心理健康与社会适应能力的评估,侧重于对个人情绪调控、人际交往能力等方面。	自评或互评 (见案例19)	
家庭健康行为	1.对家庭成员健康生活方式的评估,侧重于锻炼习惯,以及过度饮酒、吸烟等不良嗜好方面。 2.对家庭成员饮食和营养知识的评估,侧重于平衡膳食、饮食习惯等方面。 3.对家庭卫生习惯的评估,侧重于相关疾病预防能力等方面。	行为调查与实践 (见案例20)	
奖券分数(参考案例12或者案例15)			
总分			
等第			
学分评定			

说明:

(1)个人(或团队)健康行为和家庭健康行为评估结果可以用优秀、良好、及格、不及格进行等第评价。对应分值:优秀为100分,良好为80分,及格为60分,不及格为40分。

(2)健康教育模块总分=健康认知评分×权重1+个人(或团队)健康行为评分×权重2+家庭健康行为评分×权重3+奖券总分。各部分的权重由教师根据班级学生的学情特点进行酌情设置,各权重之和为1。

案例18 健康教育理论测试题

年级:_____ 班级:______ 学期:______ 姓名:______ 性别:______ 学号:______

一、判断题(每题1分,共50分;认为正确打"√",错误则打"×")

1.长期大量饮酒可能会导致肝硬化。(　　)

2.食品添加剂可以改变食品的色、香、味,但应限量使用。(　　)

3.正确使用安全套能降低感染艾滋病病毒的危险。(　　)

4.过度使用激素催生瓜果蔬菜的后果是使它们的营养价值更高。(　　)

5.胡萝卜、西红柿熟吃比生吃更有营养。(　　)

6.只要午餐好好吃,早餐可以不吃。(　　)

7.现代女性应该"唯瘦为美。(　　)

8.节食是塑造优美体形的良好方法。(　　)

……

二、单项选择题(每题1分,共50分)

1.霉变的甘蔗可以吃吗?(　　)

A.不能吃　B.可以吃　C.削皮后可以吃

2.以下食品中铅含量最高的是(　　)

A.黄瓜　B.松花蛋　C.面包

3.电脑的哪个部位辐射最强?(　　)

A.正面　B.侧面　C.背面

4.祛斑类化妆品容易含过量的(　　),它是一种毒性很强的化学物质。

A.镉　B.汞　C.磷

5.体重指数=体重(公斤)÷[身高(米)]^2,正常体重指数为(　　)

A. 15~19　B.20~24　C.25~29

6.合理营养是指膳食中所含的营养素种类齐全、数量充足、比例适当,并与身体的需要保持平衡。下列做法中不符合合理营养原则的是(　　)

A.食品要荤素、粗细搭配,多吃新鲜蔬菜水果

B.适当增加奶、蛋、瘦肉和豆类等优质蛋白

C.多食用盐、甜食品和动物脂肪

7.世界卫生组织提倡的最好锻炼方式是(　　)

A.跑步　B.游泳　C.走路

8.健康的睡眠要做到什么?(　　)

A.起居规律,按时睡觉或起床　B.睡觉时不用注意睡姿　C.睡觉时枕头要高

……

案例19 个人健康行为评估

年级:____ 班级:_____ 学期:_____ 姓名:_____ 性别:_____ 学号:_____

1.在课余时间,你经常参与体育锻炼吗?(　　)

A.经常　　B.偶尔　　C.不参加

2.在运动前有必要做适量准备活动吗?(　　)

A.有必要　　B.不清楚　　C.没必要

3.你认为高中学生可以吸烟、喝酒吗?(　　)

A.不可以　　B.不清楚　　C.可以

4.如果你的朋友吸烟,你也会吸烟吗?(　　)

A.坚决不吸　　B.不一定　　C.陪朋友吸

5.你经常饮用碳酸饮料吗?(　　)

A.不喝　　B.偶尔　　C.经常喝

6.在虚拟网络平台中,面对陌生网友的邀请,你会赴约吗?(　　)

A.不会　　B.不一定　　C.会

7.对于网页中跳出的具有诱惑性的链接,你会去点击吗?(　　)

A.不会　　B.不一定　　C.会

8.在情绪不好的时候,你会迁怒于家人或同学吗?(　　)

A.不会　　B.偶尔　　C.经常

9.在与同学外出玩耍前,你会把相关信息告诉家人吗?(　　)

A.会的　　B.家长问了才说　　C.没想过

10.你独自外出到较远的同学家,到达后会电话告知父母吗?(　　)

A.会的　　B.没考虑过　　C.不会

11.在运动中出现急性闭合性扭伤,你知道该如何处理吗?(　　)

A.冰敷或凉水冲　　B.找医生　　C.自己揉揉贴膏药

……

计分:

1.个人行为方式(共13题)
题号:1、3、4、8、21、24……
得分:

2.饮食和营养(共12题)
题号:5、15、17、18、20……
得分:

3.安全运动与避险(共13题)
题号:2、6、7、9、10、11……
得分:

4.心理健康与社会适应(共12题)
题号:29、31、34、35、48……
得分:

总分:

说明:

(1)评价问卷围绕个人健康行为评估的四项内容设计了50个问题,随机分布在试卷中,可以采用学生自评或互评的方式进行。

(2)每题的答案A计2分、答案B计1分、答案C计0分。任一项目的计分低于12

分,表示这个项目需要加强学习。

(3)总分等于四个项目的计分之和。

(4)可以用同样的方式参考设计团队健康行为的评价问卷。

案例20　家庭成员健康生活方式评估调查表

评估人:________　班级:________　评估时间:3月1日至6月20日

<table>
<tr><td rowspan="6">家庭成员健康行为评价</td><td rowspan="2">评估对象</td><td colspan="6">锻炼频率</td></tr>
<tr><td colspan="3">经常锻炼</td><td colspan="2">偶尔锻炼</td><td>不锻炼</td></tr>
<tr><td>爷爷</td><td colspan="3">√</td><td colspan="2"></td><td></td></tr>
<tr><td>奶奶</td><td colspan="3"></td><td colspan="2">√</td><td></td></tr>
<tr><td>爸爸</td><td colspan="3"></td><td colspan="2">√</td><td></td></tr>
<tr><td>妈妈</td><td colspan="3"></td><td colspan="2"></td><td>√</td></tr>
<tr><td rowspan="5">行为建议</td><td>行为人</td><td colspan="6">具体建议</td></tr>
<tr><td>爷爷</td><td colspan="6">每天晚饭后邀请一个家庭成员一起散步一小时,雨天除外</td></tr>
<tr><td>奶奶</td><td colspan="6">散步一小时,每周至少三天</td></tr>
<tr><td>爸爸</td><td colspan="6">晚饭后散步一小时,每周至少三天</td></tr>
<tr><td>妈妈</td><td colspan="6">每天晚饭后散步一小时,雨天除外</td></tr>
<tr><td rowspan="6">行为记录</td><td>行为人</td><td colspan="6">行为记录</td></tr>
<tr><td></td><td>3.1</td><td>3.2</td><td>3.3</td><td>3.4</td><td>3.5</td><td>……</td></tr>
<tr><td>爷爷</td><td>√</td><td>√</td><td>√</td><td>×</td><td>√</td><td>……</td></tr>
<tr><td>奶奶</td><td>√</td><td>√</td><td>√</td><td>√</td><td>×</td><td>……</td></tr>
<tr><td>爸爸</td><td>√</td><td>√</td><td>×</td><td>√</td><td>√</td><td>……</td></tr>
<tr><td>妈妈</td><td>√</td><td>√</td><td>√</td><td>√</td><td>√</td><td>……</td></tr>
<tr><td rowspan="5">阶段评估</td><td>行为人</td><td colspan="5">坚持情况</td><td>综述</td></tr>
<tr><td>爷爷(20%)</td><td colspan="5"></td><td></td></tr>
<tr><td>奶奶(20%)</td><td colspan="5"></td><td></td></tr>
<tr><td>爸爸(30%)</td><td colspan="5"></td><td></td></tr>
<tr><td>妈妈(30%)</td><td colspan="5"></td><td></td></tr>
<tr><td colspan="7">总分</td><td></td></tr>
</table>

说明:

(1)该调查评价表主要评价学生对于家庭成员健康生活方式的影响能力,重在培养学生利用所学的健康知识对他人健康意识和行为实施所产生的积极影响。

(2)在行为记录部分,针对行为人当日“行为建议”完成情况做出相应记录,如完成“行为建议”打“√”,否则打“×”。

(3)由于不同年龄阶段的行为人在行为上会表现出不同的“顽固性”,所以评估中父母双方的权重高于爷爷奶奶的权重,坚持60天及以上的评为100分,坚持40~60天(含40天)的评为80分,坚持30~40天(含30天)的评为60分,低于30天的评为40分。

附录3　术语解释

一、健身育人

指引导学生通过身体练习感受运动的魅力和生活的意义,树立乐观开朗、积极向上的人生态度,体魄强健、充满活力、人格健全、品德优良,形成良好的核心素养,获得健康与全面发展的教育过程。

二、健康教育

指为使学生自觉采纳有益于健康的行为和生活方式,消除或减轻影响健康的危险因素,预防疾病,促进健康,提高生命质量而进行的有计划、有组织的教育行为和社会活动。健康教育内容是体育与健康课程的有机组成部分,体育教育与健康教育有机融合,对于培养学生的健康意识和良好的生活方式具有重要作用。

三、体能

指人体各器官系统的机能在身体活动中表现出来的能力,是体质的重要组成部分。体能主要包括身体成分、心肺耐力、柔韧性、肌肉力量、肌肉耐力、灵敏性、平衡、协调性、力量、速度、反应时等。其中,心肺耐力、肌肉力量、肌肉耐力、柔韧性、身体成分等与人的健康密切相关,称为与健康相关的体能,是维持基本生命活动和增进健康的基础;反应时、灵敏性、速度、力量、平衡、协调性等与动作技能密切相关,称为与动作技能相关的体能,对于提高运动水平非常重要。

四、运动技能

指在体育运动中完成专门动作的能力,包括神经系统调节下不同肌肉群协调工作的能力。课程标准要求高中学生系统地掌握和运用1~3项运动项目的技能,形成运动爱好和专长,为终身体育奠定良好的基础。

五、身体质量指数(BMI)

指体重(千克)与身高(米)平方的比值,是国际上常用的衡量人体胖瘦程度以及评价是否健康的一个参考指标。

六、知识和技能的结构化

指体育与健康知识与技能具有的层次性和关联性特征。知识和技能的层次性是指它们相互之间具有由简单到复杂、由易到难的递进关系,关联性是指知识与知识之间、技能与技能之间相互联系、相互促进。在教学中要注意引导学生学会用结构化的知识和技能解决运动和生活情境中的问题。

七、开放式运动技能

指根据比赛对手等的变化情况,运动者要及时确定和实施的运动方式,如足球、篮球、排球、乒乓球、网球、棒跤、跆拳道和武术对练等项目。

八、封闭式运动技能

指环境因素相对稳定,主要根据运动者本体感受器进行反馈调节的运动方式,如田径的跳高、跳远、投掷、游泳和竞技体操等项目。

附件2:制订地方体育与健康课程实施方案和学校体育与健康课程实施计划的建议

一、制订地方体育与健康课程实施方案的建议

各省、自治区、直辖市教育行政部门应根据课程标准的精神和要求,结合本地区实际情况和课程发展的需要,制订本地区的地方体育与健康课程实施方案(以下简称“方案”)。

“方案”应包括以下几个方面的内容:

(1)对课程标准主要精神的理解与把握。

(2)对本地区经济、文化、教育以及体育与健康教学现状、学生体质健康状况等的分析。

(3)提出本地区分类指导以及分层、分步推进的课程实施策略。

(4)确定本地区水平一至水平四教学内容的范围和标准。

(5)提出本地区各个水平的学习评价建议,包括内容、方法与标准等方面。

(6)提出本地区实施体育与健康教学、体育场地与器材配备、体育教师研修的基本要求。

二、制订学校体育与健康课程实施计划的建议

学校应依据课程标准和“方案”的要求,结合学生健康发展的需要、学校体育整体发展需要和体育与健康教学实际情况,制订本校的学校体育与健康课程实施计划(以下简称“计划”)。

“计划”应包括以下几个方面的内容:

(1)对课程标准和“方案”精神的理解与把握。

(2)对学校教育改革背景、体育与健康教学现状、学生体质健康状况、课程资源、体育传统项目等的分析。

(3)明确提出本校实施体育与健康课程的目标。

(4)制订本校体育与健康课程实施的策略与计划。

(5)确定各水平和年级的具体学习目标。

(6)确定各水平和年级的教学内容与课时数分配范围。

(7)提出教法运用与学习指导的基本要求。

(8)具体规定各水平和年级学生体育与健康学习成绩评价方案,包括具体的内容、方法和标准等方面。

(9)提出体育与健康课程资源开发与利用的建议。

(10)提出教学管理方面的具体要求。

附件3:发展学生自主、合作、探究学习能力案例

案例1　在篮球投篮教学过程中培养自主学习的意识和能力

[学习阶段]　水平五。

[学习目标]

1.提高1分钟投篮的命中率。

2.体验投篮的乐趣和提高命中率的成功感。

3.培养自主学习投篮的方法和能力。

[教学内容]　投篮练习。

[教学步骤]

1.学生在教师指导下根据自己的实际能力选择投篮距离(如2米、3米、4米)。

2.学生根据自己的情况设置1分钟投篮命中的次数目标(如1分钟投中3次)。

3.学生思考"如何投准"(可以请教教师或同学)。

4.学生尝试练习和体验。

5.学生自我测评。

6.达到目标的学生总结成功的经验,并设置新的目标进行练习;未达到目标的学生进行反思,并改进练习方法。

说明:

本例的设计思路是学生在教师指导下,根据自己的实际情况选择不同的投篮距离,设置每分钟投篮命中的次数,思考投准的方法并进行练习,从

而提高投篮的准确性，体验篮球活动的乐趣和成功感，培养自主学习的意识和能力。

案例2　在跳长绳教学过程中培养合作学习的意识和能力

［学习阶段］　水平五。

［学习目标］

1. 提高连续跳长绳的总次数。

2. 增强跳绳动作的协调性。

3. 提高与同伴合作跳长绳的能力。

［教学内容］　跳长绳。

［教学步骤］

1. 教师提出学习目标，明确连续跳长绳的总次数。

2. 分组进行跳长绳练习。

3. 学生讨论与分析影响本组跳绳成绩的原因有哪些，包括个人的跳绳技术、同伴间的协作等。

4. 学生讨论并确定解决问题的方法，并请教师指导和帮助。

5. 技术好的学生帮助技术较差的学生改进跳绳技术。

6. 再次进行集体练习。

7. 小组间比赛。

说明：

本例的设计思路是在学生分组进行跳长绳练习过程中，引导学生通过相互指导和帮助来提高动作的协调性和跳绳的技术水平，培养合作学习的意识和能力。

案例3　在跨栏跑教学过程中培养探究学习的意识和能力

［学习阶段］　水平五。

［学习目标］

1. 探究提高跨栏跑速度的方法。

2.提高跨栏跑的速度。

3.改进跨栏跑的过栏技术。

[教学内容] 跨栏跑。

[教学步骤]

1.教师针对学生的实际,设置不同的栏架高度和栏间距离。

2.教师提问:"怎样才能提高跨栏跑的速度?"

3.教师鼓励每一位学生大胆思考"如何提高栏间跑的速度""如何迅速跨过栏架"等问题。

4.学生分组进行练习。每一位学生尝试练习时,组内其他学生轮流在起跑处、起跨处观察和记录。

5.小组内每一位学生就完成动作的情况进行自我分析,并进一步思考和寻求有效的练习方法,为其他学生提出有效的建议。

6.学生在自我分析和思考的基础上,结合同学的建议进行有针对性的练习。

7.进行组内展示与比赛,看谁进步快。

说明:

本例的设计思路是教师创设跨栏跑的问题情境,鼓励学生积极开动脑筋,寻找解决问题的方案,掌握跨栏跑的正确动作,发展速度和协调能力,培养探究学习的意识和能力。

附件4:体育与健康学习评价参考用表

案例1　水平五学生体育与健康学习行为小组记录表

年级:________班级:________学期:_______记录员(体育小组长):_______

姓名	课次/周次 评价内容	第__周 星期__	第__周 星期__	第__周 星期__	第__周 星期__		总分
李小强	态度与参与	★●▲◇×	★●▲◇×	★●▲◇×	★●▲◇×		
	情意与合作	★●▲◇×	★●▲◇×	★●▲◇×	★●▲◇×		
赵晓明	态度与参与	★●▲◇×	★●▲◇×	★●▲◇×	★●▲◇×		
	情意与合作	★●▲◇×	★●▲◇×	★●▲◇×	★●▲◇×		
……	态度与参与	★●▲◇×	★■▲◇×	★■▲◇×	★●▲◇×		
	情意与合作	★■▲◇×	★■▲◇×	★●▲◇×	★■▲◇×		
评分标准	态度与参与	★ 积极参与课内外体育与健康活动,并认真接受教师指导。 ■ 较积极参与课内外体育与健康活动,并较认真接受教师指导。 ▲ 能够参与课内外体育与健康活动,或者病假、事假。 ◇ 极少参与课内外体育与健康活动,或者有迟到、早退现象。 × 旷课。						

续表

评分标准	情意与合作	★ 乐于助人,敢于展示和挑战自我,克服困难、坚持不懈,能为团队的成功积极主动地与同伴配合。 ■ 较好地表现出帮助他人,愿意展示和挑战自我,克服困难、坚持不懈,能为团队的成功与同伴配合。 ▲ 有帮助他人、展示和挑战自我、克服困难、团结合作等表现。 ◇ 缺乏帮助他人、展示和挑战自我、克服困难、团结合作等表现。 × 旷课。

说明:

1. 本评价表是一张对学生的体育与健康学习过程进行评价的案例,用于每节课对学生的态度与参与、情意与合作进行记录与评价,可由体育小组长(或者体育小骨干)操作,评价本组同学的课堂行为表现。本评价表也可经过改造后,用于教师对全班学生课内外体育与健康活动表现的评价。

2. 评价方法:教师可以根据教学需要给予★、●、▲、◇、×各种符号相应的分数,如分别为5、4、3、2、1,以便于总分计算。

$$\text{各项评价内容总分}=\frac{\text{各节课分值之和}}{\text{总课时数}}$$

3.“评分标准”一栏的内容也可以印在表格背后,以免占用表格空间。

4. 本评价表中的相应内容可以为附录3案例2中教师在学期(或者学年)结束时,对学生的态度与参与、情意与合作方面的成绩进行评价以及撰写评语提供翔实的数据和参考依据。

案例2　水平二学生体育与健康学习成绩个人评价表

年级:______班级:______学期:______姓名:______性别:______学号:______

评价内容	评价范围						综合评分
体能	项目		体能1	体能2	体能3	……	
	期初	测试成绩					
		分数					
	期末	测试成绩					
		分数					
	进步幅度	进步成绩					
		分数					
	单项评定分数						

续表

<table>
<tr><td>评价内容</td><td colspan="5">评价范围</td><td>综合评分</td></tr>
<tr><td rowspan="2">知识与技能</td><td>项目</td><td>知识与技能1</td><td>知识与技能2</td><td>知识与技能3</td><td>……</td><td rowspan="2"></td></tr>
<tr><td>单项评定分数</td><td></td><td></td><td></td><td></td></tr>
<tr><td>态度与参与</td><td colspan="5"></td><td></td></tr>
<tr><td>情意与合作</td><td colspan="5"></td><td></td></tr>
<tr><td rowspan="2">评语</td><td colspan="4" rowspan="2">签名：</td><td>总分</td><td></td></tr>
<tr><td>等级</td><td></td></tr>
</table>

说明：

1.本评价表由体育教师填写。

2.评价方法：

(1)体能的评价。

①体能测试成绩主要根据《国家学生体质健康标准》测试学生各项体能，并给予相应的评分。

②每个学期期末的体能测试成绩即为下学期期初的体能测试成绩。

③各单项体能评定分数=期末测试分数+进步幅度分数(即期末测试分数−期初测试分数)×权重。

④各单项体能进步幅度分数以附加分的形式加入到相应的单项体能评定分数中，其附加权重(如③中的权重)可以根据教学的实际情况和激励学生发展的需要进行确定和调整。

⑤ 体能综合评分$=\dfrac{\text{各单项评定分数之和}}{\text{测试项目总数}}$。

⑥每学期的体能测试项目由各学校根据学生的实际情况和教学需要予以确定.一般为2～3项。

(2)知识与技能的评价。

①运动技能的评定分数主要由各校根据本校学生的实际测试成绩予以评分。

② 知识与技能综合评分$=\dfrac{\text{各单项评定分数之和}}{\text{测试项目总数}}$。

③体育与健康知识的评价可以采用单独进行理论考试的形式，也可以穿插在对每项运动技能的测试之中。

④每学期知识与技能测试的具体项目数由各校根据学生的实际情况和教学需要

予以确定,一般为2~3项。

(3)态度与参与、情意与合作的"综合评分"可以由附录3案例1中相应总分转换成百分制分数获得。

(4)"评语"一栏由教师根据附录3案例1中记录的学生体育与健康学习表现,以简练的语言对每一位学生进行终结性评价,并给予明确的学习指导。注意:给每一位学生的评语要有针对性。

(5)总分=(体能综合评分×权重1)+(知识与技能综合评分×权重2)+(态度与参与综合评分×权重3)+(情意与合作综合评分×权重4),所有权重之和为100%。

(6)"等级"主要根据"总分"成绩给出,可以根据具体情况确定和调整优、良、中、合格、需努力所对应的总分分值,确定等级评定标准。

案例3 水平二学生体育与健康学习成绩班级总表

年级:______班级:______学期:______学生数:______免修学生数:______

评价内容 / 姓名	体能	知识与技能	态度与参与	情意与合作	总分
李小强					
赵晓明					
……					

任课教师:____________

说明:

1. 本评价表是由体育教师填写的班级终结性评分表,用于上交班主任或学校教务处。

2. 本评价表中的各项评价内容分数可由附录3案例2中的"综合评分"一栏直接获得。

3. 计算总分时,所需要给出的各项评价内容分数权重由各地、各校根据教学的实际情况和激励学生发展的需要,予以确定和酌情调整。

案例1：× ×市体育与健康课程实施方案

国家三级课程管理制度的出台，标志着国家开放性课程政策的形成，体育与健康课程的弹性愈来愈大，也对地方和学校参与课程设计与实施给予了更大的空间。根据《普通高中体育与健康课程标准（2017年版）》[以下简称《体育与健康课程标准（2017年版）》]的精神和要求，结合我市体育教育的实际情况和课程发展的需要，制订《××省××市地方体育与健康课程实施方案》（以下简称《方案》），供我市中小学校参照使用。

第一条　《体育与健康课程标准（2017年版）》是根据《基础教育课程改革指导纲要（试行）》和课程方案的精神研制而成的。2010年新世纪第一次全国教育工作会议的召开和《国家中长期教育改革与发展规划纲要（2010—2020年）》的颁布，描绘了我国未来教育改革发展的宏伟蓝图，为今后的教育改革发展指明了方向，开启了我国从教育大国向教育强国、从人力资源大国向人力资源强国迈进的新的历史征程。

《体育与健康课程标准（2017年版）》提出体育与健康课程内容要因地制宜、区别对待，对课程内容采取了较有弹性的规定，并要求各地各校根据实际情况制订切合实际的课程实施计划，根据儿童身心发展规律，体现学习目标和内容的循序渐进，适当减少运动技能学习的难度和范围，保证体育教学顺利、有效地进行，采取更灵活生动的教学策略和方法，保证更多的学生从体育学习中切实受益。

新一轮课程改革理念巩固和深化了“健康第一”的指导思想，进一步完善和强化了知识与技能、过程与方法、情感态度与价值观三维课程目标观。同时，体育与健康课程取向从知识本位、教师本位向能力本位、学生本位转化,教师与学生教学方式和学习方式也应相应转变,充分体现出体能练习和运动技能学习的意义及体育的育人功能,优化多元评价对促进学生学习和发展的重要意义等。

第二条　我市地处中部欠发达省份,经济、文化和教育规模与质量处在全国中等水平,但省、市教育行政部门对体育教育比较重视,每年的学校体育投入不断加大,学校的场地器材条件和师资专业化配备日益改善。我市能积极认真地落实国家、省级推动的体育教育活动,坚持开展"两课""两操"和课外体育活动,高中毕业生体育达标率达85%以上;认真开展学生心理、生理健康教育;定期为学生体检,学生常见病发病率低于2%,近视眼新发病率低于4%。这些都为我市推进体育与健康新课程改革奠定了良好的政策环境和物质保障基础。

第三条　从2018年下学期开始,全市全面按照《体育与健康课程标准(2017年版)》的要求推进学校体育工作,各个学校应根据课程标准的精神确定各个水平的教学内容和每期考核项目和标准,并提出各个水平的学习评价建议。各区、各个学校每期应统一组织学生开展《国家学生体质健康标准》的测试工作,及时上报《国家学生体质健康标准》测试数据。同时,认真开展并落实阳光体育运动,保证《全民健身计划(2016—2020年)》在学校顺利实施。学校应择时分批进行远足、野营和举办夏(冬)令营等多种形式的校外体育活动。

第四条　建立市、区、校三级教研网络,提倡教师互相交流教学经验,切磋教学技艺;各体育教研组每学期要定期组织教学研究活动,互相交流学习心得;学校的体育资料要注意积累保存;教师应根据自己的条件制订专业进修计划。

第五条　各区、各级学校应按照教育部《中学体育器材设施配备目录》的规定配齐体育设施和器材,各校要结合实际建立场地、器材管理制度。对于现有的体育器械、设施应有安全保障和维护保证。配备足额的专职和兼职体育教师,所有的体育教师应分期分批参加省、市级体育与健康新课程培训和远程培训,各区教研员应定期对体育教师进行培训并考核。

案例2：××学校体育与健康课程实施方案

我国传统的中学课程实行集中统一的课程发展模式。20世纪80年代中期开始启用“一纲多本”和“多纲多本”的课程改革方向，直到90年代末新课程改革才正式启动，推行国家、地方、学校三级课程管理政策，呈现出知识的拓宽与课程弹性的发展趋势。这一“自上而下”的课程政策既突破了原有统一的课程制度，又消弭了国家统一与学校个别实践之间的鸿沟，拉开了校本课程建设的帷幕。

第一条 《体育与健康课程标准(2017年版)》提出体育与健康课程内容要因地制宜、区别对待，对课程内容采取了较有弹性的规定，并要求各地各校根据实际情况制订切合实际的课程实施计划，根据儿童身心发展规律和地方特色与条件，体现学习目标和内容的完成与实施，适当减少运动技能学习的困难，保证体育教学顺利有效地进行。采取积极投入、因地制宜、创造方法、改善条件等方式和方法，及更灵活生动的教学策略，保证更多的学生从体育学习中切实受益。《体育与健康课程标准(2017年版)》凸显了体育学科的育人价值功能，新一轮课程改革理念巩固和深化了“健康第一”的指导思想，进一步完善和强化了知识与技能、过程与方法、情感态度与价值观三维课程目标观，这些理念都为我校实施体育与健康课程提供了理论指导。

第二条 我校是一所城乡接合部的高中，在校学生约2000人。现有7名专职体育教师承担共36个教学班的体育教学任务，其中4名教师还分别承担田径和乒乓球代表队训练任务。我校是市教育科研所指定的实验学校，学校教育教学科研氛围浓厚，经过多年来的改革与调研，逐渐形成了

“科研兴校，科研兴师”的鲜明办学特色。以“面向全体，发展个性”为课改导向，今后我们将继续坚持“以学生为本，健康第一”的办学思想，将体育与健康课程开展得井井有条，将体育教学和课余体育锻炼开展得红红火火。今后，体育教研组将在学校教导处的正确指导下，继续推进我校学生体质健康状况稳步提升。近几年来，我们取得了在校学生体育中考优秀率达95%以上，合格率为100%的较好成绩。学校田径代表队和乒乓球代表队在市级比赛中均获得优异成绩，三年来共夺得金牌20多枚。这些既是我组学习新课程标准的结果，也是学校非常重视学校体育的结果。如我校加大对体育设施和经费的投入力度，新建塑胶400米标准田径场、室内体育馆和风雨操场，不断补充和更新体育器材。充足的后勤保障为学校体育课余训练、体育教学和学生课余体育锻炼提供了良好的体育教学环境。学校的关怀和重视将促进我组教师继续保持动力做好学校体育工作，不断迈向新的台阶。

第三条　经过我组同仁的讨论，明确提出下一步我校体育工作的理念：“培养快乐健康的学生，成为幸福健康的老师。”认真贯彻新课程“健康第一”的教育理念，全体体育教师要着力实现“用两三年的时间把所有学生塑造成体质健康、技能全面、精神焕发的青少年”，并把它作为体育教学工作的行动指南和体育与健康课程的目标。

我校体育与健康课程实施的工作主要包括三个方面：一是深化学校体育与健康课程体系的设计；二是做好体育与健康课程实施的管理制度；三是因地制宜、创造条件，为体育与健康课程的实施提供保障。

第四条　体育与健康课程教法运用与学习指导的基本要求：

(1)教师要精心安排每节课的教学内容，科学安排教学步骤，做到难度和容量适当，保证课的练习密度和运动负荷。分组练习要体现分层教学，交换练习要求组织合理，注意多种练习方法的运用。体育教师讲解和组织指导要简明扼要、清晰准确，教学步骤要紧凑流畅。特别是新授教学内容，体育教师必须做好示范讲解，注重体育教学过程中的信息反馈，体现“为学习而设计”的思想，努力提高课堂教学的有效性。在体育教学过程中，教师应培养学生锻炼的自觉性,重视引导学生合作学习、自我评价和相互间评价,取长补短,提高学生从事体育锻炼的能力。教师要充分发挥主导作用,为学生创造合作学习的氛围,充分发挥学生自主学习的能动性、积极性和创造性,让学生逐步养成正确的体育情感态度与价值观,引导学生学会锻炼,学会娱乐,学会健身,真正成为一名快乐健康的青少年。

(2)继续抓好组织教学的研究,为教学时间的科学分配、教学分组的有效设计、场地器材的有效管理做好统筹,保证全校体育教学处于最佳的状态与效率。杜绝以培养学生个性为由对学生采用放任自流、"放羊式"的体育课。

(3)体育教师要树立良好形象,积极参与教学活动,对学生要做到严格要求与教育疏导相结合,提倡建立平等和谐的师生关系,营造生动活泼的课堂氛围,爱护和关心每一个学生。一是对体育运动特长生要有明确适宜的安排,保证训练的质量;二是对体质和运动技能基础比较差的学生进行个别帮助,严禁体罚和侮辱学生。

(4)教学和训练中要高度重视体育运动中的安全问题。体育课前必须检查器材,提前布置好教学场地设施,教授动作技术要标准合理,随时做好保护与帮助,防止发生伤害事故,对于发生的伤害事故要及时妥当处置并报告学校和家长。

(5)严格遵守课堂授课时间,不拖堂或提早下课。室外课结束时要整队小结,及时回收体育器材,课后教师应主动向学生询问对课的意见,对缺课学生要了解其缺课原因,并及时做好每堂课的教学反思记录,不断提高自身教育教学水平。

第五条　从七年级至九年级,各备课组应确定年级的学习目标、教学内容及课时数和学生体育学习成绩评价方案,包括具体的内容、方法和标准等。体育教师在体育课考核方面要注意做好以下几点:

(1)认真做好学生体育学习评价,及时了解学生的学习情况,判断学生学习中存在的问题和原因,帮助学生健康成长,要特别重视对学生体育学习态度和创新意识的培养。

(2)每学期应对学生的出勤情况、课堂表现、基础知识、身体素质、运动能力及运动技能认真考核,综合评定成绩。考核和评分要坚持原则,做到科学合理。加强考核工作的组织和管理,严格遵守有关规则和规定,对考核不及格的学生应在学年结束前给予一次补考机会,理论课程进行体育小论文或体育心得等笔试考查。

(3)要按学年规范填写每个学生的《国家学生体质健康标准》成绩,并正确评定学生的成绩。

第六条　积极开发体育与健康课程资源是提高体育教学质量的保证。根据我校实际,拟从以下几个方面着手,逐步形成我校体育与健康课程特色。

(1)学校和体育教师有意识地调动班主任、活动课教师、校医、团干部、少先队辅导员、有体育特长的其他课程教师和学生骨干、社会体育人才、社区医生和学生家长等的积极性,充分发挥他们的指导作用,鼓励他们参与教学指导、教学评价、课外体育活动和运动会,并督促学生参加校外体育锻炼等。

(2)学校严格按照教育部《中学体育器材设施配备目录》的规定配齐体育设施和器材。同时,开发和利用其他体育设施和器材资源,保证体育与健康课程的有效实施。学校要充分开发和利用校内的各种场地、设施等开展体育活动,如墙面、树林、食堂、较宽阔的走廊、空地等,也要利用社区的体育场馆、设施和器材等资源辅助教学。学校要通过精细化管理,加强对场地、设施和器材的维护与保养,提高它们的使用效率,延长它们的使用寿命。

(3)学校拟在七年级、八年级和九年级分别选用软式排球、飞盘和跆拳道等新兴运动项目。结合"阳光体育运动"的开展,我校拟把跳绳、校园武术操、踢毽子等民族民间传统体育活动作为体育与健康课程的教学内容。学校利用广播站和墙壁宣传栏定期出体育专刊,向学生介绍体育信息,同时,充分利用图书馆、阅览室、校园网络等各种媒体多渠道发布和体育与健康有关的信息,丰富学生的体育文化知识和素养,帮助学生学会体育学习和锻炼。

第七条　健全制度是质量的保障，为此，我们制定了《××校高中体育与健康课程实施管理制度》。

1.备课制度

(1)教师应认真钻研体育与健康课程标准，明确体育与健康课的性质、课程设计理念和内容目标等，严格依据学生的水平层次并结合学校实际情况制订学年、学期课程计划，考核教材的单元计划和每节课的课时计划。课时计划应包括课程目标、教学内容、学情分析、教学过程、时间分配、场地器材、运动量和强度的安排等。

(2)教师要明确每节课的课程目标，设定课程任务要合理。实践课要注意培养学生对体育与健康课的兴趣，注意培养学生基本活动能力、终身体育意识及习惯。

(3)在教师个人备课的基础上，定期进行专项和年级备课组活动，相互学习，取长补短。体育教师平时应重视雨天体育与健康课的备课，积极利用现代化教学媒介开设体育基础知识课，提高理论课的教学质量。

2.上课制度

(1)体育教师要提前完成场地和器材的准备，上课铃响之前教师应在集合地点等候学生。教师应穿着整洁的运动服装，仪容端庄，举止文明，不佩戴首饰，不接打手机。同时，教师应督促学生着运动服装或校服上体育课。根据天气情况，教师要认真组织学生做好准备活动和整理活动。上课要有整队集合的常规，课堂组织纪律要严格，小刀、钥匙、发夹和手机等不利于教学安全的物件不得带入体育场地。

(2)体育教学的每一环节都要贯彻“承认差别，因材施教”的原则，根据学生的实际情况，选用适当的方式进行辅导。每学期从开学后第二周起，各班应根据全校统一排定的体育活动安排表，开展内容丰富、形式多样的体育活动，落实每天一小时体育锻炼计划。

(3)体育教师要善于发现和培养爱好体育或有体育特长的学生，鼓励他们参加课余训练，帮助他们培养体育特长。对体弱和基础差的学生要给予耐心的指导,让这些学生在原有基础上有一定的提高。各体育教师应根据职业特长承担学校传统项目代表队的训练指导任务。训练指导教师做训练要有计划,训练次数为每周2~3次,每次不少于1小时。教练员对学校代表队学生要经常进行思想教育。体育教师参加课外辅导和代表队训练按照学校制度计算工作量。学校要鼓励学生积极参加上级组织的体育竞赛。

(4)管理好学校的早操、课间操,雨天做室内操。利用每周四课间全校班级周会开展体育讲座,体育教师要对新生做好广播操动作教学辅导工作。每学期应有计划地组织年级内班级间小型多样的体育竞赛,组织丰富的趣味体育活动,做到月月有比赛。

(5)教师要积极参加教研活动,努力学习教育理论、掌握学科前沿信息,探讨提高体育教学质量的途径和方法,相互交流和分析教学状况,开展教学专题研究,共同探索体育教学规律,不断提高体育教学业务水平。为此,要求体育教师每学年应撰写一篇教研论文或经验总结性文章,参加市有关学术交流和评比活动;建议有能力的教师申报校级、市级和省级教育课题研究。